Mein erstes Mal

Jutta Vey

Mein erstes Mal

Frauen aus vier Generationen erzählen

Schwarzkopf & Schwarzkopf

Inhalt

Sehnsucht nach Liebe, Lust auf Leben

Vorwort

Das erste Mal – ein kurzer Moment nur im Leben einer Frau und doch einer, der jeder in Erinnerung bleibt. Manche Frauen verklären das Erlebnis rückblickend, weil es mit großen Gefühlen verbunden war: der ersten Liebe. Andere betrachten es im Nachhinein vor allem als körperliche Erfahrung. Für alle aber ist es eine biographische Zäsur.

Als ich die Idee, ein Buch über das erste Mal zu machen, in meinem Bekanntenkreis vorstellte, war häufig die erste Reaktion: »Spannend!« Viele bezweifelten aber, dass ich genug Frauen finden würde, die bereit wären, darüber zu reden. Denn über die erste sexuelle Erfahrung zu sprechen, bedeutet immer, viel von sich selbst und seiner Vergangenheit preiszugeben: Es bedeutet, Kindheit und Jugend, das Verhältnis zu den Eltern und das soziale Umfeld zu beschreiben. Und viele Frauen würden nicht nur von schönen und berührenden Momenten erzählen können, sondern auch enttäuschte Hoffnungen und tiefe Demütigungen offenlegen müssen, die vielleicht bis heute nicht verarbeitet sind. Für die meisten Frauen bedeutet die Reise in die Vergangenheit auch, über ihr Sexual- und Liebesleben Bilanz zu ziehen. Kurzum: Über das erste Mal zu sprechen, ist ein Seelenstriptease.

Ich habe 22 mutige Frauen aus vier Generationen gefunden, die sich darauf eingelassen haben. Sie erzählten mir, wie sie aufgewachsen sind, welche Erwartungen sie an ihr erstes Mal hatten, wie sie es erlebt haben und in welcher Weise diese Erfahrung heute noch nachwirkt. Die inhaltlichen Akzente habe ich die Frauen selbst setzen lassen: So beschreiben einige das Erlebnis an sich sehr ausführlich, während andere es in nur wenigen Sätzen abhandeln und dafür der Vorgeschichte und dem weiteren Lebenslauf mehr Raum geben. Weil es authentische Protokolle sein sollten, habe ich die Sprache der einzelnen Frauen weitgehend erhalten.

Ihre Vielschichtigkeit bezieht die Porträtsammlung nicht nur aus den völlig unterschiedlichen Persönlichkeiten – Frauen mit »bewegten« wie geradlinigen Lebensläufen, aus Dörfern und Großstädten, katholischen und protestantischen Gegenden sowie verschiedenen Einkommens- und Bildungsschichten –, sondern vor allem auch aus der Altersstruktur: Mit Katharina (86), die ihr erstes Mal 1937 erlebte, beginnt das Buch, mit Marta (16), die im Sommer 2006 zum ersten Mal mit einem Jungen schlief, endet es. Damit umfasst das Buch siebzig Jahre Sozial- und Sexualgeschichte und entfaltet ein Spannungsfeld zwischen individuellem Schicksal und soziohistorischen Rahmenbedingungen. Jedes Einzelschicksal gewinnt so eine über das Persönliche hinausgehende Dimension und erscheint als das, was es immer auch ist: ein Stück gelebte Geschichte.

Dass bis Anfang der sechziger Jahre Körperlichkeit und Sexualität Tabuthemen waren, spiegeln die Protokolle der älteren Frauen eindrucksvoll wieder. »Kurz vor meinem ersten Mal wusste ich fast nichts. Ich wurde ja weder zu Hause noch in der Schule aufgeklärt. Das war damals einfach undenkbar. Über so was redete man nicht. Ich weiß noch, dass wir Mädchen in der Schule uns gegenseitig gefragt haben: ›Weißt du, wie Kinder entstehen?‹ Wer schon etwas wusste, erzählte es den anderen. Dass man vom miteinander Schlafen schwanger werden konnte, wusste ich dann zwar. Aber wie genau das ablief, das war mir nicht klar«, erzählt Gerdi (82, erstes Mal 1945), die erst lange nach ihrem ersten sexuellen Erlebnis von Verhütung erfuhr, und das auch eher zufällig.

Anna (67, erstes Mal 1959) litt besonders unter der verklemmten Sexualmoral ihrer Zeit: »Man wuchs in einer derart prüden Atmosphäre auf, dass man mit Nacktheit und Körperlichkeit überhaupt nichts anfangen konnte. Die Bemerkungen, die die Erwachsenen machten, ließen alles, was damit zu tun hatte, in schlechtem Licht erscheinen. Das tat man nicht. Dafür interessierte man sich nicht.«

Die Einführung der Antibabypille (1961), die Aufklärungsfilme von Oswalt Kolle (1967-1972) und vor allem die sexuelle Revolution als Folge der Studentenbewegung von 1968 führten in den siebziger Jahren zu einem befreiteren Umgang mit Sexualität. In dieser Zeit trat auch die *Bravo* ihren Siegeszug als Aufklärungspostille der Nation an: Die Dr.-Sommer-Rubrik war 1969 aus der Taufe gehoben worden. Monika (49, erstes Mal 1973): »Durch Dr. Sommer war meine Generation schon recht gut aufgeklärt. Ich kann mich noch an eine Fotostory erinnern, die beschrieb, wie man einen Zungenkuss ausführt. Das habe ich morgens gelesen und abends gleich an einem Jungen ausprobiert.«

Aufklärung hielt bald flächendeckend Einzug in den Schulen. Ruth (78, erstes Mal 1948), die noch mit 16 glaubte, vom Küssen schwanger zu werden, erinnert sich an eine Episode mit ihrer Tochter Susan-Maria (50): »Einmal kam sie nach Hause und meinte: ›Heute hat uns der Lehrer Präservative vorgeführt in allen Formen und Farben.‹ Dann fragte sie: ›Kann ich zehn Mark haben?‹ Ich: ›Wofür denn das?‹ Sie: ›Für ein T-Shirt von Fromms Act.‹ Das war eine Präservativ-Marke. Da meinte ich nur: ›Soweit kommt's noch.‹«

Die Eltern avancierten mehr und mehr zu Vertrauenspersonen in sexuellen Fragen. 1980 wurden immerhin schon rund 35 Prozent der Mädchen von den Eltern in Sachen Verhütung beraten, wie die erste Studie der Bundeszentrale für gesundheitliche Aufklärung zum Thema Jugendsexualität zeigte. 25 Jahre später waren es bereits 70 Prozent. Die 16-jährige Cecilia etwa, die ihr erstes Mal 2006 erlebte, wurde von ihrer Mutter umfassend aufgeklärt: »Sie setzte sich gleich nach dem Arzttermin mit mir hin. Wir redeten über die Pille, was wichtig ist, wie man sie einnehmen muss. Wir kamen natürlich auf das ganze Thema ›Miteinander schlafen‹. Das war ein richtig tolles Aufklärungsgespräch. Sie erzählte von allen möglichen Krankheiten, die man durch Geschlechtsverkehr bekommen kann. Ich weiß noch, dass sie mir sagte: ›Der beste Schutz ist immer noch ein Kondom.‹«

Gestern Tabu, heute Tischgespräch – so könnte man verkürzt die Veränderung der Sexualmoral in den vergangenen siebzig Jahren auf den Punkt bringen. Der Zeitgeist schlägt sich eindrucksvoll in den Geschichten nieder und beeinflusst das erste Mal erheblich. Ob es allerdings als negative oder positive Erfahrung wahrgenommen, als schönes oder enttäuschendes Erlebnis empfunden wird, hängt letztlich vom Zusammenspiel vieler individueller Faktoren ab: ob die junge Frau bereit für die Erfahrung war, welche Erwartungen sie daran geknüpft hatte, wie stark die gefühlsmäßige Bindung zwischen ihr und dem ersten Mann war und nicht zuletzt, wie sensibel er mit ihr umging. Deshalb erleben auch gleichaltrige Frauen das erste Mal ganz unterschiedlich.

Obwohl Ruth (78) und Gerdi (82) beide in einer prüden Zeit erzogen wurden und nicht aufgeklärt waren, haben sie beim ersten Mal doch völlig verschiedene Erfahrungen gemacht. Ruth empfand ihr erstes sexuelles Erlebnis 1948 als »Demütigung« und konnte sich deshalb zwanzig Jahre lang beim Sex nicht fallen lassen: »Kurz danach sagte Hermann dann diesen einprägsamen Satz, der mich mein Leben lang verfolgt hat. Er schaute mich an und sagte: ›Weißt du, Du versprichst mehr Seele, als du hast.‹

Das hat mich so erschüttert.« Für Gerdi, die ihr erstes Mal während der Flüchtlingswirren mit einem Soldaten auf dem Hof ihrer Eltern erlebte, war es ein romantisches Initiationserlebnis, weil er ihre erste große Liebe war und ihr das Gefühl gab, ein ganz besonderer Mensch zu sein: »Ich muss sagen, es war wunderbar. Das kann ich nur jeder Frau wünschen.« Anders als Ruth, die sich in das Erlebnis hineindrängen ließ, war Gerdi bereit dafür: »Ich war ja nun auch schon zwanzig. Das war bei uns damals alt fürs erste Mal.«

Auch die aufgeklärten und selbstbewussten jungen Frauen von heute bewerten das erste Mal völlig unterschiedlich und berichten von gleichermaßen schönen wie verstörenden Erlebnissen. In einer aktuellen Studie zur Jugendsexualität gab immerhin jedes fünfte Mädchen an, das erste Mal als »etwas Unangenehmes« erlebt zu haben. Für Sandra (21, erstes Mal mit 13) war es mehr als das: Ihr erstes Mal war für sie eine große Enttäuschung, weil sie zum einen zu hohe Erwartungen daran geknüpft und es im Vorfeld zu einer Hollywood-Fantasie verklärt hatte, zum anderen weil ihr Freund alles andere als feinfühlig war: »Ich weiß noch, dass ich an meinem Fenster stand und ihm nachschaute, wie er über die Straße ging. Ich fühlte nichts, dachte nichts. Ich stand einfach nur da und guckte. Meine ganze Traumvorstellung, wie es sein könnte, war plötzlich – peng! – wie eine Seifenblase geplatzt.«

Cecilia (16, erstes Mal mit 14) dagegen machte ihre ersten Erfahrungen mit einem Jungen, der für sie einen romantischen Traum inszenierte und sehr einfühlsam und liebevoll mit ihr umging: »Auf dem Boden, auf dem Bett, überall im Zimmer hatte er Rosenblätter verstreut. Überall waren Kerzen aufgestellt, und es duftete nach Lavendel. Ich war sprachlos.«

Jedes der 22 Porträts ist für sich genommen eine mitreißende Geschichte über das Erwachsenwerden und das Leben an sich, und so wird vor allem eins beim generationsübergreifenden Vergleich deutlich: Die gesellschaftlichen Bedingungen für Sexualität mögen sich verändert haben, die Bedeutung des Erlebnisses für die Einzelne nicht. Quer durch alle Generationen ist das erste Mal eine Erfahrung, die den Anfang eines neuen Lebensabschnitts markiert – und insofern für alle Frauen ein einmaliges und unvergessliches Erlebnis.

Mich interessiert sehr, wie Ihnen das Buch gefällt, und würde mich über ein Feedback freuen. Per Mail an: ErstesMal@gmx.net oder per Brief an den Verlag, zu meinen Händen:

Schwarzkopf & Schwarzkopf Verlag
Stichwort MEIN ERSTES MAL
Kastanienallee 32, 10435 Berlin

Hamburg, im Frühjahr 2008

Jutta Vey

Nachts auf einer Parkbank …

Katharina, 86, Rentnerin
Erstes Mal 1937 mit 16 Jahren

Ich bin Widder. Ich lasse mir nichts gefallen. Ich nehme mir, was ich will. Schon als junges Mädchen war ich eine Rebellin und habe mit Vorliebe das gemacht, was man nicht machen sollte. Ich war aufsässig und sehr selbstbewusst. Um Konventionen habe ich mich nie geschert. Ich war mit fast hundert Männern zusammen. Seit vierzig Jahren bin ich nun in fünfter Ehe verheiratet. Er ist zwanzig Jahre jünger. Wenn es der Körper zuließe, hätte ich bestimmt heute noch Sex. Mir hat es immer großen Spaß gemacht.

Mein Vater war wesentlich älter als meine Mutter. Als ich im Frühjahr 1921 geboren wurde, war er schon über vierzig. Die beiden lernten sich während des Ersten Weltkrieges in Hamburg kennen. Mein Vater war Soldat und kam als Verwundeter zur Kur dorthin. Als er meine Mutter mit ihrer älteren Schwester an der Elbe spazieren gehen sah, war ihm sofort klar, dass er sie haben wollte. Und dann hat er sie sich gegriffen, süße 18 und noch Jungfrau, wie das früher eben so war. Es fiel ihm nicht schwer, ihren Vater zur Heirat zu überreden. Schließlich stellte er etwas dar: Nicht nur, dass er aus einer Apothekerfamilie kam – was damals schon was war –, er hatte außerdem studiert, war Chemiker. Kein Wunder, dass meine Mutter, ein ganz einfaches Bauernmädchen, sehr verliebt in ihn war und ihn anhimmelte.

Mein Vater hat sie sich nach der Heirat langsam herangezogen. Damit sie kochen lernte, schickte er sie in ein Seminar. Er hat ihr sogar mal eine Handbürste geschenkt mit der Bemerkung: »Kind, mach dir die Nägel sauber.« Als mein Vater eine Anstellung in Pommern fand, zogen sie zunächst dorthin. Hier wurde ich 1921 geboren. Ein Jahr später kam mein Bruder, da lebten wir dann schon wieder in Hamburg. Mein Vater hatte zu der Zeit eine sehr gute Arbeit: Er richtete große Farbenfabriken in Deutschland, Polen und Dänemark ein.

Zunächst wohnten wir bei meinen Großeltern, den Eltern meiner Mutter. Als ich vier war, mieteten wir eine dreistöckige Villa. Ich weiß noch, dass mein Bruder und ich immer in der gleichen Badewanne gebadet wurden. Erst mit vier habe ich allerdings begriffen, dass Jungen und Mädchen unterschiedlich sind. Mein Bruder pinkelte gerne über den Balkon, was natürlich verboten war. Eines Tages meinte ich zu meiner Mutter: »Ich möchte auch mal Hosen anhaben.«

Die bekam ich dann auch, zog sie an und stellte mich auch auf den Balkon, um zu pinkeln. Das ging aber nicht. Da merkte ich, dass ich anders bin als mein Bruder.

Ende der zwanziger Jahre mussten wir aus der Villa ausziehen, weil wir uns die Miete nicht mehr leisten konnten. Aufgrund der Wirtschaftskrise, die fast alle Branchen traf, verlor auch mein Vater seine Arbeit. Weil es damals keine günstigen Wohnungen gab, zogen meine Eltern kurz in ein Altenheim, kamen dann bei verschiedenen Freunden meines Vaters unter. Schließlich sind wir 1931 in dem Haus gelandet, das früher mal unseren Großeltern gehört hatte.

Dort bekamen wir die oberste Wohnung ohne Bad, die sehr billig war. Sie hatte zweieinhalb Zimmer. Nur das Wohnzimmer konnte geheizt werden, sonst war alles kalt. Mein Vater richtete sich das zweite Zimmer als Studierzimmer mit seinen Büchern und einem Bett ein. Das halbe Zimmer bekamen mein Bruder, ich und meine Mutter als Schlafzimmer. Wir sahen unsere Mutter höchstens mal im Unterrock, ins väterliche Schlafzimmer wären wir nie reingegangen.

Unsere Eltern waren zwei völlig unterschiedliche Menschen. Meine Mutter war eine unendlich gütige und liebe Person, die, wenn mein Vater seine Hand gegen uns erhoben hat, immer ausglich und ihn bremste.

Mein Vater war für uns Kinder ein Halbgott. Er wusste alles. Er kannte alles. Er erklärte uns die Welt. Wir konnten immer zu ihm gehen, wenn wir Fragen hatten.

Mein Bruder und ich haben uns oft gekabbelt und geblödelt. Manchmal haben wir auch zusammen gekuschelt. Ich weiß noch, dass mein Bruder immer gerne meinen Hintern angefasst hat. Einmal hat mir das ein schönes Gefühl gegeben, sodass ich am nächsten Tag zu ihm meinte: »Mach noch mal.« Hat aber nicht mehr funktioniert. Sehr viel später erst fiel mir auf, dass dieses Gefühl wahrscheinlich schon ein Orgasmus gewesen war.

Ich habe immer mal wieder etwas über Sexualität, Kinderkriegen und das ganze Drumherum aufgeschnappt. Von meinem Bruder, Kindern auf der Straße, meiner Mutter und meinem Vater. Im Unterricht fand das Thema überhaupt nicht statt.

Ich weiß noch, dass meine Mutter mal eine abfällige Bemerkung über eine Familie in der Nachbarschaft machte. Da muss ich zehn gewesen sein. »Wie eine Karnickelzucht ist das bei denen«, meinte sie. Die hatten viele Kinder, und jedes Jahr kam ein neues dazu. Die Pille gab es ja damals noch nicht. Und wenn der Mann keinen Schutz wollte, war die Frau eben dran.

Ein andermal kam mein Bruder zu mir und meinte über einen Nachbarsjungen: »Karli kann schon Schaum machen.« Dabei machte mein Bruder eine Geste, um zu zeigen, dass da was rauskam. Ich empfand das als unanständig und völlig unmöglich.

Zu der Zeit bekam ich auch mit, dass einige Kinder auf der Straße obszöne Worte fallen ließen. »Ficken« zum Beispiel. Da waren die früher nicht anders als heute. »Frag mal deine Eltern«, sagte einer zu mir, worauf ich zu meinem Vater ging: »Das ist ganz was Hässliches. So ist das nicht«, meinte er und sagte dann zu mir: »Wenn Vater und Mutter sich lieb haben, dann legt der liebe Gott der Mutter ein Samenkorn unters Herz, und dann trägt die Mutter das Kind aus.« Das war sehr schön und sehr poetisch. Seitdem habe ich Sexualität und Liebe voneinander getrennt. Das eine war etwas Schmutziges, das andere etwas Reines. Das ist lange so geblieben. Erst später in der Ehe brachte ich beides zusammen.

Von Jungs wollte ich zunächst nichts wissen. Als ich 13 war, wurde ein gleichaltriges Mädchen, das schwanger geworden war, von der Schule verwiesen. Das Kind war von einem Nachbarn. Sie hatte mitgemacht, weil sie neugierig war. Sie tat mir unendlich leid.

So etwa ein Jahr später meinte mein Bruder zu mir, dass dieser Karli was von mir wolle. Vor allem aber wollte mein Bruder was von dem: eine Briefmarke. Die gab der Junge aber nicht heraus: »Die kriegst du nur, wenn ich deine Schwester bekomme«, hat er zu meinem Bruder gesagt, worauf der zu mir kam. Ich war entrüstet und fauchte ihn an: »Du bist ja verrückt!«

In der Schule gab es Jungs, die Mädchen, die sich das gefallen ließen, begrabbelten. Sie griffen ihnen an den Busen, auch mal in die Hose rein. Überall, wo sie rankamen. Wenn das bei mir einer gewagt hätte, hätte ich ihm eine geknallt.

Ich war ein Streber und insofern sowieso eher ein Außenseiter. Denn weil ich gescheit war und im Unterricht immer vorbildlich mitgemacht habe, war ich bei den Lehrern sehr beliebt. Unser Vater hat uns aber auch immer angetrieben zu lernen. Oft sagte er zu uns: »Ihr seid keine Straßenkinder. Ihr seid was anderes!«

In der Zwischenzeit hatte er eine Anstellung in der Chemisch-Technischen Reichsanstalt in Berlin bekommen. Im Krieg wurden dort Farben, die Firmen ans Militär lieferten, auf Frost- und Sonnenverträglichkeit geprüft. Er arbeitete während der Woche in Berlin und kam nur am Wochenende nach Hause. Dann setzte er sich mit uns hin und kontrollierte unsere Hausaufgaben. War ein Aufsatz zu schreiben, hat er uns gefordert: »Jetzt sucht mal einen anderen Ausdruck!« Er wollte eben, dass wir es zu was bringen.

Nach der Schule stand die Frage im Raum, was ich lernen sollte. Ich wäre gerne Schneiderin oder Friseuse geworden, aber das wollte mein Vater nicht. Ich sollte Drogistin lernen.

Ich fing dann zwar auch mit der Ausbildung an, aber weil ich überhaupt keine Lust dazu hatte, strengte ich mich beim Lernen nicht an. Dann hatte ich mir zu allem Überfluss auch noch die Haare abschneiden lassen – ich hatte dicke, schwere Haare, die sich immer wieder aus dem Knoten lösten, der damals Mode war –, woraufhin ich von meinem Chef zu hören bekam: »Ein deutsches Mädchen behält lange Haare!« Ich hatte schon früh meinen eigenen Kopf und ließ mir keine Vorschriften machen.

Als mein Vater mit dem Drogeriebesitzer schließlich ins Reine kommen wollte und ein Gespräch mit ihm führte, meinte der indirekt zu ihm, es sei ja auch kein Wunder, dass das mit mir nichts werde – bei dem Elternhaus. Er spielte darauf an, dass mein Vater viel älter war als meine Mutter. Nach einem Jahr schmiss er mich raus.

Als ich 16 war, fing mein Vater an, uns aufzuklären. Er hatte ein Lexikon, das war ganz fantastisch. Da sah man ein Bild von einem Mann mit seinem Pimmel, ohne ein Blatt drüber, und daneben die Frau. Man konnte den ganzen Körper stückweise aufklappen und hineinsehen. Daran hat unser Vater die Geschlechter erklärt. Es war für uns ganz normal, dass das mein Vater machte. Wir sind ja ohnehin immer zu ihm gegangen, wenn wir Fragen hatten. Er war der Akademiker, der Aufklärer. Meine Mutter führte den Haushalt und hielt sich aus dem Ganzen raus. Die hat sich bei dem Thema sowieso nur geschämt. Mein Vater erklärte uns zwar die Geschlechtsteile, sagte uns aber nicht, wie Sexualität genau funktioniert. Er glaubte wohl, das müsste ich noch nicht wissen. Für ihn war es undenkbar, dass ich mit 16 schon mit einem Mann zusammen sein könnte. Er kam ja aus einer ganz anderen Zeit. Seine Jugend hat um 1890 stattgefunden. Damals durfte kein Mädchen ohne Begleitung irgendwohin gehen.

Gerade deshalb hätte man allerdings auch meinen können, dass er auf seine einzige Tochter besonders aufpasste. In einer Hinsicht hat er das aber nicht getan, und das ging dann fatal aus. Er schickte mich zu einem jungen Drogisten in die Lehre, der gerade mal zehn Jahre älter war als ich. Seine Freunde machten mich eines Tages besoffen, schleppten mich ab und benutzten mich. Das war aber nicht mein erstes Mal. Das hatte ich mit einem Golftrainer.

Ich begegnete ihm mit 16 auf einem Golfplatz, wo ich mir neben meiner Lehre als Caddy etwas Geld dazuverdiente. Er war ungefähr doppelt so alt wie ich, und ich fühlte mich gebauchpinselt, als er anfing, mich zu hofieren. Er war beliebt, tüchtig, konnte sehr gut Golf spielen. Er hätte alle Frauen haben können, aber nein, er wollte mich. Das war natürlich ein tolles Gefühl für ein junges Mädchen wie mich.

Etwas später stellte sich heraus, dass er auch nur einer dieser Chauvis war, die scharf auf eine Jungfrau sind.

Bevor er zum ersten Mal mit mir ausging, hat er ganz offiziell meine Mutter um Erlaubnis gefragt. Sie hatte wohl gedacht, sie hätte das im Griff und ließ mich mit ihm weggehen. Mein Bruder war mein Verbündeter, wenn es darum ging, spätabends wieder unbemerkt ins Haus zu kommen. Sein Bett stand mit dem Fußende direkt am Fenster. Er bekam einen Bindfaden an den großen Zeh, den er nachts aus dem Fenster hängen ließ. Ich zog daran, wenn ich nachts wieder reinwollte.

Ich traf den Golftrainer nur alle zwei Wochen, meist freitags. Wenn ich zwischendurch Sehnsucht hatte, rief ich ihn an. Das kam ziemlich oft vor, ich war ja sehr verliebt in ihn. Er ging immer groß mit mir aus, führte mich in Tanzlokale und Restaurants auf der Reeperbahn. Er hatte Geld, war charmant, ein Mann von Welt. Das beeindruckte mich. Einmal schenkte er mir passend zu meinem grünen Lieblingskostüm eine grüne Handtasche. Das fand ich natürlich toll.

Es passierte an einem dieser Freitage. Wir waren wieder mal zusammen ausgegangen und fuhren zurück in einem Taxi. An einem Park ließ er anhalten, und wir stiegen aus. Wir waren schon ziemlich beschwipst, stolperten den Weg entlang. Irgendwann fand ich mich mit ihm auf einer Parkbank wieder, wo wir knutschten.

Plötzlich spürte ich seine Erregung. Das hat mich zwar im ersten Moment irritiert, aber dann angespornt. Ich war neugierig, wollte es jetzt auch wissen. Er natürlich auch. Darauf hatte er ja nur gewartet. Es ging dann auch entsprechend schnell. Er schlug meinen Rock hoch, zog mir die Unterhose aus. Ich hielt ganz still. Dann bumste er mich.

Mir war bewusst, dass ich schwanger werden könnte. In dem Moment habe ich aber nicht an Verhütung gedacht. Das ging einfach alles zu schnell. Später allerdings habe ich schon aufgepasst. Vor allem, wenn ich den Mann nicht wirklich wollte.

Als wir von der Bank aufstanden, merkte ich, dass etwas Feuchtes an meinen Beinen runterlief. Dieses Gefühl am Bein fand ich komisch. Erst später zuhause – er fuhr mich in einem Taxi zurück – sah ich, dass es Blut war.

Alles in allem war dieses erste Mal enttäuschend. Ich wollte es zwar auch in dem Moment, das schon, aber die Art und Weise, nachts auf einer Parkbank, das hat mich doch ernüchtert. Kurz danach war dann auch erst mal Schluss mit uns beiden.

Ein halbes Jahr später kam es zu der Geschichte mit den Jungs, die über mich herfielen. Die Freunde des Drogisten. Er machte übrigens erotische Fotos. Einmal kamen mir Abzüge in die Hände, auf denen Nackte zu sehen waren.

Eines Abends bin ich mit seinen Freunden weggegangen. Ich war jung, naiv und neugierig damals, fand das interessant. Sie machten mich betrunken und schleppten mich in diese Absteige. Wo die war, weiß ich nicht mehr. Ich weiß nur, dass ich plötzlich auf einem Bett lag und sich einer auf mich drauflegte. Ich schrie laut und machte Theater.

Da ging die Tür auf und jemand fragte: »Ist alles in Ordnung?« – »Ja, ja«, sagten die Jungs und machten weiter. Alle drei Minuten der nächste. Dann waren sie fertig.

Es war nicht so, dass ich Angst hatte. Ich war vor allem unglaublich wütend, dass sie das mit mir machten. Sie haben mich danach zur S-Bahn gebracht und nach Hause fahren lassen.

Erzählt habe ich das niemandem. Wer sich in Gefahr begibt, kommt darin um, habe ich als Kind von meinem Vater gelernt. Wir sind mit solchen Sprüchen aufgewachsen. Und ich hatte mich ja nun in Gefahr begeben und war also selbst schuld.

Man hätte ja meinen können, dass ich nach dem Erlebnis mit den drei Jungen erst mal die Nase voll hatte. Aber dem war nicht so. Ich hakte das sehr schnell ab und kam wenig später wieder mit dem Golftrainer zusammen.

Er hatte für uns beim zweiten Mal ein Hotelzimmer genommen – danach hat er mich fallen gelassen. Wie sich herausstellte, war er in der Nacht im Park so besoffen gewesen, dass er gar nicht gemerkt hatte, dass er mich schon entjungfert hatte. Er ging davon aus, dass ich noch Jungfrau war. Weil ich aber nicht mehr blutete, glaubte er nun, ein anderer wäre ihm zuvorgekommen. Damit war ich nicht mehr interessant für ihn.

Mir glaubte er nicht.

An dem Tag habe ich mir geschworen, mich nie mehr benutzen zu lassen und drehte den Spieß um. Ich suchte mir von da an die Männer aus, die ich wollte. Und ich hatte keine Hemmungen. Ich nahm mir überall, was mir gefiel.

Obwohl ich ihm nichts erzählte, merkte mein Vater, dass ich schon mal was mit einem Mann gehabt hatte. Er muss mir das irgendwie angesehen haben. In der Zeit fiel jedenfalls öfter mal der Satz: »Komm mir bloß nicht mit einem Kind an.« Eines Tages nahm er mich in ein Krankenhaus mit: »Ich zeig' dir jetzt mal, was alles durch Geschlechtsverkehr passieren kann.« Mir wurden Kinder mit Ausschlag gezeigt. Er sagte, so was bekäme man, wenn man mit jemandem Geschlechtsverkehr hätte, der krank sei.

Ich sagte mir zwar: »Ab jetzt aufpassen!« Es war aber nicht so, dass mich das grundsätzlich abgeschreckt hat. Widder bilden sich ja ein, ihnen kann nichts passieren. Tatsache ist, dass ich später tatsächlich geschlechtskrank geworden bin.

In dem Jahr bekam ich auch das Buch *Die vollkommene Ehe* des Holländers Hendrik van de Velde in die Hände. Eine Nachbarin, die mich gut leiden mochte, hatte es mir mitgebracht: »Lies mal und sieh dich vor«, sagte sie zu mir. Sie hatte es aus einem Puff, in dem sie geputzt hat. Es ist ein dicker Wälzer – ich habe ihn heute noch –, in dem alles ganz genau drinsteht. Die katholische Kirche hatte das Buch deshalb auch auf den Index gesetzt.

Ich weiß nicht mehr, was mich am meisten interessiert hat. Ich meine aber, ich habe dort zum ersten Mal etwas über Selbstbefriedigung gelesen. Später, wenn ich mal eine Weile keinen Mann hatte, habe ich das auch praktiziert. Ich habe übrigens nie akzeptiert, wenn jemand behauptete, dass das etwas Schlechtes sei.

Weil ich immer wilder und ungezogener wurde, fing meine Mutter an, sich bei meinem Vater zu beklagen. Dass sie mit mir nicht mehr zurechtkäme. Dass ich mir nichts mehr sagen ließe. Da riss meinem Vater die Hutschnur. Da war Schluss, Aus, Feierabend, und er steckte mich in eine Erziehungsanstalt. Damals konnten Eltern mit ihrem Kind machen, was sie wollten, bis es 21 war. Und ich war ja nun widerspenstig wie sonst was. Ich brach die Lehre also zum zweiten Mal ab, kam für ein halbes Jahr in diese Besserungsanstalt.

Da war man eingesperrt bis zum Gehtnichtmehr. Das war natürlich nichts für mich. Einmal versuchte ich über den Balkon auszubüxen, an der Straßenbahnhaltestelle fingen sie mich aber wieder ein. Zur Strafe wurde ich von der Leiterin, die keine Ahnung von Kindererziehung hatte, in einen dunklen Keller gesteckt. Das war das Hinterletzte, und ich schwor mir: »Dich krieg' ich!« Ich meldete mich also freiwillig zum Arbeitsdienst, weil ich wusste, dass sie mich dann ziehen lassen musste. So kam ich im Oktober 1938 da auch wirklich raus.

Nach einem halben Jahr Arbeitsdienst bei Bauern in Schlesien zog ich wieder zurück zu meinen Eltern. Bei meiner Mutter war inzwischen Gebärmutterkrebs im Endstadium festgestellt worden. Ich sollte sie pflegen, aber tat mich schwer damit. Ich war ja erst 17.

Auf meine Bitte hin bekam ich schließlich an einem Tag in der Woche ein paar Stunden frei. Da konnte ich dann zum Florettfechten gehen. Hin und wieder verabredete ich mich auch mit Männern. Meist nachmittags, wenn ich ohnehin zum Einkaufen nach draußen ging.

Nachdem meine Mutter im Oktober 1939 gestorben war, schickte mich mein Vater eine Weile als Hausmädchen in einen Haushalt. Er arbeitete ja die Woche über noch in Berlin. Ein halbes Jahr später wurde ich dann als Luftwaffen-Helferin in den Kriegsdienst eingezogen. Ich war auf einem Flughafen in Schlesien stationiert, lernte dort im Büro Chiffrieren und Schreiben.

Dort war ich mit vielen Männern zusammen. Ich war jung, in Hochform und wollte und musste und brauchte das einfach. Das war für mich wie für andere zum Turnen zu gehen. Ich habe mir nie Gedanken darüber gemacht, was andere über mich reden, dass ich als leichtes Mädchen gelten könnte. Das war mir egal.

In dieser Zeit ist es dann passiert: Ich steckte mich mit Tripper an. Sonst hatte ich immer verhütet. Dieses Mal nicht. Aber so ist es ja. Einmal nicht, und schon passiert's. Beim Militär wurde das stramm und streng bestraft. Ich kam in eine Klinik nach Breslau, wo ich behandelt wurde und musste danach das Militär verlassen.

Ich ging nach Berlin, wo ich als Fotolaborantin arbeitete. In dieser Zeit hatte ich alle paar Tage einen anderen Mann. Ich habe es einfach als Bedürfnis empfunden, und so habe ich mir die Männer ausgesucht, die mir gefielen und sie mir genommen. Insofern war ich emanzipiert bis zum Letzten. Sehr ungewöhnlich zur damaligen Zeit. Ich habe mich übrigens auch mal in ein Mädchen verliebt und auch das ausprobiert.

In den folgenden zwanzig Jahren habe ich viermal geheiratet. Viermal ging es schief. Der eine trank, der andere ging fremd, der dritte zu Huren. Die kürzeste Ehe dauerte nur vier Tage. Immer war ich diejenige, die sich getrennt hat.

1966, mit 45, lernte ich meinen fünften Mann kennen, mit dem ich immer noch zusammen bin. Kinder habe ich nie bekommen. Ich habe zehn Abbrüche gemacht, weil es mit den Männern nicht geklappt hat. Ein Kind kam tot zur Welt. Mein jetziger Ehemann und ich haben zwar am Anfang unserer Beziehung noch mit dem Gedanken an Kinder gespielt. Da ich aber schon weit über vierzig war, haben die Ärzte mir abgeraten.

Was Sex angeht: Ehrlich gesagt ist das heute noch für mich interessant. Praktisch ist ein normaler Verkehr zwar nicht mehr möglich. Das würde mir zu weh tun. Aber französisch ginge noch. Habe ich mit meinem Mann vor ein paar Jahren auch probiert. Aber das war nichts für ihn.

Dann eben nicht. Ich kann mich auch alleine befriedigen, wenn mir danach ist. Und das Bedürfnis ist durchaus noch da, wenn auch selten. Viele ältere Frauen gestehen sich das nicht ein. Igitt, da muss man sich doch schämen, wenn man in dem Alter noch an Sexualität denkt, hört man ja oft. Verrückt und bescheuert ist das. Warum denn nicht? Das ist doch normal.

Es wurde ja auch höchste Zeit

Gerdi, 82, Rentnerin
Erstes Mal 1945 mit 20 Jahren
Mutter von Monika und Großmutter von Melina

Am 10. Oktober, meinem Geburtstag, bin ich so richtig mit ihm zusammengekommen. Er war der erste Mann, der mich überhaupt interessiert hat. Und ich hätte keinen besseren kriegen können fürs erste Mal.

Es war im Jahr 1945. Überall war Chaos, das ganz große Flüchtlingselend. Im Januar schon waren die ersten Flüchtlingstrecks aus Schlesien durch unser Dorf gekommen. Das riss bis zum Ende des Krieges nicht mehr ab. Danach kamen die Soldaten, die zurück zu ihren Familien wollten. So lernte ich Wilhelm kennen. Ich lebte damals mit meinen Eltern und meinem fünf Jahre jüngeren Bruder in einem kleinen oberfränkischen Dorf direkt an der tschechischen Grenze.

Da mein Vater zu der Zeit noch Bürgermeister war, stand er in der Pflicht, für die Flüchtlinge Unterkünfte zu besorgen. Die Bauern erwarteten das, sagten zu ihm: »Mach du erst mal dein Haus voll.« Wir hatten ja auch viel Platz, denn meine Eltern bewirtschafteten einen 20 Hektar großen Bauernhof und einen Gasthof. Wir hatten eine vierstöckige Scheune und einen großen Tanzsaal mit 130 Quadratmetern. Ständig kamen neue Flüchtlingstrecks. Ständig war das Haus voll. Im großen Saal wurden Strohlager eingerichtet. Da hatte jeder Flüchtling dann eine kleine Ecke für sich. Ich musste rund um die Uhr mit anpacken in diesem Jahr, oft Suppe verteilen. Ich hatte überhaupt keine Freizeit.

Nach dem 8. Mai zogen bei uns die Amerikaner durch. Mein Vater lief ihnen mit einem weißen Betttuch entgegen. Ich kochte Wasser, damit sie den Nescafé, den sie mitgebracht hatten, aufbrühen konnten. Einer konnte sogar etwas Deutsch. Er sang immer »Ach du lieber Augustin, alles ist hin«.

Es kamen auch immer mehr deutsche Soldaten bei uns vorbei. Unter denen gab es den einen oder anderen, der mir schöne Augen machte und meinte, er würde gerne bleiben. Da hab' ich aber immer ganz entrüstet gesagt: »Niemals!« Bis Wilhelm kam. Da sagte ich mir, jawoll, mit dem könntest du dir vorstellen, zusammen zu sein. Sogar ans Heiraten habe ich in der Zeit oft gedacht.

Er kam Ende September aus Garmisch-Partenkirchen. Dort war er als Gebirgsjäger stationiert. Jetzt wollte er wieder zurück nach Hause, nach Meißen in Sachsen. Er machte sofort großen Eindruck auf mich. Ich fand, er war ein wahnsinnig interessanter, hübscher Mann. Groß, schneidig, blond, mit blauen Augen. Er sah ein bisschen aus wie der Gerhart Lippert, der den Bergdoktor gespielt hat. Er war gelernter Porzellanmaler. Ein Künstler. Der konnte eine Rose malen, die aussah wie echt. Das hat mich sehr beeindruckt. Und was er mir für Karten geschenkt hat. Alle selbst gemalt. Wunderbar waren die.

Ihm ging es genauso wie mir. Auch ich bin ihm sofort aufgefallen. Natürlich hat er den ersten Schritt gemacht und mich angesprochen. Ich wäre viel zu schüchtern gewesen. Eigentlich wollte er nur eine Nacht bleiben und dann weiterziehen. Wegen mir ist er sechs Wochen geblieben. »Ich brauche ja noch gar nicht so schnell nach Hause. Ich bleib' erst mal hier bei dir«, sagte er. Das hat mich sehr gefreut.

Ich wollte, dass er mein Erster ist. Ich war ja nun auch schon zwanzig. Das war bei uns damals alt fürs erste Mal. Meine Schulfreundinnen hatten sich schon lange vor mir mit Jungen getroffen. Moralische Vorbehalte von wegen »nicht vor der Ehe« gab es bei uns in der Gegend weniger.

Ich hatte einfach keine Zeit, mit Jungs auszugehen. Ich musste in der Gastwirtschaft ja arbeiten bis zum Gehtnichtmehr.

Es gab zwar einige Wirte bei uns in der Gegend, die mich mit Kusshand genommen hätten. Für die war ich natürlich die perfekte Ehefrau, weil ich die Arbeit ja genau kannte. Aber das wollte ich auf keinen Fall. Ich wusste, wie hart das war und wollte nicht mein ganzes Leben lang so schuften. Ich wollte einen Beamten. Die hatten es so gut. Das sah ich bei meiner Tante, deren Mann Polizeimeister war.

Manche Flüchtlingsfrauen konnten es gar nicht glauben, dass ich noch keinen Mann gehabt hatte: »Was, die Gerdi ist noch Jungfrau?«, hieß es. Das war wie ein Makel, und so habe ich es auch empfunden. Viele Mädchen in meinem Alter waren schon verheiratet, und ich war noch nicht mal mit einem Mann zusammen gewesen.

Meine Mutter hatte ihr erstes Mal allerdings erst mit dreißig. Sie dachte, sie darf erst mit einem Mann schlafen, wenn sie verheiratet ist. Und so hat sie eben gewartet. Meine Eltern haben sich durch eine Zeitungsannonce kennengelernt. Mein Vater war von 1916 bis 1920 in französischer Gefangenschaft und suchte dann gleich eine Frau zum Heiraten. Dass sie noch nie mit einem Mann zusammen war, fand mein Vater, der genauso alt war wie sie, seltsam. »Wie kann man nur so dumm sein?«, muss er mal zu ihr gesagt haben. Das hat sie ihm zeitlebens vorgehalten.

Verhütet haben sie nicht. Mein Vater hat sich nicht darum gekümmert, und meine Mutter wusste es nicht besser. Ich weiß noch, dass er ihr Vorwürfe machte: »Ich darf dich ja gar nicht anfassen. Du kriegst ja jedes Mal ein Kind.« Eine andere Frau aus unserem Dorf bekam von ihrem Mann doch tatsächlich zu hören: »Ich hab' schon mindestens 400 gehabt, aber so blöd wie du war keine. Die haben sich alle zu schützen gewusst.« Hundsgemein war das. Die Männer haben von den Frauen erwartet, dass sie sich um das Thema kümmerten.

Es gab aber auch viele, die aufpassten, damit sie nicht ständig schwanger wurden. Lange nach meinem ersten Mal bekam ich mal mit, wie mein Onkel über meine Tante sagte: »Mir ging's schlecht mit meiner Frau. Die hat mich immer ausgesperrt.« Meine Tante hatte nur zwei Söhne, zehn Jahre auseinander. Wenn sie ihren Eisprung hatte, hat sie ihn nicht reingelassen. Dann durfte er gar nicht mit ihr schlafen.

Kurz vor meinem ersten Mal wusste ich fast nichts. Ich wurde ja weder zu Hause noch in der Schule aufgeklärt. Das war damals einfach undenkbar. Über so was redete man nicht. Das hätte sich nicht gehört. Wäre ich zu meiner Mutter gegangen, hätte sie mir bestimmt keine Antwort gegeben. Eine traurige Zeit war das.

Ich weiß noch, dass wir Mädchen in der Schule uns kurz vor der Konfirmation, so mit 14, gegenseitig gefragt haben: »Weißt du, wie Kinder entstehen?« Wer schon etwas wusste, erzählte es den anderen. Dass man vom Miteinander-Schlafen schwanger werden konnte, das wusste ich dann zwar. Aber wie das genau ablief, das war mir nicht klar.

Dass man verhüten konnte, davon habe ich auch erst lange nach meinem ersten Mal erfahren. Die jungen Gäste haben sich manchmal einen Jux daraus gemacht, Pariser aufzublasen. Da erzählten sie dann, wofür sie sind. Wenn ich heute daran denke, dass ich nichts von Verhütung wusste damals. Ich hätte ja beim ersten Mal sofort ein Kind kriegen können! Aber ich war naiv, hab' mir wohl gedacht, der Wilhelm hatte ja schon Frauen gehabt und war dabei noch nie Vater geworden. Warum sollte es bei mir jetzt so sein?

Ich hatte keine Vorstellung davon, wie das Miteinander-Schlafen sein könnte. Ich habe mir darüber nie Gedanken gemacht. Es hat mich einfach nicht interessiert. Ich bin aber auch ein Mensch, der das überhaupt nicht braucht. Ich hätte genauso gut ganz ledig bleiben können. Ich muss lachen über die Frauen, die sagen, sie brauchen unbedingt einen Mann. Ich habe im Urlaub mal eine Frau getroffen, die zu mir meinte: »Also ich werde jetzt den Omnibusfahrer fragen, ob er nicht mit mir schlafen will.« Die konnte ohne gar nicht. Keine Nacht. Da bin ich ganz anders.

Ich glaube, wenn ich Wilhelm nicht kennengelernt hätte, dann hätte es bis zu meinem ersten Mal noch lange gedauert. Auch er meinte: »Es ist eine Schande, mit zwanzig noch Jungfrau zu sein.« Er war nur zwei Jahre älter als ich, aber ein richtig jugendlicher Draufgänger. Er muss schon wahnsinnig viele Frauen gehabt haben. Er war ja auch Soldat. Überall, wo die Soldaten hinkamen, haben die sich eine Freundin gesucht. Das war im Krieg doch so.

Zuletzt ist er für seine Tapferkeit zum Leutnant befördert worden. Das machte natürlich auch Eindruck bei den Frauen. Er hat mir sogar Fotos von einigen gezeigt. Geschockt hat mich das nicht. Damals war es Sitte, dass die Männer sich erst austoben sollten. Nur die Mädchen, die durften das nicht. Aber das fand ich auch nicht schlimm. Ich war ja nie so verrückt darauf.

Wilhelm und ich sahen uns jeden Tag, gingen spazieren oder saßen nachmittags, wenn nichts los war, zusammen im Gastzimmer. Wir unterhielten uns über den Krieg, was wir erlebt haben. Wir konnten über alles reden. Das war einmalig. In der kurzen Zeit ist eine richtig schöne Freundschaft entstanden.

Dann kam der 10. Oktober, mein Geburtstag. Da waren wir beide schon richtig verliebt und haben zum ersten Mal Händchen gehalten. Ich weiß noch genau, dass wir mit ein paar anderen jungen Leuten abends rund vier Kilometer bis zum Grenzzaun nach Sachsen gelaufen sind.

Später am Abend ist es dann in unserer Küche passiert. Meine Eltern waren längst im Bett. Ich hatte im Gastraum noch die

Gläser gespült und aufgeräumt. Dann brachte ich das Geld nach oben. Als ich zurückkam, war er schon da. Da wir schön alle Türen absperren konnten, mussten wir keine Angst haben, dass jemand hereinkam.

Wir setzten uns zusammen auf die Couch und küssten uns. Dann kam eins zum anderen. Angst hatte ich überhaupt nicht. Ich dachte, jetzt bist du schon so alt. Jetzt wird es auch höchste Zeit. Außerdem war ich ja begeistert von ihm. Ich habe ja sogar schon ans Heiraten gedacht. Dass er schon erfahren war, merkte man. Er wusste genau, was er tat. Er war sehr lieb und sehr vorsichtig. Weh tat es überhaupt nicht. Ich muss sagen, es war wunderbar. Das kann ich nur jeder Frau wünschen.

Wir haben noch eine Weile zusammen gelegen. Dann ging er wieder in den Saal zu seinem Lager. Ich hätte meine Eltern fragen sollen, ob er nicht ein Zimmer bekommen konnte. Dass er die ganzen sechs Wochen im Saal mit den anderen schlafen musste, das tut mir heute noch leid. Zu mir konnte ich ihn nicht mitnehmen. Ich habe ja mit meiner Mutter und meinem Bruder in einem Zimmer geschlafen. Meine Eltern hatten getrennte Schlafzimmer.

Wir saßen in diesen Wochen oft zusammen, haben Händchen gehalten, geredet. Und er malte seine Karten mit Rosen und Herzen. Als es im November anfing zu schneien, gingen wir zusammen Ski laufen. Ich habe das Bild heute noch im Kopf, als wir zusammen auf den Skiern standen und uns küssten. Ich war sehr glücklich in dieser Zeit.

Er schrieb oft nach Hause, an seine Mutter. Er erzählte ihr auch viel über mich, das habe ich selbst mal gelesen. »Dann bring sie doch mit«, schrieb sie zurück. Er war ihr einziger Sohn. Sie konnte es gar nicht erwarten, ihn wiederzusehen.

Er hätte mich liebend gern mitgenommen, und es gab auch nichts, was ich lieber getan hätte. Aber es ging nicht. Es ging einfach nicht. Da mein Bruder erst 15 war, war ich die einzige Stütze im Haus für meine Eltern. Sie brauchten mich. Ohne mich wäre unsere Gastwirtschaft zusammengebrochen. Ich war zu verantwortungsbewusst und habe ihn deshalb ziehen lassen. Das bereue ich heute immer noch.

Er schickte mir noch ein halbes Jahr lang wunderbare Briefe. »Meine Herzallerliebste …« So fingen sie an. Das war schön. Ich bin richtig verwöhnt worden. In einem seiner letzten schrieb er, es wäre besser, wenn wir uns nicht mehr wiedersehen: »Ich bin zu arm für dich.« Aber das war ja Quatsch. Wir hatten ein Einfamilienhaus zu Hause, das schon, aber er hatte doch seinen wunderschönen Beruf. Aber ihm war ja nun auch klar, dass ich nicht gehen wollte. Nicht gehen konnte. Vielleicht wollte er es mir auch nur leichter machen. So ging es auseinander mit uns. Ich habe ihn nie wiedergesehen.

Drei Jahre lang blieb ich allein. Ich habe meine Eltern unterstützt und viel gearbeitet. Ich weiß noch, dass mal junge Gäste zu mir meinten: »Wie machst du das eigentlich, schwitzt du das durch die Rippen?« Sie spielten darauf an, dass ich keinen Mann hatte. Aber ich war nun mal nicht so veranlagt, dass ich das brauchte. Ich war nicht so verrückt wie manche, die unbedingt einen Freund haben mussten.

Dann lernte ich einen zwei Jahre älteren Mann aus Nürnberg kennen. Er war bei der Bahn angestellt. Mit dem habe ich mal eine ganze Nacht durchgetanzt, das weiß ich noch. Ich war in ihn verliebt, habe gehofft, ihn heiraten zu können und auch mit ihm geschlafen. Doch dann gestand er mir, dass er schon verheiratet sei. Da habe ich natürlich sofort Schluss gemacht.

Mit 26 verliebte ich mich in einen Mann aus der Nähe. Seine Eltern hatten eine Firma und ein großes Haus. Er war der einzige Sohn. Ich war oft am Wochenende bei ihm, und ich habe mich auch sehr wohl gefühlt. Wir waren ein halbes Jahr zusammen, dann meinte seine Mutter zu mir: »Ja, 20 000 Mark musst du schon mitbringen. Sonst kannst du hier nicht einheiraten.« 20 000 waren damals so viel wie heute 200 000! Das hätte ich natürlich nicht aufbringen können. Da war dann auch Schluss.

Neun Jahre später, Weihnachten 1957, lernte ich Georg kennen, den Vater meiner beiden Kinder, einen Zollbeamten. Er war fünf Jahre jünger. Um mich rumzukriegen, meinte er: »Ich würde dich vom Fleck weg heiraten.« Ich glaubte ihm, ließ mich auf ihn ein – und wurde schwanger. Er wollte, dass ich das Kind abtreibe. Das kam für mich aber überhaupt nicht in Frage.

Deshalb trennte ich mich dann auch von ihm und zog aus unserem Dorf weg. Schwanger und unverheiratet, das ging damals gar nicht. Ich entschied mich für München, weil mein Cousin da arbeitete. So war ich wenigstens nicht ganz alleine. Ein paar Monate hatte ich Arbeit. Als meine Schwangerschaft sichtbar wurde, kündigte man mir. Nach der Geburt kam ich mit meiner Tochter in einem katholischen Mütterheim unter. Ich schrieb Georg übrigens von Monika, woraufhin er meinte: »Komm zurück, wir heiraten.« Da ich noch verliebt in ihn war, habe ich das auch getan.

Zwei Monate lebten wir zusammen in meinem Heimatort. Dann wurde ich wieder schwanger. Ich wusste damals zwar, dass man verhüten konnte. Aber man hat es nicht so gemacht. Es war damals allgemein noch so, dass es eine Schande war, Kondome zu nehmen. Das war nicht üblich. Kurze Zeit später wurde Georg an die holländische Grenze versetzt. Er nahm sich zuerst allein ein Zimmer, später kam ich nach – dort erfuhr ich dann, dass er schon etwas mit einer anderen angefangen hatte. 1961 habe ich mich scheiden lassen. Da war ich 35.

Seitdem war ich mit keinem Mann mehr zusammen. Aber ich hatte auch nicht das Bedürfnis danach. Wenn man verheiratet ist, dann gehört das natürlich dazu. Dann ist das ja auch irgendwo Pflicht. Aber ich brauche das nicht zu meinem Glück.

Mit 52 habe ich zwar noch mal geheiratet, einen Witwer, aber das war nur wegen der Rente. Ich habe damals in Kaufhäusern als selbstständige Propagandistin gearbeitet und Waren angepriesen. Da hätte ich aber später keine Rente bekommen. Ich habe für ihn gewaschen und ihm die Wohnung saubergemacht. Sex hatten wir nicht. Er hatte auch kein Verlangen danach. Das fand ich in Ordnung.

Ich habe immer mal wieder an Wilhelm denken müssen. Die wunderschönen Karten, die er mir gemalt hat, habe ich immer noch. Sogar ein Bild von ihm habe ich noch. Die ganzen sechzig Jahre lang habe ich das aufgehoben. Vor ein paar Jahren war ich sogar mal in seiner Heimatstadt Meißen und dachte mir, mein Gott, wie interessant wäre das doch, ihn noch mal zu treffen. Ich habe mich dann aber doch nicht getraut nachzuforschen. Ich würde ihn schon gerne noch einmal wiedersehen. Er müsste jetzt 84 sein. Wenn er noch lebt … Er wäre der beste Mann überhaupt für mich gewesen.

Du versprichst mehr Seele, als du hast

Ruth, 78, Schauspielerin
Erstes Mal mit 19, 1948
Mutter von Susan-Maria und Großmutter von Marnie

Mein erstes Mal war eine Demütigung. Deshalb konnte ich mich beim Sex jahrzehntelang nicht entspannen. Erst mit knapp fünfzig traf ich einen Mann, bei dem ich mich fallen lassen konnte. Er war mein fünfter Liebhaber. Insgesamt hatte ich sechs. Guter Durchschnitt für eine Frau meines Alters, denke ich. Ich bin schließlich in einer ganz anderen Zeit als heute aufgewachsen. Körperlichkeit, Aufklärung, Sex – darüber wurde so gut wie nicht gesprochen. Die dreißiger und vierziger Jahre waren eine verklemmte, strenge Zeit.

Ich bin in Hamburg-Eilbek großgeworden. Dort lebte ich mit meinen Eltern in einer Mietwohnung. Meine Mutter war Diätköchin im Krankenhaus. Mein Vater fuhr erst zur See, dann machte er sich selbstständig als Fuhrunternehmer. Er war nicht viel zu Hause. Von der Ehe der beiden habe ich deshalb auch nicht viel mitgekriegt. Sie kann aber nicht gut gewesen sein, denn meine Mutter hat oft geweint. Vielleicht ist sie deshalb auch so hart geworden. Sie sagte immer: »Die Liebe ist wie Leberwurst. Die kannst du dir aufs Brot streichen. Das ist nur ein großes Wort. Da steckt nichts dahinter.«

Zu Hause führte sie ein strenges Regiment. Mit 14 musste ich abends um 19 Uhr zu Hause sein. Wenn ich mal nicht pünktlich da war, setzte es was. Kam ich zum Beispiel nur zehn Minuten zu spät, dann hatte ich, sobald unsere Wohnungstür aufging, schon – wumms! – die Hand meiner Mutter im Gesicht. Wenn ich mal was nicht essen wollte, dann sagte sie zu mir: »Der nächste Schritt, mein Fräulein, ist die Erziehungsanstalt. Die haben da Gummiwände, da kannst du schreien, soviel du willst.« Sie hat oft gedroht. Aber so richtig aufsässig bin ich eigentlich sowieso nie gewesen. Ich habe immer gemacht, was mir gesagt wurde. Manchmal allerdings habe ich sie mit meinen Fragen zur Verzweiflung gebracht. Das war, als ich in die Pubertät kam und eben bestimmte Fragen aufkamen.

Ich weiß noch, ich spielte mit 13 mal mit einer Schulfreundin auf der Straße, als die Tochter vom Nachbarhaus vorbeikam. Da raunte mir meine Freundin zu: »Die treibt sich rum.« Ich: »Was ist das denn?« Darauf sie: »Die geht schon mit Männern. Pass mal auf, die kriegt auch bald ein Kind.« Da fragte ich ganz neugierig: »Wovon kriegt man denn ein Kind?« Da antwortete sie verschwörerisch: »Ich weiß es nicht genau, aber ich glaub', vom Küssen.« Am gleichen Tag habe ich meiner Mutter das erzählt. Da sagte sie nur: »Ja, so ist das.« Unglaublich, aber wahr: Ich habe das eine ganze Weile lang auch geglaubt.

Wir wurden damals weder zu Hause noch in der Schule aufgeklärt. Dafür haben wir viel untereinander geredet und aufgeschnappt. Aus Eltern, Lehrern und anderen Erwachsenen war so gut wie nichts herauszukriegen. Denen war das hochnotpeinlich und sie wanden sich immer drumherum. Irgendjemand erzählte mir mal: »Wenn du auf der Straße eine Frau mit einem dicken Bauch siehst, dann ist sie schwanger und bekommt ein Kind.« Als mir und meiner Mutter dann auf der Straße tatsächlich mal eine Schwangere entgegenkam, rief ich begeistert: »Guck mal, Mutti, die Frau ist schwanger!« Meine Mutter daraufhin: »Das hast du Ferkel überhaupt noch nicht zu sehen!« Alles, was mit Sex zu tun hatte, war ein bisschen ferkelig. Aber durch solche

Äußerungen wie die meiner Mutter wurde das Thema für mich natürlich noch viel interessanter.

Mit 15 merkte ich, dass sich etwas an meinem Körper veränderte. Das war verwirrend, weil ich überhaupt nicht wusste, was da mit mir geschah. Ein Mädchen aus meiner Klasse erzählte: »Da passiert dann was ganz Komisches, jeden Monat. Man blutet.« Ich: »Igitt, wie schrecklich!« Da meinte sie: »Ja, aber ich mag meine Mutter nicht fragen.« Da fragte ich, wie sie das denn dann mit der Unterwäsche mache. Darauf sie: »Das wasche ich immer klammheimlich aus.«

Als ich dann meine Periode bekam, habe ich aber meine Mutter gefragt. Aber anstatt mich beiseite zu nehmen und mir mal zu erklären, was da eigentlich mit mir passierte, sagte sie nur kurz und knapp: »Sollte ich einmal ein schmutziges Wäschestück hier finden, dann setzt das was.«

Wir waren damals in diesem Alter noch völlig harmlos. Wenn wir mit Jungen unterwegs waren, dann immer in der Clique. Da war nix mit Küsschen hier, Küsschen da. Das höchste der Gefühle war Händchenhalten im Kino.

Mit fast 16 lud mich mal ein Junge ins Kino ein. Ein Marika-Rökk- oder Zarah-Leander-Film, glaube ich. Seine Eltern hatten eine Eckkneipe bei uns in der Straße. Ich fand ihn zwar nicht sonderlich attraktiv, aber ins Kino gehen, das war immer gut. Als wir zurückkamen, blieben wir noch kurz vor meiner Haustür stehen, und da gab er mir dann einen Kuss. Und was mache ich? Renne sofort schreiend in den dritten Stock und schreie laut hoch: »Mutti, Mutti, ich kriege ein Kind!« Meine Mutter ist natürlich vor Schreck fast zusammengebrochen. »Wieso das denn?«, fragte sie. Da zeigte ich ihr, wo er mich geküsst hatte. Sie: »Und nu kriegst du ein Kind. Das machst du aber nicht wieder.« Ich: »Nein, nein.« Sie dann wieder: »Also, davon kriegst du kein Kind.« Und damit war das Thema für sie erledigt.

Eine Schulfreundin erzählte mir irgendwann in der Zeit, Männer und Frauen würden miteinander schlafen. Darauf ich: »Meine Mutter und mein Vater schlafen auch zusammen. Was ist daran komisch? »Nee«, sagt sie, »die machen da was, damit sie ein Kind kriegen.« Jetzt wollte ich es aber wissen und fragte sofort meine Mutter: »Du, wie kriegt man eigentlich ein Kind?« Da wurde sie plötzlich hektisch und meinte: »Herrgott, das hast du doch schon bei den Kaninchen gesehen.« Ich daraufhin: »Soll das denn bedeuten, dass Papi immer hinten auf dich rauf springt?« Da bekam sie eine hochrote Birne und sagte nichts mehr.

Als ich später meiner Tochter Susan das mit den Kaninchen erzählt habe, hat sie sich halb totgelacht. Bei ihr war das Anfang der siebziger Jahre dann ganz anders. Da wurde in der Schule aufgeklärt, dass einem die Ohren schlackerten. Einmal kam sie nach Hause und meinte: »Heute hat uns der Lehrer Präservative vorgeführt in allen Formen und Farben.« Dann fragte sie: »Kann ich zehn Mark haben?« Ich: »Wofür denn das?« Sie: »Für ein T-Shirt von Fromms Act.« Das war eine Präservativ-Marke. Da meinte ich nur: »So weit kommt's noch.«

1945, da war ich 16, ließen meine Eltern sich scheiden. Das war damals völlig ungewöhnlich, aber für meine Mutter kam nichts anderes in Frage. Schließlich hatte sie meinen Vater quasi in flagranti erwischt: Als sie und ich mal im Stadtpark spazieren gingen, kam er uns mit dieser anderen Frau am Arm entgegen. Da ist meine Mutter auf ihn losgegangen. Er war gerade aus Russland zurückgekommen, wir waren ausgebombt und dann dieser Hammer. Mein Vater wollte sich gar nicht scheiden lassen, aber meine Mutter hat sich letztlich besabbeln lassen von Nachbarn, die zu ihr meinten: »Das würde ich mir nicht bieten lassen. Da würde ich mich scheiden lassen!« Meine Mutter war damals 37.

Zwei Jahre später verliebte ich mich dann zum ersten Mal. Ich war 18, er 26. Es war auf der Schauspielschule. Hermann war in der Abschlussklasse, kam aus Königsberg und war acht Jahre älter als ich. Irgendwie waren wir alle mehr oder weniger in ihn verliebt. Er war ja auch ein Schmucker. Er hatte ganz schwarze kurze Haare, blaue Augen, volle Lippen und einen richtigen Casanova-Blick. Er sah schon toll aus. Außerdem war er sehr belesen, charmant und sehr einnehmend. Eine ganze Weile habe ich ihn wie alle anderen angehimmelt.

Im Gewerkschaftshaus in Hamburg hatten wir unsere Probebühne. Sonntags war immer irgendein Schauspiel. Und er spielte meist die Hauptrolle.

Wir mussten immer alle kommen, damit wir uns das ein bisschen von den Älteren abgucken. Wir bekamen zwar auch mal eine kleine Rolle, aber es war nur die Abschlussklasse, die dort spielen durfte. Hermann und ich haben dort oft miteinander gesessen und geklönt. Irgendwann gab ich ihm auch meine Telefonnummer. Außerhalb dieser Lokalitäten haben wir uns aber nie getroffen.

Anfangs haben wir uns sogar noch gesiezt. Das war damals ja nicht so ungezwungen wie heute. Ich habe noch eine Postkarte mit einem Foto von ihm aus dem Jahr 1947. Mit der hat er mir ganz förmlich das »Du« angeboten. In schwarzer, eleganter Schrift steht dort: »Bilde dir ein, ich proste dir zu auf ein herzliches treues ›Du‹. Der kleinen Ruth vom großen Hermann.« Da habe ich mich ganz schön gebauchpinselt gefühlt.

Eines Tages rief er dann bei mir zu Hause an und fragte, ob er mich mal besuchen könne. Das war an einem Vormittag. Ich hatte keine Schauspielschule, meine Mutter war arbeiten. Da hatte er Glück. Sonst wäre er nämlich nie in die Wohnung gekommen. Ich freute mich sehr, dass ich nun die Auserkorene war und nicht eine von den anderen Mädels. Und da waren bestimmt niedlichere dabei als ich. Erst später erfuhr ich, dass er damals verlobt war. Er war ein ganz schönes Schlitzohr. Tja, und an diesem Vormittag ergab sich das eben. Er hatte es richtig darauf angelegt ...

Er brachte mir eine Puderdose mit. Das fand ich sehr nett von ihm. Damals gab es ja nichts, es war Nachkriegszeit. Wir haben uns dann erst mal eine Stunde auf dem Sofa im Wohnzimmer unterhalten, und das war sehr schön. Wir hatten die gleiche Wellenlänge, konnten uns gut über Schauspiel und Bücher unterhalten. Er erzählte mir von seinen Träumen, dass er auch mal zum Film wollte. Er war sehr charmant und sehr einnehmend.

Und dann kam es, wie es kommen musste. Viel Vorspiel war nicht, Küssen, ein bisschen Streicheln vielleicht, aber mehr nicht. Dass es dabei bluten würde, hat mir keiner gesagt. Ich kann aber nicht sagen, dass ich geschockt war. Ich hab' das alles hingenommen, weil ich in ihn verliebt war und dachte, das gehört dann jetzt wohl alles dazu. Dabei wusste ich überhaupt nicht, was da eigentlich genau passierte. Ich wusste ja immer noch nicht, wie Kinder entstehen. An Verhütung hatte er natürlich nicht gedacht. Ein Glück, dass ich nicht schwanger geworden bin. Das kommt dabei raus, wenn man nicht aufgeklärt ist.

Kurz danach sagte Hermann dann diesen einprägsamen Satz, der mich mein Leben lang verfolgt hat. Er schaute mich an und sagte: »Weißt du, du versprichst eigentlich mehr Seele, als du hast.« Das hat mich so erschüttert. Heute würde ich sagen: »Weißt du was: Da ist die Tür. Raus!« Eine Frechheit war das! Damals war ich so geplättet, dass ich überhaupt nichts sagen konnte. Erfahrung hatte er ja nun, und er hatte auch gemerkt, dass das für mich das erste Mal war. Dann ist der Spruch eigentlich so bescheuert wie nur irgendwas. Und vor allem furchtbar egoistisch in der Art: »Du warst nicht das, was ich mir vorgestellt habe.«

Wir haben uns dann wieder angezogen und noch ein bisschen geklönt. Das war's. Dann ist er gegangen.

Trotz dieser Demütigung mochte ich ihn aber trotzdem noch und dachte manchmal sogar: »Vielleicht wird es ja doch noch mal was mit uns. Vielleicht wird es beim zweiten Mal mit ihm ja anders.« Aber er hatte danach gar keine Ambitionen mehr mit mir.

Einmal noch haben wir uns in einem Weinkeller am Neuen Wall getroffen, wo wir bis nachts um zwei Uhr gesessen und geklönt haben. Dann lief er mir noch mal einen Tag nach meiner Hochzeit am Dammtor-Bahnhof über den Weg. Das war 1954. Als ich ihm von meiner Heirat erzählte, sagte er nur: »Ach du lieber Gott!« Ich fragte zurück: »Warum soll ich nicht heiraten?« Darauf er: »Stimmt auch.«

Und dann haben wir uns nie wieder gesehen, nur noch ab und zu hat er mir Postkarten aus Städten geschrieben, in denen er gerade ein Engagement hatte. »Kleine Ruth« sprach er mich immer an. Auf einer stand: »Das Bild ist nicht mehr das jüngste, aber von unserer Freundschaft hoffe ich, dass sie es immer bleibt. Dein Hermann.«

Ich weiß nicht, ob er noch lebt. Berühmt ist er jedenfalls nicht geworden, das hätte ich mitbekommen.

Erzählt habe ich mein erstes Mal nur einer einzigen Freundin, einer Schauspielkollegin. Sie war hin und weg: »Ohh, mit dem Hermann Heidemann! Wie toll!« Ich sagte darauf nur: »Also ich fand das gar nicht so toll.« Als ich ihr eröffnete, es hätte wehgetan und sogar geblutet, war sie ziemlich geschockt: »Was? Wieso das denn?!« Sie war schon 24 und hatte von Tuten und Blasen immer noch keine Ahnung.

Für mich war nach diesem katastrophalen Erlebnis erst mal klar: Das brauchte ich so schnell nicht wieder. »Das ist ja grässlich, wenn du das dann nachher mit einem Mann ständig machen musst«, dachte ich oft. Irgendjemand hatte nämlich mal erzählt: »Wenn du verheiratet bist, musst du regelmäßig mit deinem Mann schlafen.«

Dieser dämliche Satz von Hermann hat mich aber auch so umgehauen, dass ich einfach Angst vor dem nächsten Mal hatte. Was, wenn ich die Erwartungen dann wieder nicht erfüllen konnte? »Wenn der Hermann das schon sagt, und den mochtest du doch so«, dachte ich oft. Ich war kuriert, ich war echt kuriert.

Erst vier Jahre später, da war ich 23, ergab es sich dann doch wieder. Da lernte ich in der Praxis eines Arztes in Lokstedt meinen späteren Verlobten kennen. Ich hatte zwar nach der Schauspielschule das eine oder andere Engagement am Theater, meine Mutter bestand dann aber doch darauf, dass ich einen anständigen Beruf lernte. Beim Arbeitsamt konnten sie mir nur eine Stelle als Sprechstundenhilfe bei einem praktischen Mediziner vermitteln. Da hab ich dann angefangen. Georg war dort Patient, ein Student der Philosophie. Er hatte im Krieg den linken Arm verloren. Er war ein sehr erfahrener Mann, sieben Jahre älter als ich.

Eines Abends führte er mich zum Essen aus. Da sagte er dann zu mir: »Ich würd' dich gern mal mit nach Berlin nehmen. Meine Eltern sollen dich auch mal kennenlernen.« Das war ein Zeichen, dass er mich wirklich sehr gerne mochte. Ich weiß noch, das war in der Weihnachtszeit, und er gab, bevor er zu seinen Eltern fuhr, in der Praxis noch ein Geschenk für mich ab. Da war ich selig. Geküsst hatten wir uns zu dem Zeitpunkt aber noch nicht. Erst als er wieder zurückkam, haben wir ein Verhältnis miteinander angefangen. Das erste Mal mit ihm, mein zweites Mal, hat dann weder wehgetan, noch war es unangenehm. Man hat gemerkt, dass er sehr erfahren war, er war schon einfühlsam. Von da an hatte ich dann keine Angst mehr vor dem Sex. So richtig das Gelbe vom Ei war es mit ihm aber auch nicht. Ich bin jedenfalls nie wirklich auf meine Kosten gekommen.

Dreieinhalb Jahre waren wir verlobt, dann lag er mit einem Herzinfarkt im Krankenhaus – und verliebte sich in eine Krankenschwester. Er teilte mir schriftlich mit, dass er die Verlobung löse. Das war ein totaler Schock für mich. Am selben Tag, als ich den Brief bekam, drehte ich in der Küche den Gashahn auf. Damals wohnte ich mit meiner Mutter zusammen, die zu dem Zeitpunkt aber im Urlaub war.

Zum Glück hat mich ein Kollege gefunden, der sich wunderte, dass ich nicht zum Dienst kam. Zu dem Zeitpunkt habe ich in einer Maschinensetzerei als Korrektorin gearbeitet. Er war ein Studienkollege von Georg, der auch wusste, dass Georg mir diesen Brief geschrieben hatte.

Auf den Tag genau ein Jahr später nahm mich meine Mutter zu einem Betriebsausflug ihres Krankenhauses an den Großensee mit. Sie wollte mich auf keinen Fall allein zu Hause lassen. Nicht, dass ich dann wieder Dummheiten machte. Aber sie hoffte wohl auch, dass ihre Tochter sich vielleicht bei der Gelegenheit einen Arzt angelte. Sie wollte ein bisschen was Höheres für ihr liebes Kind. Wie Mütter halt so sind. Wir hatten reservierte Tische und saßen nett beisammen. Irgendwann kamen zwei junge Männer rein, die mit dem Motorrad unterwegs waren. Einer sprach mich dann an. Günter, er war ein Jahr älter als ich. Das war im Juli 1954, ich war 25. Inzwischen arbeitete ich bei Karstadt in der Lohnbuchhaltung. Dort rief mich Günter ein paar Tage später an: »Können wir uns denn nicht mal sehen?« Dann haben wir uns getroffen. Er war ein netter Mann. Mit ihm konnte ich mir vorstellen, Kinder zu haben. Deshalb ging alles dann auch relativ schnell. Zwei Monate später, im September, haben wir uns verlobt. Sechs Monate später waren wir schon verheiratet. 1956 wurde mein Sohn geboren, 1957 meine Tochter. Und 1970, da war ich 41, haben wir uns scheiden lassen – er fand seine Sekretärin attraktiver als mich. Ich hatte richtig Glück mit meinen Männern.

Mit meinem Mann kam ich im Bett nicht richtig zurecht. Wenn es Streit gab, wir Geldsorgen hatten, jemand gestorben war, dann war Sex immer die Notlösung bei ihm. Wenn es mal nicht klappte, meinte er zu mir, ich sei impotent. Sexuell passte es zwischen uns überhaupt nicht. Ansonsten aber war ich in meiner Ehe, was das Körperliche angeht, sehr entspannt. Wir sind mit unserer Tochter und unserem Sohn zum FKK-Strand gegangen und auch mal nackig durch die Wohnung gelaufen. So haben wir unseren Kindern eine gewisse Unverkrampftheit vorgelebt. Andere Eltern waren da noch ganz schön verklemmt. Ich weiß noch, mein Mann und ich wurden 1968 mal in die Schule unseres Sohnes gebeten. Ein Professor, ein Sexualwissenschaftler, hielt einen Vortrag. Unter anderem ging es um Onanieren bei den Jungs. Diese betretenen Gesichter rundum, das werde ich nie vergessen. Die Mütter haben sich bei dem Thema geziert wie die Zicken am Strick. Mein Mann und ich haben uns gar nicht mehr eingekriegt. Der Sexualwissenschaftler meinte dann ganz salopp: »Mein Gott, Muttis, jetzt stellt euch doch nicht so an. Es gibt doch Persil, damit wäscht man das wieder aus.« Das war eben früher noch eine ganz andere Zeit. Mein Mann hatte mir mal erzählt, seine Eltern hätten ihn als kleinen Jungen mal dabei erwischt und ihm dann weismachen wollen, er sei schwer krank, und das dürfte er auf keinen Fall machen. Ich weiß noch, eine Nachbarin hat ihren Sohn mit vier mal ertappt. Den hat die grün und blau geschlagen. Ich sagte zu ihr: »Wie können Sie nur. Das sind Naturtriebe.« Sie dann: »Er muss nicht an sich rumfummeln. Das ist Schweinkram.« Gott, diese Verklemmtheit.

Kurz nach meiner Scheidung habe ich dann etwas mit Paul angefangen. Er war fünf Jahre älter als ich und sah ein bisschen aus wie Stewart Granger. Wir kannten uns schon ziemlich lange, hatten uns ein Jahr vor meiner Hochzeit, 1953, kennengelernt. Damals lebte ich noch mit meiner Mutter zusammen, er wohnte im Haus schräg gegenüber. Er arbeitete beim Film. Das war auch damals schon was. Einmal fuhr er im Auto mit Marika Rökk vor.

Wir mochten uns sehr, aber es hatte bis dato nie gepasst, weil entweder er oder ich verheiratet waren. Er war zwar unheimlich lieb und nett und sah sehr gut aus, aber ein berauschender Liebhaber war er nicht. Genaugenommen war er eine absolute Null. Er küsste mich übrigens beim Sex nie auf den Mund.

Erst acht Jahre nach meiner Scheidung, mit 48 – kurz bevor ich Oma wurde –, kam dann noch mal ein toller Mann. Der war für mich eine Offenbarung …

Meine Freundin hatte mehrere Schwestern und einen Schwager, Hartmut. Den kannte ich schon mindestens zwanzig Jahre. Und irgendwann, bei irgendeiner Geburtstagsfeier, funkte es dann. Es passte zwischen uns in jeder Hinsicht. Was er dachte, sprach ich aus. Es war eine heiße Liebe. Der Himmel tat sich mir auf. Mit ihm war es am schönsten. Auch, weil ich mit ihm zum ersten Mal wirklich Lust empfunden habe beim Sex. Mit ihm erlebte ich meinen ersten Orgasmus. Mit knapp fünfzig! Ich wusste gar nicht, wie mir geschah. »Mein Gott!«, dachte ich, »und das hast du all die Jahre verpasst!« Jedes Mal danach habe ich Angst gehabt, dass es nicht wieder passiert. Dass es nur einmalig war. Aber so war es nicht, es war oft so schön. Es passte einfach hundertprozentig zwischen uns. Er war der Erste, der richtig auf mich einging, und der Einzige, der ein bisschen experimentierfreudiger war.

Nur leider hatte die Sache einen Schönheitsfehler: Hartmut war verheiratet. Er wollte sich zwar scheiden lassen – meine Freundin sagte damals auch immer, die Ehe zwischen ihm und seiner Frau bestehe nur noch auf dem Papier –, aber er ist dann nach acht Monaten doch wieder reumütig zu seiner Frau zurückgegangen.

Letztlich hat wohl das Geld den Ausschlag gegeben. Er hätte seiner Frau ganz schön was zahlen müssen. Mit Recht aber auch, er war ja lange genug verheiratet. Hartmut war meine letzte große Liebe. Fünf Jahre habe ich um ihn getrauert. Mit sechzig habe ich dann noch mal jemanden kennengelernt, Bernd, und den auch 1989 geheiratet. Er war aber ein ziemlich Gemütlicher, ein Langweiler, passte eigentlich gar nicht zu mir. Und was den Sex anging: »Weihnachten ist öfter«, hab ich immer gesagt. Es war einfach langweilig, nur Missionarsstellung. Nach drei Jahren haben wir uns wieder getrennt. Und seitdem habe ich von Männern die Nase voll. Ich muss keinen mehr haben. Aber ich habe mich auch nie wieder richtig verliebt. Und bei mir muss Liebe im Spiel sein, um Sex zu haben. Nur so, weil es Spaß macht, das war nie mein Fall.

Vom siebten Himmel in die Hölle

Ursula, 73, Rentnerin
Erstes Mal 1951 mit 17 Jahren
Großmutter von Sandra

Ich habe meinen Mann als Engel kennengelernt. Später hat er sich zum Teufel entwickelt. Wir waren fast fünfzig Jahre verheiratet, die letzten zehn waren unerträglich. Es war nicht mehr auszuhalten mit ihm. Ich kann es manchmal immer noch nicht glauben, wie sehr er sich im Laufe der Jahre verändert hat. Es ist traurig und tragisch, dass es sich so entwickelt hat. Er war meine große Liebe. Er war mein erster Mann und ist mein einziger geblieben.

Ich habe ihn mir nicht selbst ausgesucht. Wir sind verkuppelt worden. Aber das war ja damals eine ganz andere Zeit, kurz nach dem Krieg.

Ich wuchs in einer kleinen Gemeinde in Sachsen auf. Meine Eltern, ich und mein jüngerer Bruder lebten mit meiner Großmutter mütterlicherseits zusammen in einer großen Mietwohnung. Ich war der Liebling meines Vaters. »Mein Ursele«, sagte er immer liebevoll zu mir. Die Woche über arbeitete er in einer großen Fabrik, in der Mundharmonikas hergestellt wurden. Sonnabends und sonntags war er in einer Kapelle angestellt und hat schöne Tanzmusik gespielt. Er war ein sehr lustiger Mann. Von ihm habe ich meine Leidenschaft fürs Tanzen. Meine Mutti und ich waren auch oft dabei, wenn er Musik machte. Es war eine schöne, unbeschwerte Zeit.

1945 war meine Kindheit mit einem Schlag zu Ende. Mein Vater wurde in diesem letzten Kriegsjahr noch eingezogen und fiel wenig später in Frankreich. Von da an musste meine Mutter uns Kinder und die Oma allein versorgen. Sie nahm eine Stelle als Hauswirtschafterin bei einem Friseur an, ging von frühmorgens bis spätabends arbeiten. So musste ich schon früh ran und hatte kaum mehr Freizeit. Ich habe mich zu Hause vor allem um meinen kleinen Bruder gekümmert, ihn zum Kindergarten gebracht und wieder abgeholt, mit ihm gespielt, auf ihn aufgepasst. Ich hatte viel Verantwortung.

Aufgeklärt wurde ich zu Hause nicht. Auch in der Schule gab es das damals nicht. Darüber wurde überhaupt nicht geredet. Das war eine prüde Zeit damals. Hätte ich meine Mutter gefragt, hätte sie mir bestimmt keine Antwort gegeben. Ich bekam aber viel über meine Freundinnen mit. Eine wusste über so manches Bescheid, weil sie eine fünf Jahre ältere Schwester hatte. Die hat uns anderen dann einiges erklärt. So wusste ich zumindest schon früh, wie Kinder entstehen.

Im Gegensatz zu meinen anderen Freundinnen wurde ich ganz, ganz kurz gehalten. Weil meine Mutti dachte, sie müsste den Vati ersetzen, war sie sehr streng mit mir. Mit 16 durfte ich zwar bis um 22 Uhr mit meinen Freundinnen ins Clubhaus bei uns im Ort. Aber das auch nur zweimal im Monat. Und wehe, ich war dann nicht pünktlich zu Hause. Kam ich nur zehn Minuten zu spät, gab's Dresche. Meine Mutter stand dann immer schon bei uns unten an der Haustür und wartete auf mich.

Erst als sie merkte, dass sie sich auf mich verlassen konnte, durfte mich auch mal ein Tanzpartner bis vor die Haustür bringen. Allerdings hat sie dort genau aufgepasst: Gute Nacht, und das war's. Mehr war undenkbar – bis mein Mann kam. Von da an durfte ich sogar jedes Wochenende weggehen und immer bis zum Schluss bleiben.

Ich durfte ihn mir nicht selbst aussuchen. Wir wurden verkuppelt. Es war eine Absprache zwischen einem Nachbarn aus unserem Haus und meiner Mutti. Dieser Nachbar arbeitete mit meinem späteren Mann zusammen im Bergbau. Eines Tages sagte er zu meiner Mutti: »Pass auf, ich kenn' da jemanden. Da ist dein Mädel in guten Händen. Der ist in Ordnung …« Und so weiter. Wie das eben früher so gemacht wurde.

Bei uns im Dorf kannten wir uns ja auch alle. Da war nichts Besonderes dabei. Es gab jedenfalls keinen, der mich wirklich interessiert hätte. Deshalb sagte ich mir: Schau ihn dir halt mal an.

An einem Wochenende im März 1951 brachte dieser Nachbar ihn also mit. Es war kurz bevor ich meine Lehre in der Fabrik anfing, in der auch mein Vater gearbeitet hatte. Ich war sechzehneinhalb. Mein erster Gedanke, als ich ihn sah, war: »Das ist aber ein hübscher Mann.« Er war ein paar Jahre älter als ich, groß und schlank.

Meine Mutter, mein Bruder, der Nachbar – alle waren bei diesem ersten Treffen dabei. Da wir einen Riesengarten hinter dem Haus hatten, saßen wir alle in einer großen Runde zusammen und unterhielten uns. Er setzte sich gleich neben mich, und ich fand ihn auf Anhieb sympathisch. Er war charmant und gab sich Mühe, mir zu gefallen.

Auch bei meiner Mutter punktete er schnell. Sie war jedenfalls gleich einverstanden, als er meinte, er würde mich gerne mal ins Kino oder zum Tanzen ausführen. »Sie ist bei mir in den besten Händen. Sie müssen sich keine Gedanken machen«, beruhigte er sie. Und das musste sie auch nicht. Er hat nichts verlangt, was ich nicht wollte.

Ich war zu dem Zeitpunkt ja noch ganz unbedarft, hatte einem Tanzpartner höchstens mal zwischendurch ein flüchtiges Küsschen gegeben. Aber mehr aus Jux. Das war bis dahin alles noch sehr unschuldig.

Bei ihm hat es gleich an unserem ersten gemeinsamen Abend am Wochenende darauf gefunkt. Wir gingen zusammen zum Tanzen. Eine Kapelle spielte, unter anderem den Englischen Walzer. Das weiß ich noch, weil ich den ganz besonders mochte und auch sehr gut tanzen konnte. Den habe ich mir zu Hause in meinem Zimmer selbst beigebracht. Das war meine Welt.

An dem Abend waren auch andere Bergleute da, die alle zusammen an einem Tisch saßen. Er stellte mich ihnen ganz selbstverständlich als seine Freundin vor.

Später flüsterte er mir zu: »Ich finde, wir passen gut zusammen. Was meinst du?« Da musste ich schmunzeln und antwortete: »Wir können es ja versuchen.« Ich war zwar noch nicht verliebt, aber sehr angetan von seiner liebevollen Art. Wir waren auf einer Wellenlänge, das hatte ich so noch nicht erlebt.

Da er 20 Kilometer weg wohnte, übernachtete er an diesem Abend bei seinem Kollegen. Bevor er zu ihm in die Wohnung ging, gab er mir im Hausflur noch einen Gutenachtkuss auf den Mund. Mein erster richtiger Kuss! Ich war einigermaßen verwirrt und konnte damit erst mal gar nicht so viel anfangen. Na ja, das erste Mal. Da ist man ja noch unsicher und kann das noch nicht einordnen. Ich weiß jedenfalls, dass es sehr lange dauerte, bis ich in dieser Nacht einschlief.

Wir sahen uns danach jedes zweite Wochenende. Er kam immer mit dem Bus zu uns ins Dorf. Übernachtet hat er dann aber nicht mehr bei seinem Kollegen, sondern bei uns. Meine Mutti gab ihm unsere Schlafkammer ein Stockwerk drüber. Das war ein Zimmer für Gäste außerhalb unserer Wohnung. Da wir damals noch kein Telefon hatten, konnten wir uns zwischen diesen Wochenenden nicht sprechen. Das war hart. Die erste Woche ging noch, die zweite Woche wurde aber immer länger. Da haben wir beide dann die Tage bis zum Wiedersehen gezählt.

Er hat sich ganz viel Mühe gegeben, damit ich ihn gern haben muss. Ich war sein »Schatzl« und sein »bestes Stück«. Ein paar Wochen später fing er sogar schon an, Sachen mitzubringen, die man für die gemeinsame Wohnung brauchen könnte. Ein bisschen schnell ging mir das schon, aber na ja. So war er eben. Sein erstes Geschenk waren zwei Nachttischlampen. »Was will denn ich mit den Lampen?«, fragte ich verdutzt. Da meinte er lächelnd: »Die brauchen wir für unser Schlafzimmer.«

Sieben Monate später schenkte er mir zu meinem 17. Geburtstag das ganze Schlafzimmer dazu. Er ging mit mir vorher in unser kleines Möbelhaus am Ort und zeigte mir, was er ausgesucht hatte: Mahagoni, sehr edel. Das gefiel mir auch. Er hatte Geschmack.

Zwischendurch hat er mir immer wieder kleine und größere Geschenke gemacht. Er hat sich immer etwas Neues einfallen lassen. Und man merkte, dass er sich Gedanken gemacht hatte.

Alles war liebevoll ausgesucht: mal eine schicke Bluse, mal eine Hose. Weil ich sehr gerne strickte, brachte er mir auch mal Wolle mit. Sein erstes Weihnachtsgeschenk war eine weinrote Jacke aus Manchesterstoff. Das war Cord und damals groß in Mode. Er hatte sie extra für mich schneidern lassen.

Er war wirklich sehr aufmerksam. Er hat es einfach rausgehabt. Man konnte gar nicht anders, man musste ihm einfach gut sein und ihn lieb haben.

Er hatte eine aufgeschlossene, lockere und liebe Art, nahm mich oft in den Arm und busselte mich. Beim Tanzen haben wir uns aber nie geküsst. Das machte man früher nicht. Da wäre man am anderen Tag Dorfgespräch gewesen. Von der Empore aus konnten die älteren Leute ja runtergucken auf die Tanzfläche und die passten genau auf. Geküsst haben nur die, die nichts auf sich gehalten haben. Diese Mädchen setzten sich auch schon mal ganz ungeniert auf den Schoß eines Jungen. Die galten dann aber auch schnell als Dorfflittchen. Ich hätte das nie gemacht, um Gottes willen.

Als ich zum ersten Mal bei seiner Mutter zu Besuch war, hat sie mich mit ihm in ihrem Schlafzimmer übernachten lassen. Sie wollte mich testen. Sie hatte nur zwei Zimmer, eine Wohnküche und ein Schlafzimmer. In der Küche auf der Couch schlief sie, wir im Schlafzimmer. Allerdings in getrennten Betten.

Ich konnte nicht einschlafen. Ich war zu aufgeregt, weil ich ja zum allerersten Mal bei meiner Schwiegermutter war. Er dagegen schlief schon. Man sah ihn nicht, weil er sich die Bettdecke ganz über den Kopf gezogen hatte.

Plötzlich merkte ich, wie jemand an meiner Decke zupfte. Im nächsten Moment war sie auch schon weg – meine Schwiegermutter! Sie dachte, wir liegen zu zweit in einem Bett und wollte nachsehen. Ich habe so getan, als merke ich nichts. Am anderen Tag habe ich es meinem Mann erzählt. Er lachte nur darüber.

Es ging sehr langsam mit uns. Im Gegensatz zu ihm – er war vor mir auch schon mal ein Jahr verlobt – war ich ja nun die Unschuld vom Lande. Er war daher sehr behutsam, hat nie gedrängt, dass ich mit ihm schlafen soll oder hat sonst irgendwelche Anstalten dieser Art gemacht. Erst neun Monate nach unserem Kennenlernen, an Weihnachten 1951, hat er mich vorsichtig gefragt, ob ich schon so weit wäre. Das war ich inzwischen, meinte aber, wenn das meine Mutter erfahren würde, gäbe es ein Riesen-Donnerwetter. Das war mir völlig klar. Und so war's ja dann auch. Er ließ sich davon aber nicht aus der Ruhe bringen, sondern sagte nur: »Mit der Mutti werden wir schon fertig.«

Angst hatte ich nicht vor dem ersten Mal. Ich wusste von Mädchen, die es schon hinter sich hatten, einiges. Eine meinte zwar: »Mensch, pass mal auf, wie du blutest!« Das hat mich aber nicht sehr erschreckt. Sie war frühreif, hat ihre Unschuld mit 15 in einem Reisighaufen im Garten verloren und uns anderen das auch ganz locker erzählt. Peinlich war ihr das nicht. Sie hat mitgenommen, was ihr geboten wurde. Das war übrigens die mit der älteren Schwester. Ich weiß noch, dass diese Schwester auch viel darüber geredet hat. Sie hatte schon lange einen Freund und schwärmte uns anderen vom Vorspiel vor, was man tun sollte und wie. Da müsst ihr auf die Männer zugehen, und die wollen das und das und das. So redete sie.

Ich wusste daher auch, dass man verhüten kann und dass man dazu Präservative benutzt. Darum hat sich aber mein späterer Mann gekümmert. Wenn ich mir vorstelle, ich wäre in eine Drogerie bei uns gegangen, und das hätte meine Mutti am anderen Tag erfahren … Und das hätte sie bestimmt. Da musste man wirklich vorsichtig sein.

Wir verabredeten, dass ich in der Nacht zum zweiten Weihnachtstag heimlich zu ihm nach oben in die Kammer schlich, was ich dann auch tat. Ich kuschelte mich zu ihm unter die Decke. Er hatte vorgesorgt und ein Kondom mitgebracht. Es ging dann recht schnell und war sehr kurz. Danach hat er sich bei mir entschuldigt: »Es tut mir leid. Ich hatte über ein Jahr keinen Sex.« Weh getan hat es nicht, und geblutet hat es auch nicht sehr. Es war eigentlich kurz und schmerzlos.

Er nahm mich dann gleich ganz lieb in den Arm, und wir schliefen zusammen ein. Ich fühlte mich völlig sicher bei ihm. Morgens gegen fünf Uhr wachte ich auf und schlich mich wieder runter in mein Zimmer.

Die Mutti hatte in der Nacht natürlich alles mitgekriegt. Wahrscheinlich ist sie gar nicht erst eingeschlafen, um nichts zu verpassen. Am anderen Vormittag hielt sie mir eine ziemliche Standpauke: »Denkst du, ich habe das nicht gemerkt, dass du hoch zu ihm in die Kammer geschlichen bist? Da ist es wohl passiert, was?« Sie stichelte ein bisschen, wollte etwas aus mir herauskriegen, aber ich sagte nichts.

Noch am gleichen Tag erzählte ich es ihm, und er ging dann zu meiner Mutter. Was er mit ihr besprochen hat, weiß ich nicht. Als er zurückkam, meinte er nur: »Es ist alles geklärt.« Von dem Tag an durfte er bei mir im Zimmer übernachten. Es war ja nun passiert, und da war's anscheinend auch egal.

Am Anfang war ich noch sehr schüchtern, was den Sex anbelangt. Im Laufe der Zeit versuchte er, mich ganz behutsam aus der Reserve zu locken, sagte mal zu mir: »Lass dich doch mal fallen« oder »Komm, jetzt mach doch mal mit.«

Ein paar Monate später, da waren wir schon verlobt, meinte er zu mir: »Jetzt zeig' ich dir mal, wie man ein Kondom aufzieht. Das musst du mal lernen.« Ich dachte nur: »O du lieber Gott ...« Die ersten Male habe ich mich auch ganz schön geschämt. Aber so war er eben, offen und entspannt. Er hat mir immer ganz liebevoll zugeredet. Da konnte man gar nicht anders.

1953, da waren wir schon ein Jahr verlobt, zogen wir zu meiner Oma väterlicherseits, die auch im Ort wohnte. Sie hat uns die Hälfte ihres Hauses überlassen. 1954 heirateten wir, kurz danach wurde unser erster Sohn geboren. Es folgte noch ein Sohn. Da hat er sich überschlagen vor Freude. Als zehn Jahre später noch eine kleine Tochter kam, war unsere Familie komplett. Wir waren rundum glücklich. Auch sexuell stimmte es zwischen uns – bis ich mich Anfang der achtziger Jahre mit knapp fünfzig wegen eines Tumors einer Unterleibsoperation unterziehen musste.

Von da an hat sich nichts mehr abgespielt. Das ging nicht von mir, sondern von ihm aus. Er wollte nicht mehr und zog sich zurück. Wir haben uns noch in den Arm genommen, sind zusammen eingeschlafen, das ja, aber sexuell ist seitdem nichts mehr zwischen uns passiert. Die erste Zeit hat er sich die Ausrede zurechtgelegt, er wolle mir nicht wehtun. Ich erfuhr ein paar Monate später von einem Bekannten, um was es eigentlich ging: »Mach dir keinen Kopf wegen ihm«, beruhigte der mich, »du bist nicht schuld, dass im Bett nichts mehr abläuft. Er kann nicht mehr, weiß aber nicht, wie er es dir beibringen soll.«

Als ich ihn darauf ansprach, blockte er ab: »Darüber unterhalte ich mich nicht.« Ich versuchte ihn zu überreden, doch zum Arzt zu gehen. Davon wollte er aber nichts hören. »Brauchst du das unbedingt?«, fauchte er mich an. »Nein, das nicht«, sagte ich. »Dann hat es sich erledigt.« Das war sein letztes Wort in der Sache. Von dem Tag an redeten wir nicht mehr darüber. Ich akzeptierte, dass er nichts dagegen tun wollte. Für mich war es in Ordnung, mit ihm nur noch zu kuscheln. Der Sex fehlte mir nicht. Wir sind nach wie vor sehr lieb miteinander umgegangen. Trotzdem hatte sich etwas verändert.

Ich weiß nicht mehr, wann es genau losging, dass er so unleidlich und eklig wurde. Er war wohl mit sich selbst unzufrieden und ließ es an uns anderen aus. Mitte der achtziger Jahre muss das gewesen sein. Wir hatten inzwischen ein altes Bauerngut, einen Vierseitenhof, gekauft. Meine Tochter wohnte mit meiner Enkelin Sandra auch mit uns dort. Ich hielt Schweine, Schafe, Kaninchen und Enten, die ich allein versorgte und verkaufte. Das hat schönes Geld gebracht. Mein Mann arbeitete inzwischen als LKW-Fahrer und kam nur am Wochenende nach Hause.

Erst kritisierte er mich und nörgelte ständig herum. Bald konnte ihm auch kein anderer mehr etwas recht machen. Bei der geringsten Kleinigkeit gab's Streit. Ich dachte zunächst, es läge am Arbeitsstress und schlug ihm vor: »Mensch, du bist bestimmt überfordert. Geh in Rente.« Damit war er auch einverstanden, und ich leitete alles für ihn in die Wege. Wir hatten mit unserer kleinen Landwirtschaft genug Arbeit. Er musste sich das zwar aneignen, aber es machte ihm auch Spaß. Zumindest die ersten zwei, drei Jahre. Dann kam immer öfter von ihm der Vorwurf, ich hätte ihn ja dazu gezwungen, in Rente zu gehen. Dabei war er damals einverstanden gewesen!

Schließlich schlug meine Tochter um des lieben Friedens willen vor, den Hof aufzugeben. Das haben wir auch gemacht und zogen alle zusammen in eine Kleinstadt nach Nordrhein-Westfalen. Ein Jahr lang schien alles gut, dann ging das ganze Theater von vorne los. Das gefiel ihm dann auch wieder nicht, und er nörgelte wieder an allem herum.

Irgendwann reichte es mir: »Wenn wir dir gar nichts recht machen können, dann musst du ausziehen. Es geht auch ohne dich«, sagte ich zu ihm. Es war, als ob er nur darauf gewartet hätte: Innerhalb von sechs Wochen war er fort.

Er war es dann auch, der die Scheidung betrieben hat. Ich wollte nicht und gab ihm das sogar schriftlich. Ich dachte, vielleicht kriegt er sich doch wieder ein. Dem war aber nicht so. Inzwischen sind wir seit über fünf Jahren geschieden. Ich weiß nicht, wo er jetzt lebt und was er macht.

Es gab zwar den einen oder anderen Witwer, der gerne mit mir ausgegangen wäre, aber das habe ich abgeblockt. Ich habe die Schnauze restlos voll. Ich brauche keinen Mann mehr. Die letzten zehn Jahre mit ihm haben mir gereicht. Er war unausstehlich. Das war die Hölle.

Im Nachhinein denke ich manchmal, vielleicht hätte ich mich schon in den Achtzigern von ihm trennen sollen, als es losging. Damals hatte ich auf einem Klassentreffen einen alten Schulfreund wiedergetroffen, der gerade Witwer geworden war. Ein ganz lieber Kerl. Er machte mir Komplimente, umgarnte mich. Ich hätte ihn sofort haben können, das sagte er mir sogar ganz offen. Ich war seine Jugendliebe. Aber damals hing ich noch an meinem Mann.

Er war meine große Liebe. Und so unausstehlich er auch die letzten Jahren gewesen sein mag, ich hänge immer noch an ihm. Unsere ersten Jahre waren wunderschön. Da war er ein Engel. Daran erinnere ich mich gerne.

Petticoats und Rock'n'Roll

Anna, 67, Maklerin
Erstes Mal 1958 mit 18 Jahren

Mein erstes Mal hat für mich eine sehr große Bedeutung – im negativen Sinn. Für mich war es eine Belastung, die sich wie ein roter Faden durch mein ganzes Leben zog. Es war läppisch, erbärmlich und traumatisch. Ich hatte das Pech, mich in den falschen Mann zu verlieben. Er wollte nur das Eine. Bis vor ein paar Jahren hat mich das Erlebnis mit ihm sogar noch in meinen Träumen beschäftigt. Heute weiß ich, dass ich dem richtigen Mann alles geben kann. Mit 52 habe ich ihn getroffen.

Ich bin in den prüden, verklemmten, patriarchalischen fünfziger Jahren aufgewachsen. Es war eine Zeit, in der fast alles irgendwie reglementiert war. Man durfte dies nicht, man durfte das nicht. Man tat jenes nicht, man sprach darüber nicht. Vor allem nicht über Sexualität. Die Männer hatten in vieler Hinsicht die Hosen an. Es war ganz klar, dass der Mann den ersten Schritt machte, er war dominant, er war der Herr im Haus.

Die Aufgabenteilung bei uns war, ganz zeitgemäß, klar vorgegeben: Der Mann schaffte das Geld heran, die Frau kümmerte sich um den Haushalt. Wenn's mal mit uns Kindern unangenehm wurde, sagte mein Vater zu meiner Mutter den unglaublichen Satz: »Du hast jegliche Vollmacht« und zog einfach die Tür hinter sich zu. Damit wollte er nichts zu tun haben. Kinder und Küche oblagen der Frau, die Geschäfte dem Mann.

Mein Vater war selbstständiger Kaufmann. Als er meine Mutter in meinem Geburtsjahr, 1940, heiratete, war er bereits 37.

Meine Mutter war 32. Ich habe noch eine ältere Schwester und zwei jüngere Brüder. Uns ging es für damalige Verhältnisse sehr gut. Wir hatten ein Telefon. Das hatte damals nicht jeder.

Meine Eltern waren evangelisch, sie erzogen uns aber nicht sonderlich religiös. Sie waren für damalige Verhältnisse auch nicht sehr streng. Was aber nicht heißt, dass wir alles durften. Es wurde vorausgesetzt, dass wir uns an gewisse Regeln hielten, und das taten wir auch. Wir wären zum Beispiel nie auf die Idee gekommen, frech daherzureden, wie manche Kinder das heute tun.

Unsere Mutter war eine sehr offene, aufgeschlossene und liebevolle Frau. Wenn wir Fragen und Sorgen hatten, konnten wir immer zu ihr gehen. Sie war die, die sich um uns kümmerte und ein wachsames Auge auf uns hatte. Meist stand sie am Herd, mit dem Rücken zu uns und dem Kopf überm Spülbecken, wenn sie uns ein bisschen aushorchte: Was habt ihr heute denn so gemacht? Was gibt's Neues? Mit wem wart ihr unterwegs? Diese Technik habe ich später auch bei meinen Kindern übernommen, funktioniert wunderbar.

Allerdings bin ich nicht zur ihr gekommen, als die ersten Fragen zum Thema Sexualität aufkamen. Das brachte man früher nicht so einfach aufs Tapet. Es war ein Tuschelthema, über das man allenfalls mit der besten Freundin redete, und hatte den Anstrich des Verbotenen. »Kind, lass die Finger davon, damit fangen die Sorgen an.« Den Satz habe ich oft von meiner Mutter gehört. Damals war das ja nicht so mit der Verhütung, und die Pille gab's noch nicht. Deshalb lebten Mütter von Töchtern in ständiger Angst, dass ihre Mädchen reinfallen könnten und nachher mit einem Kind ankamen.

Als ich 16 war, kam es auf unserer Realschule – einer reinen Mädchenschule – zu einem handfesten Skandal, weil Schriftstücke mit erotischem Beigeschmack aufgetaucht waren. Die

Jungs vom Gymnasium hatten uns die beim Schlittenfahren unter dem Siegel der Verschwiegenheit in die Hand gedrückt. Sie waren überschrieben mit »Liebesbriefe einer Französin«. Allein das Wort »Französin«! Das waren ja die Verruchtesten überhaupt. Man hatte uns mal erzählt, eine Französin sei beleidigt, wenn ein Mann nichts von ihr wollte.

Natürlich stürzten wir uns auf die Blätter und lasen sie von vorne bis hinten durch. Ich weiß gar nicht mehr, was da genau stand. Es kann aber nichts übertrieben Anstößiges gewesen sein, sonst könnte ich mich bestimmt noch daran erinnern. Wenn überhaupt, hatte der Text nur eine leicht erotische Färbung. Leicht wog damals allerdings schwer genug.

Kurz nachdem wir die Blätter mit in die Schule gebracht hatten, flog es auch schon auf. Ein Mädchen aus meiner Klasse hatte sich erwischen lassen. Die Rektorin ging sofort generalstabsmäßig gegen die skandalöse Schmutzliteratur vor: Alle zweitausend Schülerinnen bekamen einen Tag schulfrei, damit sich die Lehrer zurückziehen und über das Thema konferieren konnten. Das Ergebnis: Alle Eltern wurden benachrichtigt, jede Schülerin einzeln zur Rektorin bestellt und verhört. Wir wurden behandelt wie Schwerverbrecher. »Woher habt ihr das?«, wurden wir gefragt. Ohne Erfolg. Keine ließ etwas raus, alle hielten dicht. Auch bei mir liefen sie gegen eine Wand. Da hatte ich zu Hause übrigens die volle Unterstützung meiner Eltern. »Willst du das sagen?« »Nein.« »Dann brauchst du es auch nicht zu sagen.«

Die Zeit war schon sehr engstirnig, die Sexualmoral sehr verklemmt. Damals gab es zum Beispiel noch den so genannten Kuppeleiparagraphen. Danach machte sich strafbar, wer Sex zwischen Nicht-Verheirateten ermöglichte. Deshalb passten Vermieter auch immer wie die Luchse auf, dass ihre Untermieter abends nach zehn keinen Besuch mehr auf dem Zimmer hatten. So was wussten wir damals. Das hatte man gehört oder auch mal im Kino gesehen. In vielen Filmen, auch mit Heinz Rühmann und Konsorten, war das Thema, wenn auch komisch verpackt, präsent. Ab und zu tauchte mal ein Drache auf, der an die Tür klopfte und bellte: »Sie haben jetzt zu gehen. Das ist ein anständiges Haus.« Darüber hat man zwar gelacht, klar, aber es hatte einen ernsten Hintergrund.

So vieles war strafbar. Man musste permanent Angst haben, etwas falsch zu machen. Auch §175, der Homosexuellen-Paragraph, war damals ja noch in Kraft. Zu unserer Clique gehörte später ein homosexueller Junge. Da hatte man immer irgendwie das Gefühl, den könnte man ja eigentlich auch erpressen. Das war allerdings nur unterschwellig, das Niveau hatten wir nicht. Allein, dass man so etwas dachte, zeigt aber, wie sehr sich solche engstirnigen Verbote doch im Kopf festgesetzt hatten.

Ich hatte zwar als Teenager den einen oder anderen Schwarm, den ich aus der Ferne anhimmelte. Angesprochen hätte ich aber nie im Leben einen. Damals war es ja noch so, dass die Jungs den Angriff machten, den ersten Schritt. Für mich interessierte sich auch lange keiner. Die Hübschen, die wurden registriert und verehrt, angesprochen und mal mit dem Fahrrad mitgenommen. Aber nicht die Hässlichen, die klein, dünn und mickrig waren und nicht viel hermachten – so wie ich.

Meine eineinhalb Jahre ältere Schwester war das komplette Gegenteil. Sehr sportlich, selbstbewusst und ausgesprochen hübsch. Ein Grace-Kelly-Typ. Da waren die Jungs natürlich hinterher. Meine Mutter bekam es richtig mit der Angst zu tun, als sie das sah. »Der Hildegard kann ich gar nicht trauen«, sagte sie mal hilflos zu mir. Schließlich fragte sie unseren Pastor um Rat, zu dem sie einen guten Draht hatte: »Wie soll ich das mit der Hilde nur machen, die ist so mit den Jungs …?« Ich habe mit meiner Schwester nie über diese Dinge gesprochen. Ich weiß bis heute nicht, wann ihr erstes Mal war.

Mit 16 wusste ich natürlich, dass man sich vom Küssen kein Kind holt. Es kann sogar sein, dass mir meine ein Jahr jüngere Freundin das mal erzählt hatte. Sie war in solchen Dingen weiter als ich. Auch Kondome, wir nannten sie Pariser, kannte ich schon. Ich hatte mal im Nachtschränkchen meines Vaters geschnüffelt, da hatte ich so was gesehen. Außerdem fand ich Faltbriefe, Flyer mit nackten Frauen, wahrscheinlich die Vorreiter der Pornohefte. Ich war ziemlich schockiert und machte die Schublade schnell wieder zu.

Man wuchs früher in einer derart prüden Atmosphäre auf, dass man mit Nacktheit und Körperlichkeit überhaupt nichts anfangen konnte. Die Bemerkungen, die die Erwachsenen machten, ließen alles, was damit zu tun hatte, in schlechtem Licht erscheinen. Das tat man nicht. Dafür interessierte man sich nicht. Da guckte man nicht hin.

Meine Eltern haben vor uns nie Zärtlichkeiten ausgetauscht. Mein Vater hat meine Mutter auch nie mit Vornamen angesprochen. Wenn er sie mal »Weib« nannte, war das das höchste der Gefühle. Dann wusste ich als Kind: Jetzt hat er ganz besonders gute Laune.

Ich habe meine Eltern zwar auch mal zusammen auf der Couch liegen sehen – der Vater legte sich mittags grundsätzlich immer hin –, aber auch nur, weil ich auf den Balkon gekrabbelt war und von draußen ins Wohnzimmer reinschaute. Sie so nah beieinander zu sehen, passte mir nicht. Für die Kinder heute ist das das Normalste von der Welt, aber ich kannte das in der Form nicht, fand es seltsam, ja, irgendwie anstößig und wollte es nicht haben.

Es war nicht ganz einfach, erwachsen zu werden in dieser Zeit. Es wäre nicht falsch gewesen, wenn unsere Eltern uns ihre Sympathie füreinander mehr vorgelebt hätten. Wenn ich das heute bei meinen beiden Kindern und ihren Partnern sehe, wie selbstverständlich sie sich gerne haben und das auch zeigen. Dadurch wird es doch auch für ihre Kinder normaler und einfacher.

Auf der anderen Seite ist es heute in vieler Hinsicht auch zu selbstverständlich und offen geworden. Die Spannung ist da doch raus. Wir haben das Herantasten ans erste Mal noch als unglaubliches Abenteuer empfunden, eben, weil wir uns die Informationen von überallher, meist heimlich, holen mussten.

Mit 17 merkte ich, dass ich bei den Jungs allmählich Interesse weckte. Wenn mal Freunde meiner Schwester vorbeikamen, nahmen die plötzlich auch mich wahr, schauten mich an, registrierten mich wohlwollend. Allmählich wurde ich dann auch immer kesser. Als meine Mutter merkte, dass sich ihr liebes Kind in ein freches Mädchen verwandelt hatte, fiel sie natürlich aus allen Wolken. Ich wurde ein bisschen renitent, fing an, hin und wieder frech zu werden und zog mich an, wie man es nicht sollte. Als ich mal mit schwarzen Strümpfen unterm rosa Petticoat in die Schule kam, wurde das prompt verboten. Noch am gleichen Tag hing ein Zettel am schwarzen Brett: Schwarze Strümpfe seien zu unterlassen. Es waren die Strümpfe meines Vaters. Ich hatte sie vorne umgekrempelt und mich damit in die Ballerinas gequetscht. Nach der Rüge unterließ ich es, jedenfalls in der Schule. Kaum war ich vorm Tor, zog ich sie wieder an.

Bill Haley war mit seinem Rock'n'Roll-Hit »Rock around the Clock« das Teenageridol. Seine wilde Musik stand für das Aufbegehren gehen die starre, autoritäre Erwachsenenwelt. Als ich mal mit meinen Freundinnen in dem gleichnamigen Film war, tanzten und tobten die Jugendlichen im Kino. Draußen kam es später zu regelrechten Krawallen, und die Polizei rückte mit Wasserwerfern an. Ich bekam das aber nur von weitem mit, weil ich mich mit meinen Freundinnen in Häusereingängen versteckte.

Meine Helden waren James Dean und Elvis. Das waren die Brad Pitts und George Clooneys der Fünfziger. Sie sahen nicht nur gut aus, sie waren auch lässig und sehr cool. Ich schnitt ihre Konterfeis aus Zeitungen aus und pinnte sie mit Stecknadeln an die Wand. Die meisten waren aus der *Bravo*, die meine Schwester damals las. Sie verdiente schon Geld, arbeitete in einem Reisebüro.

Zu der Zeit hatte ich dann die Clique, in der auch Jungs waren. Die Mädchen suchten die Jungen, die Jungen suchten die Mädchen. So ist das auf der Welt, und es findet sich, so sehr die Erwachsenen das auch verbieten wollen. Ich wohnte am zentralsten, deshalb trafen wir uns immer bei mir in der Nähe. Wenn sie da waren, riefen sie zu mir hoch: »Anna, biste schon fertig?« Dann kam ich runter. Wir trafen uns anfangs oft in irgendeiner Eisdiele. Geld hatten wir zwar alle keins, aber ein Eis für 30 Pfennig, eine Cola oder eine Sinalco konnte sich irgendeiner immer leisten. Da saßen wir dann alle dran, und wenn es ein toleranter Eisdielen-Besitzer war, ließ der uns auch sitzen.

Als irgendwann einer von uns ein Auto hatte, fuhren wir auch abends mal eine Stadt weiter in einen Jazz-Keller. Weggehen durfte ich in dem Alter schon. Auch abends länger wegbleiben war in Ordnung, hin und wieder wurde es schon mal richtig spät. Dann schlüpfte ich noch mal kurz zu meiner Mutter ins Schlafzimmer: »Wir sprechen uns morgen …«, flüsterte sie mir zu. Am anderen Tag war aber der Ärger schon verraucht, und sie sagte höchstens mal: »Mein Gott noch mal, musste das denn wieder so spät sein?« Bei meiner Schwester war es ein bisschen anders. Weil meine Mutter ihr nicht so recht traute, wurde sie an die kürzere Leine gelegt. Bei ihr wurden Verbote ausgesprochen.

Mit 17 beendete ich die Realschule und begann im gleichen Jahr eine kaufmännische Lehre in einem Kaufhaus. Dort lernte ich ihn kennen. Er war fünf Jahre älter als ich, der Sohn des Chefs und sah fantastisch aus. Genau wie Elvis hatte er kohlrabenschwarze Haare. Ich mochte damals große, dunkelhaarige Männer, ich selbst war ja klein und blond.

Heute sage ich, er war ein Riesen-Versager, aber damals fand ich ihn großartig. Ich habe ihn von Anfang an regelrecht verehrt. Das merkte er natürlich schnell und nutzte es auch reichlich aus. Wie einen Ochsen am Nasenring hat er mich spazieren geführt. Sobald er mich sah, hat er mich für irgendwas eingespannt. Bring mir doch mal bitte dies, bring mir das.

Ich sah inzwischen gut aus, denn ich hatte mich zum Schwan ausgewachsen. Ich hatte Hüften, Oberweite und schöne Beine. Mit den kurzen, blonden Haaren – ich hatte sie mir noch heller gemacht – sah ich ein bisschen aus wie Kim Novak. Wenn ich im kleinen Schwarzen mit Handschuhen und Unterarmtasche irgendwo auftrat, war erst mal Ruhe, und jeder guckte. Äußerlich gab ich die Grande Dame mit der kessen Klappe und muss sehr erwachsen gewirkt haben. Innerlich jedoch war ich noch sehr unsicher und so jung, wie ich eben tatsächlich war.

Mein zur Schau getragenes Selbstbewusstsein hat ihn immer mehr gereizt. Ab und zu brachte er mich nach Hause und zeigte auch schon mal, dass er mehr von mir wollte. Ich blockte zunächst ab, weil ich Angst davor hatte. Irgendwann ließ ich aber doch zu, dass er mich küsste. Ich himmelte ihn ja an wie nicht gescheit. Tag und Nacht sah ich nur diesen Mann und war glücklich, dass er mich wollte. Allerdings wollte er mich nicht wirklich, jedenfalls nicht als Freundin. Mit diesen Augen sah er mich nicht, und das nehme ich ihm bis heute übel. Abseits der Arbeit haben wir nie etwas zusammen gemacht. Für ihn war ich ein kleines Mädel, das man am Rande mal so mitnahm. Ich sprach in der Zeit oft mit meiner Mutter über ihn. Sie merkte genau, dass der nichts für mich war, und appellierte an meine Vernunft: »Lass das doch sein. Das bringt nichts.« Als ich es ihr am Morgen danach erzählte, haben wir beide sehr geweint.

Es war an einem Wochenende im Frühjahr 1958, kurz bevor ich 19 wurde. Er hatte mich zu sich nach Hause eingeladen, seine

Eltern waren verreist. Ob er mich abholte oder wir uns irgendwo trafen, weiß ich nicht mehr. Zunächst legte er amerikanische Musik auf. Welche, weiß ich auch nicht mehr. Das Erlebnis war so erschütternd für mich, dass ich viele Erinnerungen an diesen Tag verdrängt habe. Es war stümperhaft, dilettantisch, erbärmlich.

Erst hörten wir im Wohnzimmer Musik, da fing er schon an mich zu küssen, dann sind wir in seinem Zimmer und in seinem Bett gelandet. Er war alles andere als feinfühlig. Kein Vorspiel, keine Zärtlichkeiten, alles ging sehr schnell. Er nahm überhaupt keine Rücksicht darauf, dass ich ein Mädchen war, das das zum ersten Mal versuchte.

Es war nicht schön. Es hat mir überhaupt nicht gefallen. Es war beängstigend. Ich habe mich die ganze Zeit über schlecht gefühlt, war aber auch nicht imstande, etwas zu sagen oder ihn gar abzuwehren. Ich war verängstigt und unsicher. Er war doch der Eine für mich. Ich war verliebt, habe ihn angehimmelt. Deswegen ließ ich es geschehen.

Als es vorbei war, hatte ich das Gefühl, jetzt ist was zerstört.

Ich hatte vorher keinerlei Vorstellung, wie es sein könnte. Heute sieht man das ja in den meisten Filmen. In der einen Serie machen sie's so, in der anderen wieder anders. Das sehen die jungen Mädchen und können überlegen, wie sie es gerne mal haben möchten. Das gab's in unserer Zeit nicht. Da hatten es wirklich noch die Männer sehr in der Hand, und wenn du verliebt warst, konnten sie es eben einfach mit dir machen.

Er hatte mich rumgekriegt, weil er es darauf angelegt hatte. Für ihn hatte das keinen tieferen Sinn, für ihn war ich nur ein dummes Mädchen, mehr nicht. Für mich dagegen war es eine ganz, ganz gravierende Erfahrung, die mich noch sehr lange beschäftigt hat. Ich zog mich danach wieder an, er fuhr mich nach Hause. Am anderen Morgen weinte ich in den Armen meiner Mutter. Sie machte mir keine Vorwürfe. Sie tröstete mich, ich tat ihr sehr, sehr leid. Meine Ausbildung im Kaufhaus brach ich ab, dahin wollte ich auf keinen Fall zurück, und ging für ein Jahr in eine andere Stadt, wo ich ein Haushaltsjahr machte. Ich war in einer Pension als Haustochter angestellt, wo ich für die Gäste kochte. Das hat mir großen Spaß gemacht.

Kaum zurück, schleppte mich meine Freundin zu einem Eishockey-Spiel ihres Freundes. Dort lernte ich, inzwischen zwanzig, meinen späteren Mann kennen. Er spielte als Halbprofi ebenfalls mit, war im Hauptberuf Handwerker. Durch ihn bin ich nach Bayern gekommen, wo ich heute noch lebe.

Ich fand ihn erst mal nicht so besonders. Er war klein, längst nicht so attraktiv wie der andere, insgesamt überhaupt nicht mein Fall. Aber er war lieb und nett. Und ich war sehr einsam. So hat sich das halt ergeben. Die große Leidenschaft war's nicht. Wenn ich beim ersten Mal mit ihm nicht schwanger geworden wäre, hätte ich ihn wohl niemals geheiratet.

Kaum war mein Sohn geboren, wurde ich auch schon wieder schwanger. Verhütung war nicht so präsent und im Kopf wie heute. Man hat sich als Frau damals auch in dieser Hinsicht mehr auf den Mann verlassen.

Und wenn man keinen Mann hatte, der sich darum kümmerte ... Ich bin noch zweimal schwanger geworden, habe die Schwangerschaften aber abgebrochen.

Als mein Sohn Michael 15 und meine Tochter Kerstin 14 war, verließ ich meinen Mann und hielt uns mit zwei Jobs über Wasser.

Anfang der achtziger Jahre habe ich noch mal geheiratet, aber auch das hielt nicht. Mein Leben mit Männern war schlecht. Die Bilanz: zwei Scheidungen.

Mit 52 hat mir Sexualität zum ersten Mal in meinem Leben Spaß gemacht. Er war sechs Jahre älter als ich. Alles andere vorher, das ist so passiert. Mit ihm, das war Erfüllung, Lust, Liebe. Jede Berührung war schön, weil sie von ihm kam.

Leider war er verheiratet und hat es nicht geschafft, sich von seiner Frau zu trennen. Weil ich das nicht aushielt, trennte ich mich nach zehn Jahren schweren Herzens von ihm.

Ich habe heute einen Hund, viele gute Freunde und bin zufriedener als je zuvor. Ich brauche keinen Mann mehr, das Thema ist für mich erledigt.

Er war genauso doof wie ich

Renate, 63, Rentnerin
Erstes Mal 1964 mit 20 Jahren

Ich bin in einer verrückten Zeit großgeworden. Das Thema Sexualität wurde Ende der fünfziger Jahre totgeschwiegen. Weder zu Hause noch in der Schule noch unter Freunden wurde darüber geredet. Die *Bravo* kannte ich nicht, Oswalt Kolle kam erst später. Die erschreckende Folge war, dass ich mit zwanzig noch völlig ahnungslos war. Ich wusste weder, wie ein Kind entsteht, noch was ein Kondom ist, geschweige denn, was man damit macht.

Aus heutiger Sicht ist es unfassbar, dass ich so naiv in mein erstes Mal gegangen bin. Er war aber genauso doof wie ich. Wir können von Glück sagen, dass ich nicht schwanger geworden bin. Meiner zwei Jahre älteren Schwester ist es etwas später passiert. Sie war deshalb so verzweifelt, dass sie sogar mit dem Gedanken spielte, sich das Leben zu nehmen. Wer damals unverheiratet ein Kind bekam, wurde gesellschaftlich geächtet. Es ging letztendlich aber alles gut aus. Ihr Sohn ist heute ein wunderbarer junger Mann geworden. Die Zeit war in mancher Hinsicht wirklich schlimm. Ich hoffe, dieses moralisch Verbohrte kommt nie wieder.

Ich wuchs in einem liebevollen Elternhaus in Ostwestfalen auf. Meine Mutter hatte mich für damalige Verhältnisse sehr spät bekommen, sie war schon 37. Von ihrem ersten Mann hatte sie keine Kinder. Sie ließ sich von ihm scheiden, was früher noch unerhört war. Auch mein Vater war bereits verheiratet, konnte sich aber nicht scheiden lassen, weil seine Frau nicht einwilligte. Auch als wir zwei Mädchen schon da waren, stimmte sie nicht zu.

Mein Vater musste ihr noch lange viel Geld zahlen. Einmal sagte er das auch zu mir. Er hatte mir gerade einen Dauerlutscher gekauft, das war ganz was Dolles für uns früher, als er traurig meinte: »Ich kann euch vieles nicht kaufen, weil sie das Geld kriegt.« Er war Bergmann auf der Zeche. Um sich noch etwas dazuzuverdienen, arbeitete er ab und zu als Knecht bei einem Bauern. Auch meine Mutter ging arbeiten, mal als Küchenhilfe, später als Putzfrau. Deshalb ging es uns verhältnismäßig gut, wir hatten jedenfalls immer genug zu essen.

Dass meine Eltern nicht verheiratet waren, also in wilder Ehe lebten, war etwas ganz Verwerfliches. Das habe ich vor allem von einem Lehrer zu spüren gekommen. Es war der Rektor unserer Volksschule. Ab und zu machte er mal eine abfällige Bemerkung. Dazu kam noch, dass meine Eltern verschiedenen Konfessionen angehörten, mein Vater war katholisch, meine Mutter evangelisch. Auch das war damals ein Unding.

Wir sind zwar nicht gläubig aufgewachsen, mussten als Kinder aber sonntags in die Kirche gehen. Erschienen wir nicht im Kindergottesdienst, wusste das am Montag der Rektor, der hatte wohl einen guten Draht zum Pastor, und dann hagelte es für uns beide wieder mal eine Strafarbeit.

Ich hatte ein sehr gutes Verhältnis zu meinen Eltern, vor allem zu meinem Vater. Für mich war er der beste Papa der Welt. Als kleines Mädchen wollte ich ihn immer heiraten. Er hat uns beide genauso abgöttisch geliebt und uns das auch ständig gezeigt. Ich denke mal, er wollte uns die Liebe, die er in seiner Kindheit nicht bekommen hatte, im Überfluss geben. Er war im Waisenhaus aufgewachsen, hatte seine Eltern nie kennengelernt. Leider ist er zu früh gestorben, schon kurz vor meinem 17. Geburtstag, da war er 61.

Er war wirklich eine Seele von Mensch. Ich konnte anstellen, was ich wollte, Papa wusste immer einen Ausweg aus dem Dilemma, Papa hat immer alles gerichtet. Nur ein einziges Mal ist ihm die Hand ausgerutscht, und das tat ihm hinterher sehr leid. Ich hatte im Flur unseres Mietshauses ein Stück Tapete abgerissen, das schon locker war. Als mein Vater das mitbekam – die Hausbesitzer waren sehr penibel –, setzte es eine Tracht Prügel auf den Hintern.

Wenn wir in der Schule nicht spurten, wurden wir mit dem Rohrstock auf die Innenfläche der Hand geschlagen. Einmal kam ich mit einer geschwollenen Hand nach Hause, da ging meine Mutter zum Lehrer.

Wir hatten unseren festen Ablauf zu Hause. Wenn wir aus der Schule kamen, gab es Mittagessen, danach standen die Hausaufgaben an. Es war selbstverständlich, dass wir regelmäßig unser Zimmer aufräumten, meine Schwester und ich teilten uns eins. Jeden Freitag war Putztag, da mussten wir Mädchen auch mit ran. Wenn unsere Mama von der Arbeit heimkam, wurde erst mal nachgeguckt, ob die Ecken auch nicht rund waren.

Obwohl ich immer zu meinem Vater gehen konnte, wenn ich Fragen hatte, und das auch oft gemacht habe, wäre das in einer Hinsicht undenkbar gewesen: wenn es um das Thema Sexualität ging. Ich bin mal mit dem ersten Liebeskummer zu ihm gekommen, das ja, und er tröstete mich mit den Worten: »Dann ist das auch nicht der Richtige.« Alles, was mit der körperlichen Pubertät zu tun hatte, war aber tabu. Wie überhaupt alles, was mit dem Körper, vor allem dem nackten, zusammenhing.

Es hätte nur noch gefehlt, dass meine Mutter hinter sich das Schlüsselloch zuhängte, wenn sie im Bad war. Die Türen waren bei uns zwar nicht abgeschlossen – hätte ja was passieren können, wenn jemand drin war, und dann kam man nicht mehr rein –, aber es war ganz klar, dass wir dort nichts zu suchen hatten, wenn ein Erwachsener drin war. Daher wusste ich auch lange nicht, wie ein nackter Mann aussah. Erst mit elf wurde das Geheimnis gelüftet. Es war ein Schock für mich.

Ich war bei meiner älteren Cousine zu Besuch, die bereits verheiratet war. Als ich morgens aufwachte, wollte ich zu ihr ins Bett krabbeln und ging in ihr Zimmer. Auf der Türschwelle zuckte ich zurück. Ihr Mann lag völlig nackend im Bett, auf dem Rücken, sodass ich alles sehen konnte. Ich war völlig geschockt, guckte schnell weg und schlich auf Zehenspitzen wieder raus. Erzählt habe ich das keinem. Aber mit wem hätte ich auch über so was reden können? Selbst mit meinen Schulfreundinnen ging das nicht. Solche Themen hatten wir nie. Das war in der Hinsicht wirklich eine ganz beschissene Zeit.

Mit 14 wusste ich gerade mal, dass es zweierlei Menschen gibt, mehr aber auch nicht. Schwangerwerden, Kinderkriegen, Verhütung. Alles böhmische Dörfer für mich. Als ich in dem Jahr meine Periode bekam und plötzlich einen blutverschmierten Schlüpfer hatte, war ich daher ziemlich irritiert. War ich verletzt? Hatte ich eine schlimme Krankheit? Ging das wieder weg? Ich fragte meine Mutter, was das sei. Sie sagte: »Du musst jetzt eine Binde tragen, das ist ganz normal. Die Mädchenzeit geht damit zu Ende, du wirst jetzt erwachsen und entwickelst dich zur Frau.« Mehr erklärte sie nicht, und ich nahm es so hin. Man hinterfragte vieles nicht, was die Erwachsenen sagten. Es war so, und das hatte man zu akzeptieren.

In der nächsten Zeit machte meine Mutter immer mal wieder eine seltsame Bemerkung, ich beachtete sie aber nicht weiter, weil ich absolut nichts damit anfangen konnte. »Komm mir bloß nicht mit einem Kind an«, sagte sie zu mir; meist wenn ich rausging, um mich mit meiner Clique zu treffen, zu der auch Jungen gehörten. Was meinte sie bloß damit? Weil ich keinen fragen konnte – das Thema war überall und generell so tabuisiert, dass ich noch nicht mal wagte, zu meiner Schwester zu gehen –, reimte ich mir selbst was zusammen. Vielleicht hing es ja mit dem Küssen zusammen. Wenn man einen Jungen küsste, bekam man ein Kind. Ja, so musste es sein. Noch mit 17 scheiterte an diesem verrückten Irrglauben so manch nette Bekanntschaft. Sobald ein Junge mal etwas mehr von mir wollte, zog ich mich sofort in mein Schneckenhaus zurück, aus Angst, es könnte was passieren.

Mit 18 fing ich an, meinen Körper zu entdecken und selbst zu spüren. Das war aber nicht bewusst, sondern ganz zufällig. Ich weiß noch, dass ich mal auf der Couch lag, als es zwischen den Beinen plötzlich anfing zu kribbeln. Ich berührte mich und bekam ganz andere Gefühle davon, schöne Gefühle. In dem Moment erschreckte ich mich ein bisschen vor mir selber. Was war das nur? Ich konnte mir keinen Reim darauf machen und habe es danach lieber nicht wieder versucht.

Ich war auch deshalb ein Spätzünder, weil es früher immer hieß, man solle keinen sexuellen Kontakt vor der Hochzeit haben. Auch so eine dieser pauschalen Aussagen von Erwachsenen, die einfach so in den Raum gestellt wurden. Warum, weshalb, wieso sagte einem nie einer. Trotzdem verinnerlichte man solche Sätze. Sie kamen ja von Autoritätspersonen.

Bis zur Hochzeit habe ich aber doch nicht gewartet: Als ich 19 war, kam ich mit einem gleichaltrigen Jungen zusammen, den ich noch von der Schule kannte. Wir waren in der gleichen Klasse gewesen. Meine Mutter und meine Schwester mochten ihn nicht. Warum, weiß ich auch nicht. Es lag wohl daran, dass Maler und Anstreicher, den Beruf hatte er gelernt, gern mal ein Bierchen trinken. Bei uns zu Hause war Alkohol aber verpönt. Letzten Endes setzte ich mich über die Bedenken meiner Mutter hinweg, meinen Dickkopf durch und zog zu ihm.

Er gehörte zu der Clique, mit der ich oft ins Kino ging. Aber auch nach unserem Schulabschluss trafen wir uns regelmäßig.

Ich glaube, anfangs war es eine Trotzliebe. Je deutlicher meine Mutter und meine Schwester ihre Abneigung zeigten, umso mehr fühlte ich mich zu ihm hingezogen.

Zum ersten Kuss kam es in einem Tanzlokal. Inzwischen wusste ich, dass Küssen ungefährlich war. Woher, weiß ich nicht mehr. Ich muss es irgendwo aufgeschnappt haben. Wir gingen nicht oft tanzen, wir hatten beide nicht so viel Geld, es war immer etwas Besonderes, wenn wir es taten. An der Decke des Tanzsaales glitzerte an jenem Tag eine bunte Kugel, die die weißen Blusen der Mädchen blau leuchten ließ. Wir tanzten zu Rock'n'Roll von Elvis und Schmusemusik. Bei einem langsamen Lied küsste er mich plötzlich mitten auf der Tanzfläche auf den Mund. Ich bekam sofort eine Gänsehaut, überall kribbelte es. Leider war es schnell vorbei, und ich traute mich auch nicht zu sagen: Mach's noch einmal.

Dass meine Mutter ihn nicht leiden konnte, zeigte sie mir ständig. »Der ist kein Mann für dich«, sagte sie immer wieder. Irgendwann konnte ich es nicht mehr hören und zog einfach aus. Ich packte ein paar Sachen in meinen alten Puppenwagen und ging zu ihm. Von seinen Eltern aus war es o.k., dass ich bei ihm wohnte. Sie waren sehr offen und frei, ungewöhnlich zu der Zeit. Deshalb fühlte ich mich dort pudelwohl. Zuerst hatte ich ein eigenes Zimmer, irgendwann zogen wir aber doch zusammen in ein Zimmer, und da ist es passiert. Es war im Winter, ich war gerade zwanzig. Ich glaube, auch für ihn war es das erste Mal.

Es hat sich über Wochen bis dahin entwickelt. Je länger man zusammen kuschelte, um so intensiver wurden die Gefühle, man hat sich geküsst, gestreichelt, es kribbelte überall, ja, und mit einem Mal merkte man, dass da noch etwas mehr passieren kann. Dass man noch etwas mehr will. Wir waren beide neugierig und wollten es nun auch wissen.

Es war aber – nicht so schön. Es hat fürchterlich weh getan, für mich völlig überraschend. Damit hatte ich nicht gerechnet.

Außerdem blutete es. Da haben wir uns beide dann ziemlich erschrocken. Er dachte, er hätte mich verletzt. Er war ja genauso naiv wie ich.

Verhütet haben wir nicht. Ich wusste gar nicht, dass man das machen muss. Ich wusste mit zwanzig ja immer noch nicht, wie genau ein Kind entsteht. Bei meinem Sohn habe ich es später anders gemacht. Kaum kam er in die Pubertät, nahm ich ihn mir auch schon zur Brust und klärte ihn, zusammen mit meinem Mann, von vorne bis hinten auf. Er sollte auf keinen Fall so ahnungslos aufwachsen wie ich. Mich erschreckt heute noch, wie blöd ich damals war.

Obwohl das erste Mal für uns beide nicht besonders war, haben wir es am nächsten Tag gleich wieder versucht. Wir wollten ausprobieren, ob es wieder weh tut. Zum Glück war's nicht so. Es klappte super. Im Laufe der nächsten Monate wurde es dann auch immer besser.

Nach einem Jahr ging unsere Beziehung allerdings in die Brüche. Er ging abends immer öfter mit Freunden in Kneipen, während ich zu Hause das Geld zusammenhielt. Das passte am Ende nicht mehr, und ich trennte mich.

Wir haben in dem ganzen Jahr kein einziges Mal verhütet. Dass da nichts passiert ist, grenzt an ein Wunder. Da hat der liebe Gott wohl ein Händchen zwischengehalten.

Danach zog ich wieder zu meiner Mama. Das war auch o.k., Vorwürfe machte sie mir nie. Das rechne ich ihr bis heute hoch an. Irgendwann in der ersten Zeit, die Szene werde ich nie vergessen, kam sie auf mich zu und fragte, ob ich denn mit meinem Freund geschlafen hätte. »Natürlich habe ich mit dem geschlafen, Mama.« »Ist denn da was passiert?« »Was soll denn da passiert sein?« Sie redete erst mal um den heißen Brei herum, bis sie zum Punkt kam: wie das Schwangerwerden funktioniert. »Wenn das Glied des Mannes bei der Frau eindringt, kann es zum Samenerguss kommen und die Frau schwanger werden«, erklärte sie. In dem Moment bekam ich einen ziemlichen Schreck, weil mir jetzt erst bewusst wurde, was für ein Riesenglück ich im letzten Jahr gehabt hatte. Über Verhütung sagte sie in dem Gespräch allerdings nichts. Wie das geht, erfuhr ich erst von meinem späteren Mann.

Ich lernte ihn zwei Jahre später, mit knapp 23, durch meinen Stiefvater kennen. Den hatten meine Schwester und ich für meine Mutter über eine Heiratsanzeige gefunden. Eines Tages wartete ich mit ihm in seinem Auto vor einer Wirtschaft. Er wollte seinen Sohn abpassen, der dort regelmäßig pokerte, damals bei uns ein ganz verruchtes Spiel. Nach einer Weile kam ein mittelalter Mann aus der Tür, der sofort auf unser Auto zusteuerte und meinen Stiefvater freundschaftlich begrüßte. Sie waren mal Nachbarn gewesen. Während sie sich unterhielten, schaute er immer wieder zu mir rüber. Wir tauschten Blicke, mehr war nicht. Er ist mir auch nicht weiter in Erinnerung geblieben.

Eines Samstags, es war der 23. September 1967, ein Tag vor meinem 23. Geburtstag, kam er uns unverhofft besuchen. Ich stand gerade auf dem Balkon und hatte einen Staublappen aufgeschleudert, als er an der Tür klingelte. In seinem langen grauen Mantel und dunklen Hut sah er aus wie eine graue Maus. Er wollte meinen Stiefvater sprechen. »Ja, der ist hier, da kommen Sie mal rein«, begrüßte ich ihn und führte ihn ins Wohnzimmer. Er hatte sich kaum hingesetzt, da sagte er doch zu mir: »Gibt et hier keinen Kaffee?« Das fand ich ganz schön frech, der kannte uns ja gar nicht. Er war 39 Jahre alt, 17 Jahre älter als ich. »Natürlich gibt's hier Kaffee«, sagte ich nur und ging in die Küche, um welchen aufzubrühen.

Wie sich herausstellte, hatte mein Stiefvater ihn extra für den Tag eingeladen, damit er mich kennenlernte. Viele Jahre später, da war mein Stiefvater schon tot, fand ich einen Brief, in dem er mich seinem ehemaligen Nachbarn schmackhaft machte, ja, er bot mich regelrecht an, wie eine Ware.

Wir tranken zusammen Kaffee und unterhielten uns eine Weile. Es stellte sich heraus, dass seine Mutter auch am nächsten Tag Geburtstag hatte. Je mehr wir redeten, umso sympathischer wurde er mir. Er arbeitete als kaufmännischer Angestellter auf der Zeche, konnte sich gut ausdrücken und locker erzählen. Eine Schönheit von einem Mann war er nicht, aber er hatte etwas an sich, das mich faszinierte. Eine gewisse Souveränität und Weltläufigkeit. Man merkte, dass er mitten im Leben stand.

Bevor er ging, fragte er, ob er mich denn mal ins Kino einladen dürfe. Da sagte ich nicht nein. Eine Woche später gab's in Essen »Doktor Schiwago«. Wenn ich an den Abend denke, kriege ich heute noch Gänsehaut. In der Pause lud er mich zu einem Glas Sekt ein. Ich war gebauchpinselt, das war ja nun vom Feinsten.

Er brachte mich nachher auch nach Hause. Unterwegs allerdings drehte er in Richtung eines Waldstücks ab. Er wollte ein bisschen mehr von mir. Als er Anstalten machte, mich zu küssen, blockte ich aber total ab. »Wir kennen uns noch nicht richtig. Das möchte ich nicht«, sagte ich zu ihm, »entweder du bringst mich nach Hause, oder ich steige hier aus.« Das hat er akzeptiert und meinte: »Das ist nicht schlimm. Dann fahre ich dich jetzt zurück.« Was er auch brav tat. Beim Abschied fragte er, ob er mich wieder besuchen dürfe. Er war also nicht nur auf das Eine aus, er meinte es ernst mit mir. Bei vielen Männern ist ja schon Feierabend, wenn sie nicht kriegen, was sie wollen. Vielleicht wollte er mich vorher aber auch nur testen.

Er besuchte mich in der nächsten Zeit oft zu Hause. Einmal, als meine Eltern beide nicht da waren, kam es zum ersten sexuellen Kontakt. Dieses Mal mit Kondom. Wir hatten vorher über Verhütungsmittel geredet, da war er ganz offen zu mir. Wie er sich das überstreifte, habe ich aber nicht gesehen. Er hatte vorher das Licht ausgemacht, war ihm wahrscheinlich doch ein bisschen peinlich. Mit war zwar anders als ohne, aber nicht direkt unangenehm. Drei Monate nach unserem ersten Treffen, am 29. Januar 1968, heirateten wir schon. Im Juni 1969 kam unser Sohn zur Welt.

Mit meinem Mann war es in sexueller Hinsicht ganz was anderes als mit meinem ersten Freund. Wir waren beide ja erst 19 gewesen und hatten von nichts eine Ahnung. Da war Sex insgesamt natürlich viel unbeholfener und plumper. Als ich mit meinem Mann zusammenkam, hatte er schon zwanzig Jahre Erfahrung in diesen Dingen und ging das ganz anders an. Er ließ sich beim Vorspiel mehr Zeit, ging mehr auf mich ein, war zärtlicher. Alles in allem war es um einiges intensiver, mit ihm konnte ich Sexualität erst richtig genießen.

Wenn ich mal nicht so gut drauf war und keine Lust hatte, war das für meinen Mann kein Problem. Dann haben wir uns eben anders stimuliert. Während ich mit meinem ersten Freund in sexueller Hinsicht beim Handelsüblichen geblieben bin, habe ich mit meinem Mann stellungsmäßig ein bisschen was ausprobiert. Sonst blieb aber alles im normalen Rahmen. Verrückte Sachen, etwa mit Gummistiefeln, Peitsche und Lederklamotten, mochten wir beide nicht. Auch in sexueller Hinsicht hat die Chemie zwischen uns hundertprozentig gestimmt.

Wir waren 39 Jahre verheiratet, als mein Mann im März 2007 nach langer Krankheit starb. Da war er 79. Zwölf Jahre lang habe ich ihn gepflegt.

Irgendwann in dieser Zeit machte er mir mal den Vorschlag, ich solle mir doch einen Freund suchen. Wo er denn seine Gedanken hätte, habe ich ihn gefragt. Sexualität ist ja nun nicht das Wichtigste in einer Ehe. Wenn der Mann nicht kann, dann kann ich doch nicht weglaufen. Für mich kam das überhaupt nicht in Frage.

Es war Sommer, das erste Mal im Leben

Inga, 58, Verlagskauffrau
Erstes Mal 1965 mit 16 Jahren

Meine Mutter ist bei ihrem ersten Mal schwanger geworden. Treffer, versenkt. So bin ich im November 1949 in einer Großstadt im Norden entstanden. Meine Eltern waren noch nicht verheiratet. Dass es so schnell passiert, damit hätten sie nicht gerechnet. Aber so kann's gehen, wenn man nicht verhütet und in der Hitze des Gefechts auch nicht aufpasst. Aber Verhüten war damals auch noch gar nicht allgemein üblich.

Danach haben sie's allerdings immer getan. Für meinen Vater war ganz klar: Ein Kind, das reicht. Auf keinen Fall wollte er mehr. Er hatte immer sein eigenes Zuhause vor Augen. Da muss es ganz schön drunter und drüber gegangen sein: Er hatte sage und schreibe zwanzig Geschwister. Das war selbst für damalige Verhältnisse viel.

Meine Eltern haben nicht mit Kondomen, sondern auf natürliche Art verhütet. Es gab damals ja nur Lümmeltüten aus Baumwolle zum Auswaschen, die überhaupt nicht sicher waren. »In der Kurve abspringen« hat mein Vater seine Methode immer schmunzelnd genannt. Deshalb bin ich Einzelkind geblieben.

Dass meine Eltern noch nicht verheiratet waren, als ich entstand, darauf bin ich mit zehn gekommen. Ich war schon immer sehr naseweis und kriegte das irgendwie raus.

Als ich meinen Vater darauf ansprach – zu ihm hatte ich das bessere Verhältnis, ihn habe ich heiß und innig geliebt –, hat er das natürlich nicht so stehen lassen. Ich sollte ja nicht glauben, dass sie heiraten mussten oder gar, dass ich nicht gewollt war. Er hat es mir also anders verkauft und eine wirklich schöne, rührende Geschichte draus gemacht: Er wäre damals noch in der Ausbildung zum Polizeimeister gewesen und hätte nie im Leben heiraten dürfen – es sei denn, ein Kind war unterwegs. Da er meine Mutter aber so schnell wie möglich heiraten wollte, sie war ja seine ganz große Liebe, haben sie mich dann eben schon früher entstehen lassen.

Bis ich 14 war, hatte ich überhaupt kein Interesse an Jungs. Dann kam ich in die Pubertät wie meine Mitschüler auch, und die Spielchen gingen los. Wenn der Lehrer mal nicht hinsah, steckten wir uns Zettelchen zu, das heißt meist die Jungs den Mädchen. »An oder Ab« hieß das bei uns. Man könnte sagen, das war unsere Version von »Willst du mit mir gehen?«. Wenn man den Jungen mochte, strich man das »Ab« durch und das »An« blieb stehen. Dann ging der Zettel zurück.

Irgendwann bekam ich auch einen Zettel. Vom tollsten Jungen der ganzen Klasse! Walter. Er war Peter Kraus wie aus dem Gesicht geschnitten, und der war damals mein absolutes Teenager-Idol. Ich strich also das »Ab« durch und gab ihm den Zettel zurück. Er verlor keine Zeit: In der Pause hat er mich schon angesprochen und sich mit mir zum Schlittschuhlaufen verabredet. Das war im Winter 1962, ein sehr strenger Winter. Alle Teiche und Seen in der Umgebung waren zugeforen.

Weil ich keine Schlittschuhe hatte, brachte er mir die seiner Schwester mit. Wir liefen zusammen auf einem See, Hand in Hand. In der Mitte hielten wir an, ja und da bekam ich dann von ihm meinen ersten Kuss. Zwar nur ganz zaghaft auf die Lippen, aber für mich war das schon ein einschneidendes Erlebnis. Wir waren dann auch ein paar Monate zusammen, aber mehr als Küssen war nicht. Mehr wollte ich nicht. Ich war wohl einfach nicht so verliebt, wie ich das später dann erlebt habe. Sagen wir mal so: Bei Walter flogen nur ein paar Schmetterlinge in meinem Bauch herum, bei Richard und meinem späteren Mann dagegen traten ganze Heerscharen an.

Ich hatte in den nächsten zwei Jahren zwar hin und wieder mal einen Freund, aber das war dann auch alles noch sehr unverbindlich und unschuldig. Streicheln, Kuscheln oder gar Petting wäre für mich nicht in Frage gekommen. Ich hatte nicht das Bedürfnis, das unbedingt austesten zu wollen, nur, um es mal zu erleben. Erst mit 16 wurde es richtig ernst. Da verliebte ich mich Hals über Kopf.

Mein Vater war Fußballtrainer. Schon als Baby nahm er mich mit ins Stadion. Meinen Kinderwagen stellte er kurzerhand hinterm Tor ab, wo mir nichts passieren konnte. Da ich von klein auf immer dabei war, wurde ich zum leidenschaftlichen Fußball-Fan. Diese ganze Atmosphäre im Stadion war meine Welt. Allerdings hatte ich mir schon früh geschworen, dass ich auf keinen Fall mal einen Fußballer heiraten wollte.

Meine Mutter war zu Hause ständig allein, mein Vater war immer unterwegs. Die Woche über beim Training, an den Wochenenden auf dem Platz. Nee, das wollte ich später mal nicht. Trotzdem war mein erster Mann ein Fußballer. Fünf Jahre älter als ich, blond, blauäugig, sehr durchtrainiert. Ein Bild von einem Mann.

Da ich bei fast jeder Partie meines Vaters dabei war und alle Spieler kannte, fiel mir jeder Neue im Team sofort auf. So auch Richard im Frühling 1965. Ich sah ihn schon auf dem Spielfeld. Als er nach dem Duschen mit den anderen ins Clubheim kam, registrierte er auch mich. Mehr war da zwar noch nicht, aber bei ihm muss es schon gefunkt haben. Ein paar Tage später, auf der Rückfahrt von einem Auswärtsspiel, setzte er sich jedenfalls gleich neben mich.

Das Spiel war in Stuttgart, wir hatten also eine ziemlich lange Bustour vor uns. Dass er sich neben mich setzte, fand ich schon mal toll. Als er dann auch noch meine Hand nahm, wurde es mir heiß und kalt. Meine Hand kribbelte richtig, so aufgeregt war ich. Mein Vater, der mich immer mit Argusaugen bewachte, bekam das natürlich mit. Später erzählte er mir, dass ihn sein Freund, der auch mit im Bus war, zurückhalten musste, damit er nicht dazwischenging. »Nu lass man die Deern. Du kannst sie ja nicht festbinden.« Mein Vater hat auch deshalb nichts gesagt, weil er wohl dachte, dass er Richard, der ja sein Spieler war, immer im Blick hatte und die Sache mit uns daher ein bisschen steuern könnte.

Richard wusste, was er wollte, und hat schon wenige Tage später Nägel mit Köpfen gemacht. Er rief ganz offiziell bei meinem Vater an: »Hallo Trainer, ich möchte gerne mit Ihrer Tochter ausgehen …« Er wusste, was sich gehörte und vor allem, wie er bei meinem Vater in der Sache antreten musste. Natürlich war der erst mal gar nicht begeistert. Er wusste inzwischen allerdings auch, dass er keine Chance hatte. Er sah ja, wie ich Richard anhimmelte.

Außerdem kannte er mich. Wenn ich etwas wollte, konnte man mich nur schwer davon abbringen. Meine Mutter ergriff dann auch noch für mich Partei und beschwichtigte ihn: »Das können wir ihr ja nun nicht verbieten. Sie ist alt genug, um ihre eigenen Erfahrungen zu machen.« Und so durften wir uns treffen.

Bei diesem Rendezvous verlor ich dann meine Unschuld. Das hatte leider am gleichen Tag auch ein Nachspiel zu Hause, das ich nie vergessen werde. Aber dazu später.

Vor meinem ersten Mal wusste ich kaum etwas über Sexualität. Sowohl zu Hause als auch im Unterricht wurde das Thema totgeschwiegen. Dafür unterhielten wir uns in der Schule untereinander darüber. So wusste ich zumindest, wie Kinder entstehen. Ein Kondom hatte ich bis dahin allerdings noch nicht gesehen.

Ich war aber auch nie so begierig darauf, alles zu dem Thema wissen zu wollen. Vielleicht lag es daran, dass wir Jugendlichen früher nicht von allen Seiten mit Sex- und Erotik-Themen überschüttet wurden. Anfang der sechziger Jahre gab es ja gerade mal zwei Fernsehprogramme.

Es muss im Juni gewesen sein, denn es war Spielpause. Ich weiß noch genau, dass er mich gegen 17 Uhr vom Verlagsgebäude abholte. Ich machte damals eine Ausbildung zur Verlagskauffrau. Er nahm gleich ganz selbstverständlich meine Hand in seine und gab mir einen leichten Kuss auf die Wange. Ich war selig. Wir fuhren mit seinem Auto zum Elbstrand, wo wir spazieren gingen und uns unterhielten. Das ging wunderbar mit ihm, denn wir hatten die gleiche Wellenlänge.

Nach einer Weile fragte er mich, ob ich nicht Lust hätte, mich mit ihm an den Strand zu setzen und die Schiffe zu beobachten. Das hatte ich natürlich, keine Frage. Wir ließen uns aber nicht gleich an Ort und Stelle nieder. Da waren viel zu viele Leute. Er hatte ja schon so seine Hintergedanken ... Wir fuhren also ein ganzes Stück raus aus der Stadt und suchten uns einen ruhigen Strandabschnitt. Weit und breit war niemand zu sehen.

Er packte eine große Decke und eine Piccoloflasche Sekt aus. Heute ist das nichts Besonderes, damals war es das schon. Ich war jedenfalls ganz gerührt, dass er sogar daran gedacht hatte. Da saßen wir dann eng zusammen, kuschelten und tranken Sekt. Dann der erste richtige Kuss mit ihm ... Die Schmetterlinge in meinem Bauch überschlugen sich, die Grillen zirpten, die Luft flirrte. Klingt wie aus einem schmalzigen Liebesroman, ich weiß, aber genau so war das an diesem Sommerabend.

Es passte einfach alles. Ich hatte keine Angst, überhaupt nicht. Ich fühlte mich wohl mit ihm, er war sehr, sehr zärtlich, und es hat mir auch nicht wehgetan. Deshalb habe ich mein erstes Mal als richtig schön erlebt.

Vielleicht wäre es anders gewesen, wenn ich, wie die meisten jungen Mädchen heute, fast alles gewusst hätte. Ich hatte keine Ahnung, dass es weh tun kann, wusste nicht, dass es auch bluten kann. Ich wusste ja noch nicht mal, wie das Miteinanderschlafen genau funktioniert. Und je weniger man weiß, umso weniger Erwartungen hat man auch. Deshalb bin ich sehr unbedarft gewesen und habe es einfach auf mich zukommen lassen. Hinzu kam, dass Richard ja nun fünf Jahre älter und nicht unerfahren war.

Abends gegen 22.30 Uhr brachte er mich nach Hause und verabschiedete mich vor der Tür noch mit einem Kuss. Eigentlich musste ich mit 16 immer um spätestens 22 Uhr zu Hause sein. Für den Tag hatten meine Eltern aber eine Ausnahme gemacht.

Sie hatten wohl schon geahnt, dass etwas passiert war. Kaum hatte ich die Tür hinter mir zugemacht, rief auch schon mein Vater nach mir. Ich ging ins Schlafzimmer. Sie waren beide noch wach, saßen kerzengerade im Bett und schauten mich erwartungsvoll an. Was mein Vater dann aber sagte, werde ich mein Lebtag nicht vergessen: »Mir gehen schon ein paar Haare aus. Aber man sagt ja immer, der Urin einer Jungfrau soll Wunder wirken. Trifft das auf dich noch zu?« Ich bin vor Peinlichkeit fast in den Boden versunken. Ich hätte ihn umbringen können.

Nach einem halben Jahr war mit Richard und mir leider Schluss. Er kam zu mir und meinte, dass es nicht mehr ginge mit meinem Vater. Er hätte ihn beim Training ständig auf dem Kieker. Ich war natürlich am Boden zerstört. Im Nachhinein weiß ich aber, dass es auf Dauer sowieso nicht gepasst hätte mit uns. Er wollte immer, dass die Frau sich um Heim und Herd kümmerte. Das sagte er zwar oft scherzhaft, aber das war schon so.

Da wäre er bei mir aber an der falschen Adresse gewesen. Das hat ihm wohl auch mal mein Vater klipp und klar gesagt: »So kannst du Inga sowieso nicht halten, das macht sie nicht mit.« Wir haben heute immer noch Kontakt: »Na, Süße, wie geht's dir denn?«, begrüßt er mich dann, immer noch ganz der alte Charmeur. Er hat wie ich später geheiratet, inzwischen ist er geschieden.

Kurz nachdem wir uns getrennt hatten, erfuhr ich aus dem Fernsehen von der Pille. Meine Mutter und ich sahen eine Sendung im Fernsehen, in der sie beworben wurde. Sie war aus Amerika zu uns gekommen. Ich war sofort begeistert und dachte: »Das ist es!« Sie meinte nur: »Das ist doch ein Medikament und bestimmt nicht gut.« Ein Jahr später ließ ich sie mir von einem Arzt verschreiben.

Als meine Mutter die Verpackung fand, war sie völlig entsetzt. »Was ist das für eine Tablette? Bist du nicht ganz dicht?«, schimpfte sie. Als mein Vater vom Training nach Hause kam, erzählte sie es ihm sofort. Er reagierte jedoch ganz entspannt, den Satz habe ich immer noch im Ohr: »Wat denn nun, willst du etwa jetzt schon Großmutter werden? Lass sie sie doch schlucken. Ist doch in Ordnung.« Das fand ich klasse von meinem Vater. Aber die Pille war ja nun auch so was von praktisch. Nie mehr aufpassen, ein Traum.

Etwas später, genau genommen am 24. Januar 1967, lernte ich den Mann kennen, der die Liebe meines Lebens werden sollte. Er war drei Jahre älter als ich und sah genauso aus, wie ich mir meinen Traummann immer vorgestellt hatte: dunkle Haare, dunkle Augen und ein ganz tolles, strahlendes Lachen.

Wir schwammen im wahrsten Sinne auf einer Wellenlänge. Wir begegneten uns im Schwimmbad, er kam mir im Becken entgegen. Den ersten Spruch werde ich nie vergessen: »Du, wir kennen uns doch ...« Ich dachte, was will der denn und meinte: »Na, da hab' ich aber auch schon mal eine bessere Anmache gehört.« Er grinste und sagte nur: »Telemann-Schule?« Ich: »Ja-a.« Dann klingelte es allmählich bei mir, und ich erkannte ihn. »Du warst der nackte Kaiser?« Da musste er lachen. Er war drei Klassen über mir und hatte in dem Stück »Des Kaisers neue Kleider« die Hauptrolle gespielt. Daran konnte ich mich noch gut erinnern. Als ich gehört hatte, dass das aufgeführt werden sollte, hatte ich mir damals vorgenommen, das unbedingt zu gucken. Ich wollte sehen, wie die das mit dem Kaiser machen. Natürlich gab's keine nackten Tatsachen zu sehen. Sie haben ihn in lange Unterhosen gesteckt.

Es war für uns beide Liebe auf den ersten Blick. Das haben wir sofort gespürt. Allerdings hatte die Sache einen Haken. Er musste noch meinen Vater überzeugen. Bei ihm zog er eine noch größere Verhör-Show ab als damals bei Richard. Den kannte er ja schon, weil er sein Trainer war.

Ich kann mich noch genau an das entscheidende Telefongespräch erinnern. Ich saß daneben, als mein Vater den Armen ausfragte: wer er sei, woher er komme, was er gelernt habe, wie er sich das mit mir vorstelle und so weiter und so fort. Das war schon harter Tobak.

Meine Mutter bekam es auch mit. Leider konnte man damals die Telefone noch nicht auf laut stellen. Deshalb hörte ich nur, was mein Vater sagte. Nachher erzählte mir aber mein späterer Mann, womit er ihn beruhigt hatte: Er hätte ihm ganz klar zu verstehen gegeben, dass es für ihn nur eine Frau auf der Welt gäbe, ich seine große Liebe sei und dass er absolut ehrenwerte Absichten hätte. Als mein Vater gehört hätte, dass er Bauzeichner gelernt hatte und gerade sein Ingenieursstudium absolvierte, sei er dann schon sehr beruhigt gewesen.

Er versprach mir übrigens hoch und heilig, dass er es mal ganz anders machen würde, wenn er mal eine Tochter hätte. Von wegen. 1973 bekamen wir eine Tochter, Isabel, und bei ihren Verehrern hat er es dann haargenau so gemacht. Bei einem Telefonat saß ich daneben und konnte mich vor Lachen kaum halten.

Inzwischen ist er leider schon seit ein paar Jahren tot. Er war meine ganz große Liebe und wird es immer bleiben.

Sex ist mir mittlerweile nicht mehr so wichtig, aber das war es eigentlich auch nie. Jedenfalls nicht so wie für andere Frauen, die es nicht lange ohne einen Mann aushalten. Ich bin kein Typ, der einfach mit jemandem Sex hat. Da müssen schon Gefühle dabei sein. Dann kann ich mich fallen lassen und es auch genießen. Ansonsten ist das für mich eher uninteressant.

Mit Richard, meiner ersten Liebe, war es schön. Mit meinem Ehemann und absoluten Traummann war es dann sogar noch schöner. Wir hatten ja auch Zeit, uns aufeinander einzuspielen, verstanden uns in jeder Hinsicht blind. Das schlägt sich natürlich auch auf das Körperliche nieder, wo wir genauso gut harmoniert haben.

Heute habe ich wieder einen Freund. Er ist Arzt auf einer Karibikinsel. Wir sehen uns nur ein paar Mal im Jahr. Vielleicht ziehe ich zu ihm, wenn ich in Rente gehe.

Die Prioritäten im Leben verschieben sich mit den Jahren: Ich bin inzwischen in einem anderen Lebensabschnitt angekommen, den ich in vollen Zügen genieße. Seit einem Jahr bin ich Oma eines süßen blonden Engel. Die Kleine ist jetzt schon sehr vorwitzig. Ganz die Oma. Wenn ihr mal die Jungs hinterherschauen, wird der Papa alle Hände voll zu tun haben – und ihren Verehrern bestimmt genauso kritisch auf den Zahn fühlen wie mein Vater damals bei mir. Da freue ich mich jetzt schon drauf.

Dieses Gerammel finde ich abstossend

Roswitha, 54, Sekretärin
Erstes Mal 1972 mit 19 Jahren

Brauche ich Sex mit einem Mann? Nein. Hatte ich schon mal richtig guten Sex mit einem Mann? Nein. Bin ich deswegen unglücklich? Überhaupt nicht! Ich bin zufrieden mit meinem Leben und möchte mit niemandem tauschen. Dass ich Sex nicht will oder brauche, belastet mich in keiner Form. Es ist mir wohl einfach zuwider. Schon die Bewegung, dieses Gerammel. Eklig. Abstoßend. Widerlich. Das bin ich nicht. Sagen wir mal so: Es ist für mich kein Bedürfnis wie für viele andere. Das ist auch nicht eingeredet. Das ist einfach nicht so eingebaut. Das heißt aber nicht, dass ich Sexualität generell verabscheue. Ganz im Gegenteil. Sex mit mir selber ist wunderbar.

Ich bin im August 1953 in einer niedersächsischen Kleinstadt zur Welt gekommen. Als ich drei Jahre war, zogen meine Eltern dann mit mir und meiner ein Jahr jüngeren Schwester Andrea nach Bremen. Ich wurde katholisch getauft. Mein Vater, der evangelisch ist, hielt zwar nicht viel davon. Meine Mutter aber war katholisch und musste dem Pfarrer bei der Heirat versprechen, dass sie ihre Kinder taufen lässt. Ein evangelischer Mann – das ging damals eigentlich nicht. Mischehen waren verpönt, ja, geradezu skandalös. Für meine Mutter war ihr Versprechen dann auch innerlich Gesetz. Sie war ja ohnehin sehr fromm erzogen worden und war überzeugt davon, dass alles, was sie macht und denkt gegen Gott und die Zehn Gebote, Sünde ist und irgendwann bestraft wird. So denkt sie heute, mit 78, immer noch.

Mein Vater, ein Maurer, war in unserer Drei-Zimmer-Wohnung der Herr im Haus. Wenn er da war, mussten wir still sein und kuschen. Ich kann mich an kein einziges richtiges Gespräch mit ihm erinnern. Wenn wir mal allein mit ihm in der Stube waren, schickte er uns mit Sätzen wie »Nu mach mal Schularbeiten!« oder »Wasch mal ab!« gleich wieder raus. Er konnte nichts mit uns anfangen.

Wir wurden beide auf eine katholische Schule geschickt und mussten auch jeden Sonntag in die Kirche gehen. Meine Mutter, die nur innerlich katholisch war, ließ sich da aber nie blicken, was für mich dann mehr und mehr zum Nachteil wurde. Alle anderen Eltern nahmen aktiv am Gemeindeleben teil. Der eine Vater war Messdiener, eine Mutter kümmerte sich um die Blumen, die andere backte auf Festen Kuchen. Nur meine Eltern beteiligten sich nicht. Ein Lehrer meinte mal zu mir: »Deine Eltern kommen ja auch nicht in die Kirche.« Da klang mit: »Wenn sie das mal täten, wärst du hier auch angesehener.« Dieses Abfällige zwischen den Zeilen fühlt und spürt man als Kind natürlich ganz besonders.

In der Schule wurde uns eingetrichtert, dass Sexualität etwas absolut Schmutziges, Verwerfliches sei. Es hieß immer: »Du sollst keine unkeuschen Gedanken haben.« Das setzte sich bei mir fest. Wenn ich mich als Kind zum Beispiel aus Versehen nackt im Spiegel sah, dachte ich, jetzt muss ich wieder beichten. Überhaupt hatte man durch diese verdrehte moralische Erziehung eigentlich bei allem, was man dachte und machte, das Gefühl: »Das ist jetzt falsch. Du hast gesündigt.« Das war ganz furchtbar.

Es gab unter meinen Mitschülern aber auch welche, die anders waren, das heißt ziemlich unverblümt über Sexualität redeten und daran nichts Schlechtes fanden. Ich erinnere mich an ein Mädchen, das vier Jahre älter war und das ich ganz toll fand. Sie wirkte schon so reif und wusste so viel. Das meiste, was sie mir erzählte, habe ich auch erst mal geglaubt. Einmal sagte sie: »Wenn man's von hinten macht, kriegt man einen jungen Hund.« Das hat mich ganz lange beschäftigt. Damals war ich 13. Auf der anderen Seite fand ich es natürlich auch cool, dass ich überhaupt schon etwas über Sex wusste. Ich weiß noch, dass mich meine Schwester mit 16 doch tatsächlich fragte, ob man vom Engtanzen schwanger werden kann. Darüber habe ich mich totgelacht.

Was meine ältere Freundin anging: Die durfte ich von meinen Eltern aus natürlich nicht treffen. Das war strengstens verboten. Sie konnten mich aber nicht aufhalten, denn ich bin immer schon vor der Schule zu ihr hingegangen. Da war meine Mutter schon lange weg. Sie ging morgens immer putzen.

So um zehn vor sieben bin ich aus dem Haus und dann gleich zu ihr hin. Ihre Mutter war dann auch schon aus dem Haus. Manchmal kam auch ein Junge aus der Nachbarschaft vorbei. Der war viel älter, schon 19. Dann saßen wir in der Küche und haben gequatscht. Einmal, das werde ich nie vergessen, meinte meine Freundin plötzlich zu mir: »Bleib du mal hier und pass auf das Meerschweinchen auf. Wir kommen gleich wieder.« Dann gingen die zwei ins Elternschlafzimmer. Irgendwie ahnte ich da schon was und dachte nur, das kann doch jetzt nicht angehen. Ein paar Minuten später hörte ich sie dann, diese seltsamen Stöhnlaute. Ich fand das so furchtbar und abartig, dass ich nur noch wegwollte und danach auch nie mehr hingegangen bin. Abartig, schmutzig, eklig – auch das setzte sich bei mir fest.

Mit 13 hat mich mein Vater dann von der Schule genommen. Der ausschlaggebende Punkt war, dass ich in Religion eine Fünf hatte, was natürlich ein ganzes Zeugnis versaute. Ich war einfach kritischer als andere, hatte immer eine große Klappe. Ich weiß noch, dass ich einmal zu meiner Religionslehrerin sagte: »Das versteh' ich nicht mit Adam und Eva und dass wir alle Brüder sind. Wo kommen denn die Indianer her?« Sie sagte nichts, antwortete nicht. Das war wohl frevelhaft, gotteslästerlich von mir. Das waren Zweifel, die da nicht hingehörten.

Ein anderer Religionslehrer sagte dann mal von oben herab zu mir: »Wer den Katechismus nicht kann, der kann auch kein Deutsch.« Wer nicht glaubte, der war unten durch. So war das dort. Ich habe mich auf meine Art gegen diese Diskriminierung gewehrt, spielte immer mit meiner Kreuzkette, anstatt mich am Unterricht zu beteiligen, und bekam deshalb auch mal eine Ohrfeige. Meine Eltern fanden das o.k. Sie waren sowieso immer der Meinung, die Lehrer werden schon recht haben. Autoritär war's damals einfach überall. In der Schule, in der Kirche, zu Hause.

Auf der neuen Schule habe ich mich dann aber auch nicht wohler gefühlt. Dort merkte ich erst, dass ich ungefähr zwei Jahre in meiner pubertären Entwicklung zurück war. Das fiel mir zunächst an der Kleidung auf. Während ich noch Steghosen mit Faltenrock drüber anziehen musste, trugen die anderen 13-Jährigen schon enge Röcke mit Perlonstrümpfen, waren geschminkt und hatten toupierte Haare. Ich kam mir vor wie ein Idiot.

Ich weiß noch, ich bin zweimal an meiner Klasse vorbeigegangen, weil ich dachte, nee, das ist bestimmt schon zwölfte Klasse Oberschule. Das kann nicht deine Klasse sein.

Dazu kam noch, dass ich dieses ziemlich rote Bauerngesicht hatte. Ich wurde ganz schnell rot. Wenn ich kam, brach schon deswegen ein Gelächter aus: »Rotbäckchen kommt jetzt!«, riefen die anderen. Mit meinen Klamotten und meinem roten Gesicht kam ich mir an der Schule wirklich wie ein Marsmännchen vor. Das war ganz schlimm.

Auch sonst waren die anderen weiter als ich. In der Klasse gab's schon einige Pärchen. Und wenn man den Mädchen glauben kann, dann hatten die auch alle schon Geschlechtsverkehr.

Ich dagegen habe gar nicht an Jungs gedacht und kam mir einfach dämlich vor. Ich fühlte mich zwischen denen, als wäre ich Jahre jünger. Um mein Anderssein zu kompensieren, habe ich dann einfach den Kasper rausgekehrt – was bis heute noch so ist. Auf der ersten Klassenfahrt habe ich nur Faxen gemacht und alle unterhalten. Seitdem war ich dann auf eine Art integriert und habe mich nicht mehr ganz so schlimm gefühlt. Schminken durfte ich mich zwar von zu Hause aus trotz Betteln und Flehen noch lange nicht, aber dann wenigstens die peinlichen Steghosen weglassen.

Zärtlichkeiten, Körperlichkeit, Sex – das fand bei meinen Eltern nicht statt. Ich weiß noch, dass ich mal aus Versehen die Schlafzimmertür aufgemacht habe, als sich meine Mutter gerade umzog. Da kam ein Urschrei von ihr, und ich musste die Tür sofort wieder zumachen. Ich glaube nicht, dass meine Eltern Sex hatten. Auch nicht heimlich.

So ganz ahnungslos wollte meine Mutter uns aber wohl auch nicht lassen und muss sich ziemlich aufklärerisch und toll vorgekommen sein, als sie uns – da war ich 13 – ein kleines Buch in die Hand drückte: »Woher kommen die kleinen Mädchen und Buben« hieß es. Mir war ja durch diese Freundin theoretisch schon klar, wie Sex geht. Mehr wollte ich auch gar nicht wissen. Ich fand das alles eklig, konnte mir das für mich nicht vorstellen.

Deshalb blätterte ich das Buch mit meiner Schwester auch nur einmal kurz durch. An einem Satz blieb ich hängen: »Den Penis brauchen Buben zum Pissen.« »Pissen« war ein Wort, das wir zu Hause absolut nicht sagen durften. Als ich zu meiner Mutter ging und meinte: »Hier steht, dass man ›pissen‹ sagt!«, wurde uns das Buch sofort wieder weggenommen.

Von meinem Vater kam nur ab und zu eine Anspielung auf Sex. Dann ging es ihm hauptsächlich darum, dass ich nicht schwanger werde.

Ab und zu hat meine Mutter uns auch mal eine *Bravo* gekauft. Heimlich natürlich. Mein Vater durfte das nicht wissen. Für ihn war das Schundliteratur. Ich habe die Hefte dann zwar durchgeblättert, die Dr.-Sommer-Rubrik aber ausgelassen. Mir ging es erst mal um die Stars und ihre Geschichten.

Im Grunde war ich lange genauso, wie mich meine Eltern wollten: immer adrett, hübsch angezogen, schön brav. Die Außenwirkung, die Fassade, das war ganz wichtig. Das Schlimmste, was hätte passieren können, war, dass eine Nachbarin sagt: »Wie sehen die denn aus?« Deshalb waren ich und meine Schwester für die anderen Mütter in der Nachbarschaft die Stars, die Sonntagskinder, die absoluten Vorbilder. Sogar als ich schon 16 war, haben die anderen Frauen noch zu meiner Mutter gesagt: »Ach, Ihre Roswitha ist ja so ein nettes Mädchen. Da haben Sie ja ein Glück.« Stimmte da ja auch noch: Ich hatte nichts mit Jungs, war die Edle, Reine. Und ich muss sagen, ich fand mich in der Rolle irgendwie auch nicht schlecht.

Es war einfach so, dass bei mir alles ein bisschen verschoben war. Ich war ein Spätzünder. Ich bekam meine Regel zwar mit 14, aber aufmüpfig, rebellisch, pubertär habe ich mich in der Zeit überhaupt nicht benommen.

Anstatt mich in der Schule, auf der Straße oder in der Disco für Jungs zu interessieren, lag ich auf der Wiese und träumte meine rosaroten Tagträume. Ich wünschte mir einen Traumprinzen, der mit weißem Ross und weißer Kutsche an meinem Fenster vorbeikam und mich mitnahm. Wenn ich liebte, dann war alles ganz rein. Das Bett spielte keine Rolle. Ich trennte die sexuelle von der romantischen Liebe. Und darin bestärkte mich meine Mutter auf eine Art auch. Als ich sie mit 16 mal fragte: »Wie ist das denn so, wenn man mit einem Mann ins Bett geht? Tut das weh?«, drückte sie sich blumig um die Antwort herum: »Das ist dann der, den man liebt. Und das wirst du schon merken. Das kommt dann von ganz alleine.« Das glaubte ich dann auch und war überzeugt: Es geht nicht um mich. Dass ich das irgendwann will. Sondern es wird passieren. Wenn der Mann kommt, dann wird das alles ohne mein Zutun einfach so kommen. Ich muss nichts tun. Nur warten. Und alles wird dann ganz toll sein.

Auch mit 18 hing ich noch meinen verklärten Idealen nach. Als ich dann zum ersten Mal die Dr.-Sommer-Rubrik gelesen habe, dachte ich: »So ein Scheiß!« Jungs haben mich immer noch nicht interessiert. Die wollten sowieso nur mit einem ins Bett, dachte ich bei mir. Das hatte ich bei dieser älteren Freundin schließlich hautnah mitbekommen. Alles, was mit Sex zu tun hatte, fand ich nach wie vor eklig.

Manchmal kam mir meine Einstellung allerdings schon ein bisschen spanisch vor. Zu der Zeit war ich nämlich die Einzige in der Straße, die ihr erstes Mal noch nicht hatte. Ein Mädel aus unserem Haus, das ein Jahr jünger war als ich, wurde dann sogar schwanger. Das war in der Nachbarschaft ganz furchtbar, denn die war auch so ein Vorzeige-Exemplar wie ich. Die heilige Maria. Heilige Jungfrau vom Land. Die Erwachsenen fanden es natürlich ganz toll, dass ich noch so rein war, mit Jungs nichts am Hut hatte. Und ich wiederum fand es auch irgendwie cool, dass die so dachten. Das war die Zeit, als ich Kindergärtnerin werden wollte. Von SOS-Kinderdörfern hatte ich damals gehört und gedacht: »Da braucht man ja keinen Mann. Das wäre mein Traum!«

Erst, als ich im gleichen Jahr dann auf die Handelsschule kam – mein Großvater, auf den ich immer hörte, meinte, für Kindergärtnerin sei ich zu intelligent und überredete mich, weiter auf die Schule zu gehen –, wurde ich ein bisschen erwachsener. Ich durfte mich schminken. Und dann fing ich an, mit gleichaltrigen Freundinnen in die Disco zu gehen. Ich war nicht der Typ, der reihenweise zum Tanzen aufgefordert wurde, das nicht, aber auch kein krasser Außenseiter. Ich war eine, die immer Stimmung machte. Wie damals in der Schule. Die Jungs waren nett zu mir. Ich war aber kein Typ, den sie abschleppen wollten. Mehr die Kumpelfrau, die an der Theke ab und zu ein Bierchen mittrank.

Die Lauten, die Haiopeis, die fand ich damals cool. Die wollten mich aber nicht. An die kam ich nicht ran. Dann tauchte da aber irgendwann einer auf, der ganz still war – und den ich trotzdem gut fand. Weil er blond und blauäugig war. Damals dachte ich, blonde Männer wären treu, dunkle dagegen wollten immer nur das Eine. Die Blonden waren für mich die Traumprinzen auf dem weißen Ross. Und da war er nun: zwei Jahre älter, ziemlich ruhig, tolle Augen. Heinrich hieß er und sah irgendwie so rein aus. Ich glaube heute, dass er mich nur aufgefordert hat, weil er genauso schüchtern war wie ich. Der hat wohl gedacht, von mir bekommt er bestimmt keinen Korb. Hat er ja auch nicht.

Im Gegenteil. Ich war hin und weg, als er mich zum ersten Mal zum Tanzen holte. Und als er mich dann auch noch an einem Sonntagmittag in ein Restaurant einlud, fand ich das richtig klasse. Wir haben uns zwei Monate lang immer mittwochs, sonnabends und sonntags in der Disco getroffen und dann auch irgendwann geküsst. Und ich muss sagen: Das gefiel mir. Und wie! Ich hab' geküsst, wie andere nicht küssen. Zungenküsse! Und das hat mir richtig Spaß gemacht.

Nach zwei Monaten, das war im Sommer 1971, habe ich dann gedacht – nicht, dass ich da wirklich schon so weit gewesen wäre, mit jemandem ins Bett zu gehen –, mit dem, ja, da kannst du dir das vorstellen. Für den mach' ich's jetzt. Das war einfach der Prinz, in den ich verliebt war. Die Gelegenheit kam dann auch schneller, als ich erwartet hatte. Er sprach von einer Party im Haus seiner Eltern. Das war irgendwo außerhalb von Bremen. Sein Bruder würde auch kommen und der und der. Die kannte ich zwar nicht, aber ich habe mich gefreut. Damals war die von den Hippies inspirierte Maxi-Mode mit langen Kleidern der letzte Schrei. Ich hab' mich also in so einen Staat geschmissen. Die Haare auch toll gemacht. War ich aufgeregt! Dachte bei mir, wenn es nach der Feier passieren sollte, würde ich's wohl machen. Ich war mir zwar nicht ganz sicher, ob ich das dann auch wirklich bringe. Aber ich bin schon mit dem Gedanken dorthin gegangen: »Wenn er das jetzt will, dann mach' ich's!«

Um 19 Uhr kam ich an, sein Bruder war schon da. Sonst aber keiner. Es standen auch keine Chips auf dem Tisch. Ich bekam ein Bier, und dann fingen die zwei an zu tuscheln: »Du, ich glaube, die kommen jetzt nicht mehr ...« Schließlich ging der Bruder, und da saß ich dann mit meinem blauen Traumkleid und meinem blonden Traumprinzen. Er hatte das geplant, und ich hab' mir dann auch eingeredet, der will jetzt mit dir allein sein. Der hat ja auch lange gewartet. Dann gingen wir irgendwann in sein Zimmer. Er sagte: »Nu setz dich mal hierher aufs Bett.« Das tat ich dann, und ehe ich mich versah, hatte er mir das ganze Maxi-Kleid hochgeschlagen. Es war nicht so, dass er gewalttätig war, aber irgendwie hatte ich mir das romantischer vorgestellt. Mit Wein und Kerzen und Zärtlichkeiten. Immerhin legte er Musik auf. Erst lief »Child in Time« von Deep Purple. Dann »Je t'aime« von Serge Gainsbourg und Jane Birkin. Da hatte ich dann bestimmt auch schon zwei Bier intus. Er fing an, ein bisschen an mir rumzufummeln. Ich wusste schon, dass das jetzt Petting war, aber er hat mich damit nicht stimuliert. Für ihn schien das auch eher eine Übung zu sein. Wahrscheinlich war er damals auch noch Jungfrau. Jedenfalls stellte er sich ziemlich blöd an.

Ich habe die ganze Zeit nur darauf gewartet, dass es mal weh tut. Spürte sein Gefummel. Es tat aber nicht weh. Dann sagte er plötzlich: »Ach du Elend, jetzt ist der Präser geplatzt. Und wenn du jetzt schwanger wirst?« Da war ich völlig durcheinander. Könnte er doch drin gewesen sein? Und was, wenn ich wirklich schwanger war? Ich dachte an meinen Vater, seine Drohung: »Komm bloß mal nicht mit einem dicken Bauch nach Hause!« Dann goss Heinrich noch Öl ins Feuer: »Wir kriegen das Kind schon groß.« Da dachte ich: »Der spinnt doch jetzt. Der verarscht mich. Das kann nicht sein.« Ganz sicher war ich mir aber auch nicht. Es hatte nicht geblutet, aber bei mir war ja immer alles ein bisschen anders.

Auf jeden Fall war für mich in dem Moment ganz klar: »Wenn's das jetzt war, brauche ich es nicht noch mal.« Ich wollte es so schnell wie möglich vergessen.

Gegen zehn Uhr am anderen Morgen kam dann Heinrichs Bruder zurück. Wieder tuschelten sie, und das kam mir komisch vor: »Irgendwie ist da was im Busch. Die verarschen mich hier alle beide«, dachte ich bei mir. Wir sind dann zu dritt mit dem Bus zurück in die Stadt gefahren. Und da haben die zwei so blöde Reden geschwungen wie: »Du bist jetzt schwanger. Das weißt du …« Irgendwann hat's mir gereicht, und ich sagte: »Ich kann gar nicht schwanger sein. Denn wenn du meinst, ich hab' geglaubt, dass du drin warst, dann sag' ich dir eins: So bescheuert bin ich nicht!« Da haben sie gelacht und ganz cool getan. Für mich war Heinrich dann gestorben. Er kam auch nie wieder in die Disco.

Das war mein erstes Mal. Es war nur Petting gewesen, er war nicht drin. Aber ganz sicher war ich mir erst, als ich dann mein richtiges erstes Mal hatte und ich ziemlich geblutet habe. Das war dann im nächsten Jahr. Dann ging überhaupt alles ziemlich schnell. Aus dem braven Mädchen wurde eine liederliche Göre. Aus der Jungfrau Maria eine Ehebrecherin … Für meine Eltern wohl der Schock ihres Lebens.

Irgendwann tauchte in unserer Disco ein Mann auf, den wir noch nicht gesehen hatten. Er war blond, groß und wirkte sehr souverän. Da wir beide Fußball mochten und er Trainer war, kamen wir schnell ins Gespräch. Irgendwann fragte er uns dann, ob wir ein Auto hätten. Er suche noch jemanden, der seine Spieler zu den Auswärtsspielen fahre. Meine Freundin, die richtig fußballfanatisch war, sagte sofort zu. Am darauffolgenden Samstag schauten wir uns dann schon ein Heimspiel an. Danach lernten wir in der Vereinsgaststätte die Spieler kennen, alles sehr nette Jungs. Der Fahrer-Job war damit gebongt.

Ich weiß noch, dass mich meine Freundin irgendwann an dem Abend anschubste: »Du, der Trainer ist total auf dich abgefahren. Der glotzt nur zu dir rüber!« – »So'n Quatsch!«, wehrte ich ab. Aber sie ließ nicht locker. Ich schaute dann auch rüber und fing seine Blicke auf – und fühlte mich ziemlich gebauchpinselt. Hans war schon 29, also zehn Jahre älter als ich. Er war einer, der was zu sagen hatte. Das imponierte mir. Als er anfing, nach den Spielen seinen eigenen Wagen stehen zu lassen, um mit mir zurückzufahren, war ich schon hoffnungslos in ihn verliebt. Es prickelte mächtig zwischen uns. Alles war so, wie ich es mir vorgestellt hatte. Es gab nur ein Problem: Er war verheiratet.

Mir sagte er allerdings, um mich bei der Stange zu halten: »Meine Frau und ich, wir haben uns eh nichts mehr zu sagen. Wir wollen uns eh trennen.« Heute sehe ich das natürlich als das, was es war: das übliche Gesülze. Damals hat er mir leid getan, und ich liebte ihn noch mehr. Das niedlich-nette, adrette Mädchen, das meine Eltern kannten, war von dem Tag an endgültig passé. Wir gingen nach jedem Spiel zusammen in die Vereinskneipe, fummelten, knutschten, tranken Bier.

Zwar wollte ich nach diesem ersten Erlebnis ja nie wieder Sex haben. Nach acht Monaten habe ich dann aber doch gedacht: Der arme Kerl. Jetzt hat er genug gewartet. Jetzt musst du ihn mal ranlassen. Der hat ja so eine Geduld. Der drängt ja nicht. Da musst du jetzt mal. Obwohl ich es für mich selbst gar nicht wirklich wollte. Ich wollte es nur ihm zuliebe tun. Dachte, das gehört jetzt dazu. Heute denke ich: Die armen Kerle immer. Meinetwegen können die dreißig Jahre warten! Aber damals war ich naiv. Verliebt. Oder zumindest glaubte ich das. Und ich wollte, dass er glücklich war.

Mit 19, im Sommer 1972, hatte ich dann mein richtiges erstes Mal. Zu dem Zeitpunkt habe ich schon die Pille genommen. Der Arzt, der mich schon von klein auf betreut hat, hat mir immer Muster umsonst gegeben. Ich hatte deshalb jeden Monat eine andere Sorte.

Wir feierten den Geburtstag eines Fußballspielers in einem Haus auf dem Land. Dass Hans und ich ein Zimmer bekamen, war ganz klar. Alle wussten, dass wir zusammen waren und fanden das auch in Ordnung. Nur meine Eltern und seine Frau wussten das zu dem Zeitpunkt noch nicht.

Nach der Feier – ich hatte mir Mut angetrunken – gingen wir zusammen aufs Zimmer. Als wir dann aber im Bett waren und er schon rumfummelte, wollte ich es plötzlich doch nicht mehr. Er ließ ein »Nein« aber nicht mehr gelten und hat es einfach gemacht. Ich lag da wie ein Stock. Zwar war es keine Vergewaltigung, aber es war scheiße. Es hat auch richtig weh getan, ich habe heftig geblutet und danach nur noch geheult. Er hat wohl nicht damit gerechnet, dass ich noch Jungfrau war und guckte nur mitleidig nach dem Motto: »Musst mich ja auch verstehen. Ich hab' ja auch lange gewartet«. Er war total hilflos.

Ich bin dann aufs Klo und habe mir Toilettenpapier zwischen die Beine gesteckt. Ich wusste ja nicht, wie lange das noch blutet. Dann habe ich mich wieder hingelegt und einfach nur gewartet, bis es Morgen war. Ich habe mich benutzt und beschmutzt gefühlt.

Aber so komme ich mir immer vor. Da kann auch kein Mann was dafür. Dieses Gerammel, rein und raus, das ist nicht meine Welt. Obwohl es schön sein soll, kann. Vielleicht habe ich auch einfach den Richtigen nicht kennengelernt. Jedenfalls ist es bis heute so: Ich brauche das nicht. Er hat sich übrigens später mal mit ganz komischen Worten entschuldigt: »Das ist ja wohl nicht so gut gelaufen.« Ach nee.

Wir haben uns nach dieser Nacht erst mal vier Wochen nicht gesehen, weil ich nicht mehr zum Fußball gegangen bin. Dann merkte ich aber, dass ich ihn doch noch wollte. Ich hatte einfach das Gefühl: Der ist es. Warum, das kann ich bis heute nicht erklären. Es war halt irgendwie mein Erster. Heute weiß ich, dass das schwachsinnig war.

Jedenfalls machte ich ihm Avancen, zeigte ihm, dass ich ihn nach wie vor wollte. Und dann waren wir auch wieder zusammen. Da ich noch zu Hause wohnte, trafen wir uns immer im Hotel oder fummelten in seinem Kadett. Das katholisch erzogene Mädchen in mir hat ständig bei sich gedacht: Das kriegst du irgendwann mal zurück. Und das wird dann ganz schlimm. Andererseits war das Heimliche aber auch aufregend. Und dass ich ihn beglücken konnte, fand ich ganz besonders toll. Ich selbst hatte allerdings nie einen Orgasmus, nie wirklich Spaß dabei. Ich erinnerte mich daran, was meine Mutter mal gesagt hatte: »Das muss sich erst einspielen. Und wenn man den liebt, ist es irgendwann schön.« Aber so war das bei mir nicht. Ich dachte oft: »Ja, mehr lieben kann ich diesen Mann doch gar nicht mehr. Wann wird's denn nun mal schön?«

Trotzdem war ich hin und weg von ihm. Um Zeit für ihn zu haben, habe ich sogar meinen Job als Stenotypistin erst mal aufgegeben. Ein Jahr lang trafen wir uns heimlich, dann wurde er geschieden. Und dann ging zu Hause die Bombe hoch.

Seine Ex rief einen Tag nach der Scheidung bei meiner Mutter an und erzählte ihr von uns. Sie fiel aus allen Wolken und lud sie sofort zu uns nach Hause ein. Für meine Mutter war nur wichtig, dass die nicht denkt, dass sie das alles gewusst habe. Sie wollte klarstellen: Ich habe eine reine Weste. Ich habe mit dieser Ehebrecherin nichts zu tun.

Ich war im Kinderzimmer und lauschte. »Wenn wir das gewusst hätten, nie hätten wir das geduldet«, hörte ich meine Mutter seufzen. Hans' Frau erzählte, wie schön das war mit Hans, bevor ich kam. Da heulte ich dann nur noch hinter der Tür.

Abends schrie mein Vater mich dann zusammen: »Mit so was kannst du dich doch nicht einlassen!« In eine Familie einzudringen, war absolut verwerflich. Das war Verbrechertum.

Als ich Hans anrief, um mich bei ihm auszuheulen, reagierte er ganz schroff. Er habe keine Zeit jetzt. Ich war der einsamste Mensch der Welt. Ein paar Tage später trafen wir uns auf dem Fußballplatz. Er hatte seine Tochter dabei, und da habe ich schon gedacht: »Das ist jetzt komisch …« Es war ein Zeichen von ihm. Offenbar wollte er zurück zu seiner Familie. Ich aber wollte ihn jetzt erst recht. Vielleicht aus verletztem Stolz. Ich weiß bis heute nicht, was mich da geritten hat. Es wäre das Beste gewesen, ich hätte da noch vier Wochen geheult, und es wäre erledigt gewesen. Ich habe aber nicht locker gelassen.

Wir trafen uns dann auch wieder. In der Zwischenzeit hatte ich den Kontakt zu meinen Eltern abgebrochen, wieder einen Job und eine eigene Wohnung. 1977 schließlich heirateten wir sogar. Nicht, weil es von Herzen kam, sondern von unseren Freunden. Die meinten: »Jetzt seid ihr schon so lange zusammen. Da könnt ihr auch heiraten.« Meine Eltern glaubten zu dem Zeitpunkt übrigens, dass das mit uns schon Jahre vorbei war. Ich habe wohl auch aus Trotz so lange an Hans festgehalten. Ich wollte es meinen Eltern unbedingt zeigen: Ihr denkt, das klappt nicht. Von wegen! Das war meine Art, gegen sie zu rebellieren. Die Geburt unseres Sohnes Tobias 1979 war dann der Anfang vom Ende. Er interessierte sich nämlich überhaupt nicht für den Kleinen. Als er elf Monate alt war, bin ich ausgezogen.

Heute lebe ich mit einem sehr viel älteren Mann zusammen. Willi ist 67. Mein Seelenverwandter. Mein Alter Ego. Er weiß mich zu nehmen, gibt mir das, was ich brauche. Eine lange Leine. Zuneigung, Zärtlichkeit, Kuscheln. Das ist wichtig für mich. Sex? Nicht wirklich. Ich hatte nie ein Verhältnis dazu und habe es auch heute nicht. Wahrscheinlich habe ich deshalb mit den drei Männern in meinem Leben nie einen vaginalen Orgasmus gehabt. Nur mit mir selber komme ich zum Höhepunkt. Daher weiß ich zumindest, dass ich nicht frigide bin. Mein Problem ist, dass ich mich mit einem Mann einfach nicht fallen lassen kann. Ich kann und will die Kontrolle nicht abgeben, schalte den Kopf deshalb nie aus, denke dabei an alles Mögliche. Wie ich gerade aussehe. Ob der Bauch hängt. Dass das ja alles eklig ist. Ich kann mich nicht voll drauf konzentrieren, denke immer: »Komm, mach zu, werd' mal fertig.«

Andere Spielarten kann ich mir dagegen schon vorstellen. Zuschauen finde ich zum Beispiel sehr erregend. Einmal habe ich meinen Mann aus der Reserve gelockt und ihn dazu aufgefordert, sich vor mir selbst zu befriedigen. Da war er erst mal fertig und peinlich berührt. Er ist halt doch eine ganz andere Generation. Aber er hat sich schließlich überwunden. Und das war dann für uns beide auch sehr prickelnd. Ich kann mir übrigens auch vorstellen, mal die Domina zu spielen. Nicht mit Schlagen oder so, sondern als softes Rollenspiel.

Nur der normale Sex, der ist einfach nichts für mich und wird es wohl auch nie sein. Für mich ist das völlig normal. Ich vermisse ihn nicht. Ich komme ja auch anders auf meine Kosten.

Du musst noch an deinem Ruf arbeiten!

Eva, 53, Sekretärin
Erstes Mal 1971 mit 16 Jahren

Meine Geschichte beginnt wie ein Shakespeare-Drama und endet wie ein Rosamunde-Pilcher-Film. Ich bin unterdrückt und gedemütigt worden, musste mir mein Happy End hart erkämpfen. Erst durch eine Therapie gelang es mir, mich von den Geistern der Vergangenheit zu befreien. Von meiner Mutter, die mich nicht lieben konnte und den Männern, die mich benutzten. Alles begann mit dem Tod meines Vaters …

Meine Eltern hätten verschiedener nicht sein können. Meine Mutter kam aus einer sehr bodenständigen, ganz einfach gestrickten Familie, ohne viel Luxus und Schnickschnack. Sie war sehr verklemmt im Umgang mit sich selbst und anderen. Mein Vater dagegen stammte aus einer gut betuchten Unternehmerfamilie, die eine große Fabrik besaß.

Er war die erste und einzige große Liebe meiner Mutter, so sagte sie jedenfalls immer. Die Tragik war, dass sie nie wirklich erwünscht war, denn ihr niederer Status passte nicht in die Familie.

Mein Vater besaß die Fähigkeit, durch sein Lachen und sein herzliches Wesen alle Leute in seinen Bann zu ziehen. Ich habe ihn abgöttisch geliebt und er mich. Das hat er mich täglich spüren lassen, indem er mich küsste, herzte und knuddelte. Zu meiner Mutter hatte ich keine Beziehung. Sie konnte mich schon nach der Geburt nicht anfassen, und das hat sich im Laufe der

Zeit auch nicht geändert. Ich kann mich noch sehr gut an beide erinnern, die nun schon seit einigen Jahren tot sind.

Mein Vater war Mitglied eines Karnevalsvereins und verreiste, wenn die Saison im Winter begann, fast jedes Wochenende nach Köln. Allerdings immer ohne meine Mutter und mich. Heute denke ich, dass er sich dort bestimmt auch anderweitig orientiert hat, was Frauen betrifft. Davon bekam ich aber nichts mit. Ich fühlte mich sehr geliebt von ihm und war deshalb auch ein glückliches, zufriedenes Mädchen – bis zu jenem Freitag im November, als meine Welt von einem Tag auf den anderen zusammenbrach.

Mir ist, als wäre es gestern gewesen. Draußen war es dunkel und neblig, wie eigentlich immer am Niederrhein zu dieser Jahreszeit. Mein Vater war für die Veranstaltung schon aufgestylt und zum Aufbruch bereit. Zum Abschied nahm er mich noch einmal überschwänglich in den Arm, küsste und drückte mich. Es war eine geradezu filmreife Verabschiedung zwischen Vater und Tochter. Ich erinnere mich, dass meine Tante, die gerade zu Besuch war, ihm zurief: »Pass doch auf, du drückst das Kind noch zu Tode! Du tust ja gerade so, als ob du nie mehr nach Hause kommst.« Als ob sie es geahnt hätte ... Gegen 23 Uhr abends bekamen wir einen Anruf von einem seiner Karnevalsfreunde. Mein Vater hatte noch eine Rede geschwungen, sich hingesetzt, weil ihm übel war, dann fiel er um – aus und vorbei. Herzschlag! Er war erst 33. Zwei Jahre zuvor war schon sein Vater an Herzversagen gestorben. Er lag morgens tot im Bett.

Ich habe zwar gespürt, dass etwas ganz Schlimmes geschehen war, aber man hat sich nicht mit mir beschäftigt. Es hat sich noch nicht mal einer die Mühe gemacht, mir zu sagen, was eigentlich passiert war. Ich saß tagelang auf der Treppe und wartete, dass mein heißgeliebter Vater endlich wieder nach Hause kam.

Die Beerdigung ein paar Tage später muss sehr ergreifend gewesen sein. Ein ganzer Bus voll mit Husaren und Musik, und dann viele, viele Menschen, die meinen Vater kannten, und das waren wohl einige, da er ja Geschäftsmann war und sehr beliebt. Man überließ mich zu Hause wieder mir selbst. Erst zum Kaffee in der Gaststätte wurde ich dazugeholt. Da wusste ich dann immer noch nicht, was eigentlich los war. Ich weiß noch, dass ich ahnungslos mit Sterbebildern meines Vaters, die dort herumlagen, spielte, um mir die Zeit zu vertreiben.

Von einem Tag auf den anderen war nichts mehr, wie es war. Das fing damit an, dass plötzlich all unsere Tiere weg waren. Mein Vater war ein großer Tierliebhaber, wir hatten einen richtigen kleinen Zoo mit Pferden, Tauben, Ziegen, Hunden und Katzen. Damit konnte jetzt wohl keiner mehr etwas anfangen. Dass mir die Tiere ans Herz gewachsen waren und mir sehr fehlen würden, darum kümmerte sich keiner.

Alles, was mir lieb und teuer war, wurde mir genommen. Es war ein Albtraum. Ich kam mir von nun an vor wie in einem Theater: Alle um mich herum spielten ihre Rolle weiter, als wäre nichts geschehen. Ich dagegen fühlte mich wie ein Zuschauer, der alles von weitem betrachtete – aber nichts von der Vorstellung verstand.

Meine Mutter, mit gerade mal 39 Jahren Witwe geworden, versuchte eine ganze Weile lang ihren Kummer mit Alkohol und Feiern zu betäuben. Ich meinerseits verlernte das Sprechen und war mit Sicherheit das traurigste Mädchen auf der ganzen Welt. Vier Monate später wurde ich eingeschult – für mich die nächste Umstellung und ein ziemlicher Schock. Als Einzelkind und erste Enkelin war ich von allen immer wie ein rohes Ei behandelt worden. Andere Kinder kannte ich nicht. Ich durfte nie von unserem Hof weg; es könnte mir ja etwas zustoßen. So wurde mir eine Ängstlichkeit anerzogen, die mich sehr geprägt hat. Ich traute mir von klein auf wenig zu, ging lieber zwei Schritte zurück als einen vor.

Nach dem Tod meines Vaters zogen wir in das Haus meiner Oma, der Mutter meines Vaters. Dort lebten auch noch die drei Schwestern meines Vaters, ein richtiger Weiberhaushalt also. Meine Großmutter führte wieder das Familienunternehmen und gab den Ton an, meine Mutter wurde quasi als Putze eingestellt und ich, ja, ich lief so mit. Ich spürte von Anfang an, dass wir in dieser Familie nicht willkommen waren. Eine meiner Tanten war besonders krass. Entweder ich tat, was sie wollte, oder sie gab mir sehr deutlich zu verstehen, dass das alles ihr Grund und Boden sei und wir nur geduldet wären.

So gut wie jeden Abend nach der Geschäftsabrechnung wurde in diesem Sechsmädelhaus gefeiert. Ich fand den Lärm schrecklich, die angetrunkenen Menschen widerten mich an. Und dann nach jeder Party die gleiche Frage: »Na, kleines Evchen, möchtest du nicht wieder einen neuen Papa haben?« Ich erinnere mich auch an einen in unserer Kleinstadt angesehenen Frisör. Er kam oft am Wochenende vorbei und verschwand mit meiner Oma im Schlafzimmer. Zuhause hatte er eine gelähmte Frau.

Sonntagmorgens gingen sie alle scheinheilig in die Kirche, ihre Pelzmäntel ausführen. Das heuchlerische Getue fand ich schlimm. Von mir wurde außerdem verlangt, dass ich noch mindestens einmal in der Woche nüchtern in die Frühmesse ging, wo ich mich regelmäßig übergab. Alle vier Wochen war Beichten Pflicht. Dann hockte ich in diesem dunklen, engen Kabuff, wo mir der Priester mit seinem schlechten Atem gegenübersaß. Ich erzählte ihm immer die gleichen Sünden – was sollte ein kleines Kind auch schon gesündigt haben? – und er gab mir immer die gleichen Strafen. Ich glaube nicht, dass meine Oma auch nur einmal im Beichtstuhl gesagt hat: »Ich hatte was mit einem verheirateten Mann.«

Die Woche über spielte sich alles in dieser komischen Dallas-Familie ab. Außer in der Schule kam ich nie mit anderen Kindern zusammen. Meine Mutter unternahm nichts mit mir. Ausflüge, Spielplatz- oder gar Zoobesuche gab es nicht. Lediglich am Sonntag nach der Kirche kam ich mal nach draußen: Dann besuchten wir immer ihre Mutter, bei der wir zu Mittag aßen. Woher sollte ich so überhaupt wissen, dass es außer Feiern noch etwas anderes gab in diesem Leben? Wenn meine Oma mütterlicherseits sich nicht ab und zu mal meiner erbarmt hätte und mit mir in die Natur gegangen wäre, hätte ich noch nicht mal gewusst, wie Vögel, Blumen und Bäume aussehen.

So vegetierte ich als lebloses, fast unterernährtes, blasses, sommersprossiges Etwas dahin, das immer nach etwas suchte, das es nie fand. Ich fühlte mich von allen unverstanden, einsam und ungeliebt und zog mich immer mehr in mein Schneckenhaus zurück.

Es war für mich ein großes Glück, dass ich in meiner Klasse zumindest eine Mitschülerin fand, die mich mochte und der ich mein Herz ausschütten konnte. Sie meinte immer, ich sei doch ein sehr komisches Mädchen, da ich so gut wie nichts redete. Aber wir wurden gute Freundinnen und sind es noch heute. Sie war in meiner schlimmsten Kinderzeit mein einziger Ansprechpartner.

Bis zu meinem vierten Schuljahr ging das so. Bis dahin war ich eine stille, unscheinbare Schülerin. Doch dann vollzog sich in mir eine Wandlung. Während früher immer in meinem Zeugnis stand: »Sie nimmt am Unterricht nicht teil, zu ruhig«, hieß es nun: »Sie stört den Unterricht.« Irgendwie wollte ich mir nicht mehr alles gefallen, mich nicht mehr unterdrücken lassen. Ich wollte mich befreien, mich gegen alles und jeden wehren.

In der 9. Klasse hatte ich meinen ersten Freund. Er war der schlechteste Schüler, aber der bestaussehende Junge. Alle wollten ihn, ich bekam ihn. Ich sah ja auch relativ gut aus, hatte eine ganz gute Figur und strahlend blaue Augen.

Er brachte mich jeden Tag von der Schule nach Hause, und ich besuchte ihn am Nachmittag immer bei seinen Pferden; er trainierte für Rennen. Eines Tages im Pferdestall bekam ich von ihm meinen ersten Kuss. Ich fand ihn nicht sehr aufregend. Er war ja auch nur kurz und mit gespitzten Lippen.

Mit 13 bekam ich meine erste Periode, was meine Mutter zwar bemerkte, aber sie sprach nicht weiter mit mir darüber. Bei der gestörten Beziehung, die ich zu ihr hatte, hätte ich mich auch nie getraut, zu fragen. Sie machte es sich einfach und warf mir ein kleines Büchlein aufs Bett mit den Worten: »Lies das, dann weißt du, was du hast.« Das war's. Dort stand nur drin, wie der Zyklus abläuft, mehr aber auch nicht.

Das, was ich sonst noch wissen wollte, musste ich mir woanders holen. Dass es Binden dafür gab, hatte ich zufällig mitbekommen. Einmal erwischte ich meine jüngste Tante, wie sie eine verbrauchte Binde im Bollerofen zwischen den Briketts verbrannte. Na ja, dachte ich mir, so wirst du es dann wohl auch machen. Ich wusste in dem Alter, wie Kinder entstehen. Einige Mädels in meiner Schule, die schon mit Jungs rummachten, haben ein bisschen was darüber erzählt. Und dann gab es ja auch schon die *Bravo*. Die haben meine beste Freundin und ich uns immer zusammen gekauft, weil wir beide nicht so viel Geld hatten. Wir lasen sie heimlich von vorne bis hinten durch. Ich hatte immer das Gefühl, alles, was mit Sexualität zusammenhängt, wäre was ganz Schlimmes, Verdorbenes. Da kam wieder meine katholisch-verklemmte Erziehung durch.

Gerade weil ich es aber als etwas Anrüchiges empfand, war das ganze Thema natürlich besonders spannend für mich. Zu allem machte ich mir meine eigenen Gedanken. Bei dem Wort »Orgasmus« habe ich mich immer gefragt: Was ist das wohl für ein Gefühl? Ich musste erst einige Männer durchprobieren, bis ich es selbst erlebte.

Nach der Schule, im Jahr 1969, kam die Frage der Berufswahl auf. Ich wollte Kindergärtnerin werden und allen Kindern die

Liebe geben, die ich von meiner Mutter und Familie nie bekam. Aber es kam anders. Bei unserem Gespräch auf dem Arbeitsamt erfuhr ich nämlich, dass ich fünf Jahre für diese Ausbildung lernen musste. Da hatte ich nur einen Gedanken: Noch fünf Jahre bei meiner Mutter, das halte ich nicht aus. So entschied ich mich für eine Drogistenlehre mit nur drei Jahren Lehrzeit.

Während dieser Zeit, ich war 14, hatte ich meinen zweiten Freund. Es hielt aber nicht lange. Er wollte ständig Zungenküsse von mir, das fand ich aber total eklig. »Entweder du machst das jetzt, oder ich mach' Schluss«, sagte er, wenn ich nicht wollte. Und da ich es nicht ertragen konnte, dass mich einer abwies, habe ich erst mal mitgemacht, nahm mir aber vor, es ihm heimzuzahlen. Den mache ich jetzt von mir abhängig, dass er das Gefühl hat, nicht mehr ohne mich sein zu können, und dann beende ich es, sagte ich mir. Das habe ich auch getan.

Meine Lehrzeit lief ganz gut an, es gefiel mir zunächst auch. Die Kleinstadt-Prüderie allerdings war sehr nervig. Einmal kam ein Kunde ins Geschäft und legte mir einen Zettel hin: »Ein Päckchen Kondome, bitte« stand da. Mein Chef hatte mir zwar gezeigt, wo ich alles finde. Wo die Kondome waren, allerdings nicht. Also rief ich zu ihm rüber: »Wo liegen denn die Kondome, Herr Müller?« Beide bekamen sofort hochrote Köpfe, dann riss mir mein Chef den Zettel aus der Hand und sagte: »Das mach' ich schon.«

Zu meiner Ausbildung gehörte auch das Entwickeln von Fotos, und das hieß, ich musste ab und zu in die Dunkelkammer. Tja, und siehe da, der gar so verklemmte, angesehene Geschäftsmann aus unserer ach so katholischen Kleinstadt ging mir in dieser dunklen Kammer mal schnell unters Miniröckchen. Mit 15 wusste ich noch nicht, wie man sich in so einer Situation verhält. Ich konnte nichts sagen, erst recht nicht schreien. Ich war wie versteinert. Heute würde man das einen sexuellen Übergriff nennen und den Mann anzeigen. Ich aber habe mich damals nicht getraut, irgendjemandem davon zu erzählen.

Sollte ich es etwa meiner Mutter sagen? Wie hätte sie darauf reagiert? Vielleicht hätte sie mir gar nicht geglaubt, und wenn ja, hätte sie die Sache geradegestellt? Ich glaube nicht. Sie hätte bestimmt nicht den Mut gehabt, zu meinem Chef zu gehen. Also habe ich am gleichen Tag – ich war noch nicht mal ein halbes Jahr in der Lehre – ohne weitere Erklärung zu ihr gesagt: »Ich mache diese Lehre nicht zu Ende. Auf gar keinen Fall werde ich diesen Laden wieder betreten.« Sie schimpfte mit mir, fragte allerdings nie, warum.

Schon kurz darauf, im Januar 1970, bekam ich glücklicherweise eine neue Lehrstelle als Bürogehilfin bei einem Autohändler. In einer Kleinstadt kann man sich nicht immer aussuchen, was man will.

Als ich im gleichen Jahr heftige Unterleibsbeschwerden bekam und monatelang keine Periode mehr hatte, ging ich von mir aus zu einem Gynäkologen. Mit meiner Mutter habe ich darüber nicht geredet, sie hätte ich auch nicht dabeihaben wollen.

Das Allerschlimmste war für mich immer, dass ich über solche Fragen mit niemandem reden konnte, damit ganz allein war. Meine Freundin hatte ja selber keine Ahnung.

Der Arzt entjungferte mich bei der Untersuchung. Es tat ziemlich weh und blutete auch. Danach entschuldigte er sich und meinte lapidar, das könne schon mal passieren. Ich glaube aber nicht, dass ich ein Einzelfall war. Er verschrieb mir auch gleich die Antibabypille wegen meiner Regelschmerzen. Ich nahm sie dann noch lange Jahre, weil es einfach praktisch war. Ich hatte immer panische Angst davor, schwanger zu werden. Alleine und schwanger in dieser katholisch-spießigen Kleinstadt, das wäre die Hölle gewesen. Da wäre man wie eine Aussätzige behandelt worden.

Auch meine zweite Lehre fing ganz gut an. In der Werkstatt war ich die einzige Frau unter rund zwanzig Männern. Einerseits wurde ich natürlich ganz schön verwöhnt, aber andererseits musste ich auch oft die rauen Töne der Männerwelt ertragen. Alles in allem war es nicht übel, bis zu einem bestimmten Tag, etwa ein halbes Jahr später …

Einer der Herren kümmerte sich besonders um die Lehrlinge. Er hatte nur einen Arm, wahrscheinlich eine Kriegsverletzung, war aber sehr beliebt bei allen. Auch ich mochte ihn, weil er so was Väterliches an sich hatte. Damals mussten wir auch noch am Samstag arbeiten, und da hat er dann meistens einigen von uns Nachhilfe für die Berufsschule gegeben.

Die männlichen Lehrlinge wurden immer in der Gruppe zu ihm bestellt, ich dagegen sollte alleine bei ihm »Nachhilfe« nehmen. Den Tag werde ich nie vergessen. Ich weiß noch, ich stand vor ihm, als er mir ganz plötzlich unters Röckchen fasste und dabei fragte: »Das hast du doch gern, oder?« Es war wie ein Déjàvu. Zum zweiten Mal war ich Opfer eines sexuellen Übergriffes. Und wieder brachte ich keinen Ton raus und erzählte auch meiner Mutter nichts. Den Montag drauf brachte sie ihm eine selbst gebackene Torte vorbei. Weil er sich so lieb um mich gekümmert hatte. Ich verstand die Welt nicht mehr, aber sie wusste ja nichts von alledem. Er tat übrigens danach so, als wäre nichts geschehen und verlor auch kein Wort mehr darüber.

Auch unser Werkstattmeister, der mit seiner Frau und seinen fünf Kindern uns gegenüber wohnte, meinte, sich an mir bereichern zu müssen. Er nahm mich oft nach Feierabend mit nach Hause.

Eines Tages jedoch fuhr er einen anderen Weg – schnurstracks in Richtung Wald. Ich ahnte schon, was auf mich zukam, riss die Beifahrertür auf und sprang aus dem fahrenden Wagen. Dabei schlug ich mir die Knie blutig. Voller Panik hielt er an und flehte mich an: »Sag bitte deiner Mutter nichts.« Und ich schwieg wieder.

Männer kamen mir langsam immer mehr vor wie Tiere. Deshalb hatte ich dann auch sehr, sehr lange nicht das Gefühl, jemanden wirklich lieben zu wollen. Stattdessen wollte ich es ihnen heimzahlen, sie so behandeln, wie sie es verdienten. Ich hatte ja nun eine Waffe, das war mir nach den Erlebnissen klar geworden: Ich musste irgendwas an mir haben, was Männer anzog. Ich hatte eine gewisse Macht über sie. Mit dieser Waffe kannst du jetzt alle kriegen, die du willst, sagte ich mir. Von jetzt an wollte ich mir die Männer aussuchen und sie benutzen.

Als ich merkte, dass es in der Werkstatt ein Gerangel gab, wer es wohl schaffen würde, mir die Unschuld zu nehmen, die ich ja eigentlich gar nicht mehr besaß, amüsierte ich mich sehr. Keiner von denen hatte das Zeug dazu, nur einer. Aber der war leider verlobt.

Aber jetzt wollte ich es auch endlich. Bloß wer sollte es sein? Vor festen Beziehungen hatte ich Angst. Niemals wollte ich so abhängig von einem Mann oder dessen Familie werden wie meine Mutter. Also suchte ich mir ganz gezielt jemanden aus, der mein Unschuldnehmer sein sollte. Den schönsten Jungen aus unserer Kleinstadt. Natürlich wollte der auch.

An einem Wochenende, als meine Mutter in Köln war, nahm ich ihn mit in unsere Wohnung. Ein großes Vorspiel gab es nicht, nur ein paar Zungenküsse. Schön fand ich es dann nicht. Das große dicke Ding da irgendwie reinkriegen und dann dieses Hin-und-her-Gerammel. Er hatte überhaupt kein Feingefühl. Zwar hatte ich eigentlich auch kein großartiges Erlebnis erwartet, aber das war doch ziemlich ernüchternd.

Als es vorbei war, bedankte ich mich bei ihm und teilte ihm mit, dass ich es furchtbar fand und dass er noch an seinem Ruf als guter Liebhaber arbeiten müsse. Er stand auf und verschwand ohne ein weiteres Wort. Das hatte wohl noch keine zu ihm gesagt.

Die ersten Tage, nachdem ich es hinter mir hatte, fühlte ich mich richtig gut. Als ich durch die Stadt ging, dachte ich, jeder müsste es mir ansehen. Ich war total stolz. Jetzt hatte ich das auch geschafft. Jetzt war ich wer.

Doch meine Hochstimmung hielt nicht lange an. Er rächte sich, indem er in unserer Stammkneipe herumerzählte, er sei überhaupt nicht der Erste bei mir gewesen. Ich hätte ja nicht geblutet. Wochen später traf ich ihn wieder in der Kneipe, und wir unterhielten uns auch ganz gut und entspannt, sodass ich bei mir dachte, dass es jetzt ja wohl erledigt sei.

Doch dem war nicht so. Im Gegenteil. Als ich mich anschickte, nach Hause zu gehen, meinte er, er hätte den gleichen Weg und würde mich begleiten. Kaum waren wir in eine sehr ruhige und dunkle Gasse eingebogen, riss er mich plötzlich an sich, versuchte mich zu küssen und zerrte mich auf eine Parkbank. Dort nahm er mich mit Gewalt.

Ich hatte nicht die Kraft, mich zu wehren, bekam keine Luft mehr und ließ es dann einfach geschehen. Irgendwann ließ er von mir ab und bat mich um Verzeihung. Weil es kein Fremder war, empfand ich es als noch viel schlimmer. Ich ging unter Schock nach Hause, wo meine Mutter schon auf mich wartete und schimpfte, weil ich so spät käme. Ich sagte nichts, ging ins Bett und weinte mich ins Kissen aus.

Danach habe ich noch einige junge Männer ausprobiert, bin dabei aber nie in den Genuss eines Orgasmus gekommen. Alle taten es, also ich auch. Aber gedacht habe ich immer: »Was soll daran schön sein?«

Irgendwie brachte ich die Lehre zu Ende und bekam einen Arbeitsvertrag in einer Wäschefabrik, eigentlich als Büroangestellte. Immer öfter wurde ich aber in die Fabrik zum Einpacken der Kittel beordert. Irgendwann weigerte ich mich, und da holte der ach so angesehene Geschäftsmann zu einem Schlag aus: »Nun, mein Mädchen, wir sind ja unter uns, und ich sage dir, du wirst von mir die Kündigung bekommen und darüber hinaus ein Zeugnis, mit dem du nicht so schnell wieder einen Arbeitsplatz findest. Dagegen kannst du nichts machen. Wir sind ja unter uns.« Ich antwortete: »Und Sie sind für mich das größte Arschloch, das es in dieser Kleinstadt gibt. Das kann ich ja sagen, wir sind ja unter uns.« Wieder eine Enttäuschung, aber das war mir egal. Ich bekam schon wieder eine Anstellung.

Inzwischen hielt ich es zu Hause nicht mehr aus. Ich konnte die ständige Meckerei meiner Mutter nicht mehr ertragen. Immer dieselbe Litanei, tagaus, tagein: Wo gehst du hin, wann kommst du nach Hause, mit wem triffst du dich? Irgendwann hat sie mich sogar als Hure bezeichnet. Sie hatte von einer ihrer Freundinnen gehört, dass ich Männerbesuch hatte. Dass sie mich so beschimpfte, hat sehr wehgetan. Vor allem, weil sie mir das an den Kopf knallte, ohne mich vorher mal zu fragen, was eigentlich wirklich war. Gut, ich hatte einen Freund dagehabt, aber deswegen musste sie mich doch nicht auf so eine Art heruntermachen?

Wenig später, mit 17, bezog ich meine erste eigene Wohnung.

Ich hatte zwei Zimmer in einem sehr, sehr alten Haus. Dusche, Waschküche und Garten teilte ich mir mit fünf anderen Parteien, alles Single-Frauen. Es war eine tolle, ungezwungene Zeit, weil ich mich mit denen prima verstand. Wir richteten uns einen Partykeller ein mit Teppichen und Goldwänden. Wir feierten fast jeden Abend, was das Zeug hielt. Damals lernte ich viele Männer kennen, probierte einiges an Sex aus und fing an, es zu genießen. Mit einem hatte ich nämlich auch endlich meinen ersten Orgasmus.

Ich weiß noch, dass einer der Männer kurz vor der Hochzeit stand. Als seine Zukünftige uns beim Schmusen erwischte, machte sie verständlicherweise einen ziemlichen Aufstand. Ich meinte nur: »Du kannst ihn ja heiraten, ich will mich doch nur mit ihm amüsieren.«

So war ich damals. Ich wollte Spaß haben. Ich war zwar auch ganz oft verliebt, aber bis zur Liebe reichte es nie. Weil ich es nicht zuließ. Ich wollte nicht über die Verliebtheit hinauskommen, denn mit Liebe hatte man ja Verantwortung, und Verantwortung wollte ich nicht. Ich wollte keine Ehe und keine Kinder und dann womöglich so enden wie meine Mutter: kein Geld, ein Kind, von der Schwiegerfamilie unterdrückt und gedemütigt. Das hatte ich ja alles jahrelang vor Augen. Das war schlimm, das wollte ich auf keinen Fall.

Deswegen beschloss ich, mir alles zu nehmen, was ich schön fand, und das Leben in vollen Zügen zu genießen. Das mit den Männern war für mich immer so eine Art Sport: Krieg' ich ihn oder krieg' ich ihn nicht. Ich suchte mir immer die schönsten und interessantesten aus. Wenn sie verheiratet waren, war mir das fast am liebsten. Ich wollte es so unverbindlich wie möglich. Mein Ruf war mir übrigens ziemlich egal. Meine Familie galt ja sowieso schon als verrucht.

Eines Tages hatte ich dann aber eine seltsame Begegnung. Er tauchte an einem Wochenende in unserem Stammlokal auf und fiel mir sofort auf, weil er anders war als alle Männer, die ich aus unserer Kleinstadt kannte. Er war zu Besuch aus Berlin, wo er studierte, hatte lange schwarze Haare und etwas Verwegenes an sich, das mich in seinen Bann zog. Wir verbrachten einen schönen Abend, unterhielten uns über Gott und die Welt. Es war eine ganz besondere Verbindung zwischen uns.

Danach brachte er mich nach Hause, wir küssten uns auch, mehr passierte aber nicht. Es war ganz klar, dass er am anderen Tag wieder nach Berlin musste. Hätte er mich gefragt, ich wäre wohl ohne lange zu überlegen mit ihm gegangen. Aber er fragte nicht, und so verloren wir uns nach diesem Wochenende aus den

Augen. Wir lebten in zwei Welten, wir passten nicht zusammen. Noch nicht.

Die Zeit verging, und 1980 zog ich mit meiner Schulfreundin nach München. Für mich eine völlig andere, ganz neue Welt. Ich war in der Großstadt, frei wie ein Vogel und genoss mein neues Leben in vollen Zügen. Ich fand einen guten Job bei einem großen Zeitungsverlag, lernte tolle Leute kennen und vernaschte auch so einige Männer.

Ein Jahr nach meinem Umzug lernte ich auf Mallorca einen 15 Jahre älteren Mann kennen. Er hatte eine Art an sich, die mich an meinen Vater erinnerte, behandelte mich sehr sehr liebevoll. Es war das erste Mal, dass es etwas weiter ging, dass ich einen Mann emotional etwas mehr an mich heranließ. Ich zog zu ihm nach Düsseldorf, doch es sollte nicht halten zwischen uns.

Zwar lebte er von seiner Frau getrennt, doch sie kämpfte um ihn. In der Zwischenzeit war meine Mutter an Brustkrebs erkrankt. Dann wurde ich zu allem Unglück auch noch schwanger. Das war zu viel für mich, ich trieb ab. Drei Monate später starb dann meine Mutter. Diese Zeit war die Hölle. Schließlich zog ich einen Schlussstrich unter die Beziehung. Mir war inzwischen klar geworden, dass er und ich nicht zusammenpassten, denn wir hatten eigentlich überhaupt keine Gemeinsamkeiten.

Danach machte ich einen kompletten Schnitt, gab Düsseldorf ganz auf und zog zurück nach München. Ich lernte dort wieder einige Männer kennen, probierte aus, das Übliche. Allerdings dachte ich in dieser Zeit, inzwischen knapp dreißig, auch immer öfter: »Das kann es auf Dauer doch nicht sein, dieses unstete Herumtingeln ...« Ich sehnte mich nach einer Beziehung, wollte endlich irgendwo ankommen.

Als ich ein bisschen zur Ruhe kam, ging es dann los mit den Panikattacken. Ich begann eine Therapie und kam durch sie mit mir selbst mehr und mehr ins Reine. Meine lieblose Kindheit und all die schlimmen Jugenderlebnisse in der Kleinstadt wurden nach und nach aufgearbeitet.

Erst mit vierzig wagte ich mich wieder dorthin zurück. Eine Freundin hatte mich überredet. Es sei doch Pfingsten und Kirmes, und man würde ja vielleicht alte Freunde wiedersehen. Ein Glück, dass ich zugestimmt habe. Denn genau an diesem Wochenende und in der gleichen Kneipe traf ich den Mann wieder, in den ich mich vor 23 Jahren verliebt hatte, den verwegen aussehenden Studenten aus Berlin, inzwischen Sozialpädagoge und frisch geschiedener Familienvater. Er war wie ich auf Stippvisite in seiner Heimatstadt.

Es klingt kitschig, wie aus einem Rosamunde-Pilcher-Film, aber genauso war es: Wir sahen uns in die Augen, und es war klar, dass wir zusammenbleiben. Kurz darauf gab er sein Leben in Stuttgart auf und zog zu mir. Meine Bindungsängste kamen dann noch einmal mit aller Macht hoch, und es wurde wieder schlimm mit meinen Panikattacken. Doch er war sehr geduldig mit mir und immer an meiner Seite. Er fuhr mich zum Arzt, hörte mir zu, tröstete mich. Zum ersten Mal fühlte ich mich bei einem Mann geborgen und verstanden und ließ ihn so nah an mich heran wie niemanden je zuvor. Durch ihn brachte ich zum ersten Mal Sexualität mit Liebe zusammen. Vorher war Sex gleich Spaß, Liebe etwas ganz anderes.

Wir sind jetzt 13 Jahre zusammen und lieben und achten uns noch so wie am ersten Tag. Wir haben nicht mehr so viel Sex wie am Anfang, der Fokus liegt woanders. Gute Gespräche, lange Spaziergänge, stundenlang schmusen sind uns wichtiger. Heute weiß ich: Sex ist etwas Schönes, aber Liebe ist für die Ewigkeit. Er ist das Beste, was mir in meinem Leben passiert ist und hat mich für alles, was ich an schlechten Dingen erlebt habe, entschädigt.

Er dachte, ich sei keine Jungfrau mehr

Susan-Maria, 50, Informatik-Kauffrau
Erstes Mal 1975 mit 17 Jahren
Tochter von Ruth, Mutter von Marnie

Susi mit 17 und Susi heute, dazwischen liegen Welten – und fünf Männer. Als ich mit 17 mein erstes Mal hatte, war ich noch schüchtern, sehr unsicher und völlig unbedarft. Heute würde ich diesem Mädchen raten: »Rede über alles, was dir durch den Kopf geht! Sprich alles an! Stell Fragen, wenn dir etwas nicht klar ist!« Das alles habe ich damals nicht gemacht. Ich lag einfach da und wartete ...

Ich war ein Spätzünder. In jeder Hinsicht. Ich habe spät Busen und recht spät meine Tage bekommen. Mit zwölf habe ich noch mit Puppen gespielt. Mit 14 sah ich noch aus wie eine Zwölfjährige. Ich hatte Löckchen und große Kulleraugen. Sehr süß, aber absolut nicht reizvoll für Jungs. Die *Bravo* habe ich zwar gelesen, aber ganz ehrlich: eher wegen der Musiker. Erst als meine Kinder die *Bravo* hatten, sind mir die tollen Bilder-Liebesgeschichten aufgefallen.

Ich war wohl damals auch einfach nicht so neugierig. Wenn ich Fragen hatte, konnte ich jederzeit zu meiner Mutter kommen. Als ich zwölf war, trennte sie sich von meinem Vater und war seither zu Hause der Dreh- und Angelpunkt. Sie hat mich und meinen Bruder sehr locker erzogen. Nacktheit haben wir jedenfalls immer als ganz normal empfunden. Auch, weil wir schon früh auf FKK-Zeltplätze gegangen sind.

Als die Pubertät kam und der Körper anfing zu sprießen, hatte ich allerdings keine Lust mehr, mich nackig zu zeigen. Aber das ist ja völlig normal.

Mit 15 fing ich an, mich für Jungs zu interessieren. Aber ich wäre nie auf die Idee gekommen, den ersten Schritt zu machen und etwas zu forcieren. Ich war eher die Abwartende, die dem Traumprinzen entgegenfieberte, hatte diese typische romantische Mädchenphantasie à la »Ein Herz und eine Krone«.

Der erste Junge, für den ich schwärmte, war der Bassist unserer Jazz-Band. Mein Bruder und ich hatten die Gruppe vier Jahre zuvor gegründet. Ich spielte Banjo, mein Bruder Klarinette. Durch die Band war ich zwar viel unterwegs, hatte aber nie irgendwelche Chancen. Ich war einfach nicht das tolle Mädel, auf das die Jungs wild waren, sondern eher der Kumpel-Typ, mit dem man Pferde stehlen konnte. Wenn die ein Mädel aufreißen wollten, haben sie mich um Rat gefragt.

Der Schlagzeuger und der Trompeter waren bei meinem Bruder in der Klasse, der Bassist kam aus der Parallelklasse. Er war 17, so alt wie mein Bruder, hatte lange Haare und ein mädchenhaftes Gesicht. David Cassidy mit langen Haaren. Er riss ein Mädel nach dem anderen auf und war immer ganz wild am Rummachen. Deshalb mochte ihn mein Bruder nicht. Er versuchte immer, mich zu beschützen und wollte den Typen natürlich seiner kleinen Schwester ersparen. Als er merkte, dass ein anderer aus seiner Klasse mich ganz nett fand, hat er das dann unterstützt, um mich von David Cassidy abzulenken.

Dieser andere war Georg. Mein Bruder hat es mal so gedreht, dass er mit dabei war, als wir anderen in der Wohnung unseres Trompeters einen Sketch für den Bio-Unterricht geprobt haben. Es ging witzigerweise um zwei Jugendliche, die sich über ihr erstes Mal unterhielten. Im Hintergrund stöhnte Jane Birkin passenderweise »Je t'aime«.

Ich fand Georg auch sehr nett und signalisierte ihm das auch. Kurze Zeit später waren wir schon verabredet. Wir gingen zusammen auf den Dom, das ist in Hamburg ein ganz besonderer Rummelplatz. In einem Karussell hat er mich dann zum ersten Mal geküsst. Das hat ganz schön geprickelt!

Ich habe mich ein paar Mal mit ihm getroffen, besuchte ihn auch zu Hause. Da haben wir dann geknutscht, gestreichelt, wie sich das eben so gehört. Mehr war aber noch nicht. Meine Mutter, die schon etwas Angst bekam, beruhigte ich aber: »Nee, da passiert noch nichts. Mach' ich doch noch nicht. Will ich gar nicht.« Lange hat es mit uns auch nicht gehalten, denn wie das so ist, wenn man als Mädel einen Freund hat, wird man urplötzlich auch für andere interessant. Dieser andere hieß Andreas, war ein Klassenkamerad meines Bruders und hat sich bei mir ziemlich ins Zeug gelegt.

Er war etwas forscher und draufgängerischer als mein erster Freund. Vor allem aber viel lustiger. An meinem 17. Geburtstag, den ich bei uns zu Hause feierte, schnappte er mich einfach und tanzte mit mir. Später hat er mich dann auch geküsst, und ab da waren wir zusammen. Im Nachhinein hat mich allerdings sehr gestört, dass er immer zu uns nach Hause kam, mit einer Flasche Whisky und Cola. Meistens saßen wir dann im Wohnzimmer und unterhielten uns nur. Gut, hin und wieder sind wir auch mal in mein Zimmer gegangen und haben rumgeknutscht und uns gestreichelt. Es kam auch mal zur Sprache, dass wir gerne miteinander schlafen würden und ich mir dann die Pille holen würde. Aber es war im Grunde nichts Halbes und nichts Ganzes.

Irgendwann meinte meine Mutter zu mir: »Du, ich glaube, der kommt nicht nur deinetwegen hierher, sondern weil er das insgesamt so nett bei uns findet.« In diese Zeit fiel ein vierwöchiger Schüleraustausch nach Paris. Als ich zurückkam und mich mit ihm treffen wollte, meinte er: »Ach, wir können doch morgen

Vormittag mal zusammen kegeln gehen.« Meine Mutter kam mit. Und ein Klassenkamerad von ihm, der noch zwei Mädels mitbrachte. Ich stellte dann fest, dass Andreas sich während des Kegelns mehr mit diesen Mädchen beschäftigte als mit mir. Das hat mich geärgert, aber ich spürte auch, dass es einfach nicht so wirklich passte mit uns. Vielleicht waren wir auch nicht richtig ineinander verliebt. Wie sich das anfühlte, sollte ich sehr schnell merken ...

Am gleichen Abend hatte ich mich mit meinem Bruder und unserem Trompeter im Cotton Club verabredet. Das ist ein alteingesessener Jazz-Club in Hamburg. Dort wollten wir gern spielen, deshalb brachten wir ein Band vorbei. Das war am 1. April 1975. Ich weiß das noch so genau, weil ich an diesem Abend meinen späteren ersten Mann kennenlernte. Er schaute mich an, ich schaute ihn an. Faszination auf den ersten Blick.

Leider musste er gleich wieder weg, weil er einer alten Dame versprochen hatte, sie nach Hause zu fahren. Da ich sie ebenfalls kannte, stellte ich mich einfach daneben und unterhielt mich mit ihr. Ich ließ dann ganz bewusst die Bemerkung fallen, dass ich in der nächsten Woche noch mal vorbeikommen würde, um nach dem Band zu fragen. Das hat er natürlich mitbekommen. Und wie ich gehofft hatte, war er an dem betreffenden Tag dann auch tatsächlich da. So fing es an.

Ich kann im Nachhinein gar nicht mehr sagen, was es denn nun war, das mich so in seinen Bann gezogen hat. Es war irgendwas in seinem Blick, was sofort passte. Groß, schlank, gut aussehend war er und acht Jahre älter. Er arbeitete als Journalist, hatte gerade sein Volontariat beendet. Ein Vierteljahr vorher hatte er eine Verlobung gelöst, danach noch zwei, drei Freundinnen gehabt. Er war also nicht schüchtern, wenn es um Frauen ging. Trotzdem hat sich das mit uns in den nächsten Wochen recht langsam entwickelt.

Er hat – natürlich – den ersten Schritt gemacht. Als wir das zweite Mal im Cotton Club waren, meinte er zu mir, wir könnten ja noch in eine andere Kneipe in der Nähe gehen. Mein Bruder war in der Zwischenzeit schon nach Hause gegangen. Meine Mutter war völlig überrascht, als er ohne mich ankam. »Ja, die hat doch einen Journalisten kennengelernt. Mit dem ist sie jetzt noch in einer anderen Kneipe«, meinte er ganz lässig. Da ist meine Mutter fast ausgeflippt.

Sie hatte aber gar keinen Grund. An dem Abend war noch alles ganz harmlos. Wir haben uns nur unterhalten, und er hat mich später auch, wie es sich gehört, nach Hause gebracht. Kein Kuss, keine Umarmung, alles ganz jugendfrei. In den nächsten Wochen sahen wir uns oft. Er kam immer mal in die Kneipen, wo wir mit unserer Band auftraten. Dann fragte er mich eines Tages, ob ich nicht Lust hätte, mit ihm und vielen anderen jungen Leuten am 17. Mai eine Pfingsttour zu unternehmen. Ich müsse mich um nichts kümmern, für Verpflegung sei gesorgt. Viele Leute, Essen und Trinken – da war dann auch meine Mutter beruhigt.

Geschickt eingefädelt von ihm. Denn tatsächlich war es an dem Tag so, dass außer ihm und mir nur noch ein anderes Pärchen dabei war. Und das fuhr auch noch in einem extra Auto. Nichts von wegen, es werden zehn bis fünfzehn Leute sein. Und das Essen und Trinken, das er dabei hatte, bestand aus hartgekochten Eiern und einer Flasche Rotwein.

Wir fuhren nach Malente. Auf der Autofahrt knisterte es gewaltig zwischen uns. Den ganzen Tag lang tanzten Schmetterlinge in meinem Bauch. Ich war verliebt und spürte, dass er mich irgendwann an diesem Tag endlich auch küssen würde. Wir gingen spazieren, tranken Kaffee. Abends schlug er dann vor, in eine Mühle zu gehen, die zur Disco umgebaut war. Dort tanzten wir ganz eng, und er gab mir irgendwann den ersten Kuss. Es war leider nicht so magisch, wie ich mir das vorgestellt hatte. Denn er hatte die dumme Angewohnheit, sein Wrigley's-Spearmint-Kaugummi beim Küssen im Mund zu behalten. Ich hätte mich damals, mit 17, aber nie getraut, ihn zu bitten, es rauszunehmen.

Nachts brachte er mich wieder nach Hause und küsste mich zum Abschied. Ich habe dann gleich meine Mutter aufgeweckt und es ihr erzählt. Sie hat sich sehr für mich gefreut. Sie kannte ihn ja schon, weil sie oft dabei war, wenn wir mit unserer Band aufgetreten sind. Von ihr aus war er daher schon lange abgesegnet. Allerdings hatte sie in einer Hinsicht fürchterliche Angst: wie das wohl auf einen erwachsenen jungen Mann wirken muss, wenn eine 17-Jährige leichtfertig bei ihm übernachtet. Also hat sie mir eingebläut: »Wenn er fragt, sagst du, du musst erst deine Mutter fragen.« Man darf ja nicht vergessen, dass man damals erst mit 21 volljährig war.

Ihr Wunsch war mir auch Befehl, und als zwei Wochen später die Sprache aufs Übernachten kam, meinte ich zu ihm: »Es wird kein Problem sein, aber ich soll erst meine Mutter fragen.« Das fand er in Ordnung. Im Nachhinein habe ich ihm erzählt, dass das im Grunde genommen schon im Voraus von ihr so angesagt war. Das fand er sehr lustig.

An diesem ersten Abend in seiner Wohnung passierte es dann. Ich war angespannt, gehemmt, schüchtern. Ich habe mich nicht getraut, ihm zu erzählen, dass ich noch nie mit einem Mann geschlafen habe. Er wiederum dachte, ich wäre keine Jungfrau mehr. Das hat er mir sehr viel später erzählt. Mit meinen Band-Kollegen ging ich ja immer sehr locker und entspannt um. Das hatte er ja auch mitbekommen.

Im Nachhinein betrachtet lief alles unheimlich pragmatisch und geplant ab. Nicht von Leidenschaft überwältigt, wie ich das heute empfinde. Wir haben bei ihm im Wohnzimmer eine Weile geknutscht. Dann meinte er irgendwann: »Ich baue jetzt mal das Bett.« Er hatte eine Schlafcouch, die man ausklappen konnte.

Zu mir sagte er, ich könne ja schon mal ins Bad gehen. Und ich, die ich noch nie mit einem Mann geschlafen hatte, war verwirrt: »Muss ich jetzt irgendwas machen?«, fragte ich mich.

Kaum hatte ich die Badtür hinter mir geschlossen, gingen mir alle möglichen Gedanken durch den Kopf: »Wie lange muss ich jetzt hier drin bleiben? Was erwartet er von mir? Muss ich unter die Dusche oder reicht es, dass ich heute Morgen geduscht habe? Ziehe ich mich jetzt schon hier aus?« Ich war aufgeregt, ja, aber es war keine prickelnde, eher eine nüchterne Aufregung. Ich habe mich gewaschen und die Zähne geputzt. Alles war so geplant. Wenn er das Ganze wenigstens ein bisschen romantisch inszeniert hätte. Mit Musik und Kerzenschein. Das hätte ja vielleicht zu einer etwas entspannteren Atmosphäre beigetragen.

Als ich dann – immer noch komplett angezogen – wieder herauskam, hatte er das Bett schon ausgeklappt. Wir zogen uns stillschweigend aus. Aber nicht etwa auf die romantische Art, gegenseitig und leidenschaftlich, sondern jeder für sich. Ich wunderte mich zwar etwas, traute mich aber nicht zu fragen.

Danach legten wir uns ins Bett, kuschelten ein bisschen, und er fing an, an mir rumzufummeln. Weil ich nicht wusste, was ich machen sollte – ich hatte bis zu diesem Tag einen nackten Mann ja noch nicht mal angefasst –, lag ich einfach nur da und wartete darauf, was er machte. Er legte sich auf mich und was dann kam, war eher ein hilfloses Rumgestocher. Man spürte, dass er irritiert und unsicher war. Wahrscheinlich hatte er mit einer Frau, die einfach gar nichts machte, auch noch nie geschlafen. Da wir beide nicht wirklich erregt waren, war es dann auch nicht so dolle.

Aber er wusste ja auch nicht, dass ich noch Jungfrau war. Er hatte nicht gefragt, weil er wohl zu schüchtern war. Und ich wiederum war froh, dass er's nicht getan hat. Ich glaube, ich hätte gar nichts herausgebracht.

Richtig wehgetan hat es übrigens gar nicht. Und auf dem Bettlaken war nachher auch nur ein minikleiner Blutfleck. Wir sind zusammen eingeschlafen, aber nicht Arm in Arm, sondern jeder für sich. Jeder hing seinen eigenen Gedanken nach. Ich war verwirrt, fragte mich, was ich wohl falsch gemacht hatte. Aber ich traute mich auch nicht zu fragen. Wie er das empfunden hat, weiß ich nicht. Darüber hat er nie geredet. Er hatte an dem Abend nur einmal sehr irritiert und verunsichert gemurmelt, das sei ihm so noch nie passiert.

Das zweite und dritte Mal lief dann noch ähnlich verkrampft ab und haute nicht hundertprozentig hin, weil wir natürlich beide sehr nervös waren. Nach ein paar Wochen ging es dann aber, und es hat mir auch Spaß gemacht. Als ich mit ihm meinen ersten Orgasmus hatte, war es natürlich besonders schön.

Im Laufe der Jahre haben wir uns immer besser aufeinander eingespielt. Wir kamen aber erst nach zehn Jahren überhaupt mal auf die Idee, andere Stellungen auszuprobieren. Im Urlaub haben wir kaum miteinander geschlafen. Das wollte mein Exmann nicht, weil er wusste, die Kinder sind im Nachbarzimmer. Zu Hause hatten wir das Glück, dass unser Schlafzimmer unten war, während die Kinder über uns schliefen.

Groß herumexperimentiert haben wir nie. Pornos, Rollenspiele, andere Orte, Sexspielzeug – das war nichts für uns. Das reizt mich aber auch bis heute nicht.

Wir haben während unserer Ehe selten über Sex gesprochen. Mit meinem jetzigen Mann bin ich da viel offener. Wir sagen uns, was wir wollen und was nicht. Das führt dazu, dass es im Bett viel besser läuft. Erst am Ende meiner ersten Ehe – wir waren 26 Jahre verheiratet – sprachen mein Mann und ich auch über unsere Sexualität. Da kam dann witzigerweise von beiden: »Ich hätte gerne öfter mit dir geschlafen.« Ein deutliches Zeichen, dass etwas nicht gestimmt hat bei uns.

Es war im Übrigen nicht so, dass ich damals das Gefühl hatte, der Sex mit ihm war nicht schön. Ich habe gar nicht so viel darüber nachgedacht. Mir nicht vorgestellt oder gewünscht, dass es toller sein könnte.

Erst durch meinen zweiten Mann wurde mir bewusst, dass es auch anders sein kann. Wir schlafen nicht nur deutlich öfter miteinander. Der Sex ist auch schöner und intensiver – einfach, weil das Miteinander eine andere Qualität hat. Entscheidend für eine dauerhaft funktionierende Partnerschaft, das weiß ich heute, ist, dass sowohl das Zusammenleben im Alltag als auch die Sexualität stimmen müssen. Das eine ist vom anderen nicht zu trennen.

Ich bin jetzt seit fünf Jahren mit meinem zweiten Mann zusammen und muss sagen: So verrückt wie wir beide jetzt noch aufeinander sind, waren mein Ex und ich noch nicht mal in der Anfangszeit. Was aber nicht heißt, dass ich meinen Exmann nicht geliebt hätte. Es war einfach anders. Nicht so intensiv. Nicht so innig. Vielleicht ist man mit siebzehn Jahren auch gar nicht in der Lage, so zu lieben wie mit fünfzig. In dem Alter ist die Persönlichkeit ja noch gar nicht voll ausgereift. Ich habe mich in der Zeit unserer Ehe weiterentwickelt, weg vom unbedarften Mädchen hin zur selbstbewussten Frau. Ich veränderte mich im Laufe der Jahre. Und das war auch ein Grund, warum mein Mann und ich uns dann ganz langsam auseinandergelebt haben. Jeder entwickelte sich in eine andere Richtung.

Ich habe ihn während unserer Ehe dreimal betrogen. Das erste Mal mit Mitte zwanzig. Da war ich schon zweifache Mutter. Ich hatte zu dieser Zeit das Gefühl, etwas verpasst zu haben. Wollte einfach ausprobieren, wie es ist, mit einem anderen zu schlafen. Damals habe ich allerdings festgestellt, dass es nicht besser, nicht berauschender war.

Natürlich hätte ich mir das auch verkneifen können. Aber es war nun mal dieses Bedürfnis da, etwas austesten zu wollen. Die

Krisen haben dazu geführt, dass unsere Ehe danach für einen Moment gefestigter war. Einfach, weil mein Mann mir vermittelt hat, dass ich ihm sehr wichtig war, dass er mich noch liebt. Unser dritter Sohn war dann auch ein Versöhnungskind. Dass er mich aus Frust auch betrogen hat, hat er mir erst erzählt, als wir uns scheiden ließen.

Der Auslöser für die Trennung war aber mein jetziger Mann. Ich kannte ihn schon lange, weil wir in der gleichen Amateur-Theatergruppe spielten. Irgendwann hat es dann bei uns beiden »klick« gemacht, und wir verliebten uns.

Bei uns passt einfach alles. Manchmal sitzen wir zusammen und heulen, weil alles so wunderbar zwischen uns ist. In jeder Hinsicht. Wir sind völlig auf einer Wellenlänge, können über alles, auch über Sex, ganz offen reden. Einmal haben wir darüber gesprochen, dass wir uns in unseren Ehen auch hin und wieder selbst befriedigt haben. Seit wir zusammen sind, hat komischerweise keiner von uns mehr dieses Bedürfnis. Es ist sogar so, dass jeder das Gefühl hätte, er würde den anderen betrügen, wenn er es täte.

Ich will keine Jungfrau mehr sein!

Monika, 49, Angestellte
Erstes Mal 1973 mit 14 Jahren
Tochter von Gerdi, Mutter von Melina

Schlingpflanzen im See. Schmetterlinge im Bauch. Zelten, Abenteuer, Spontaneität. Das alles fällt mir ein, wenn ich an ihn denke. An Klaus. Meinen ersten Mann. Er war 19, studierte in Köln Sportmedizin. Mehr weiß ich bis heute nicht von ihm. Wir hatten ja nur einen Sommertag und eine Nacht. Am Morgen hatte ich ihn zum ersten Mal gesehen, in der Nacht haben wir uns schon geliebt. Es war die Nacht meines Lebens. Es war so, wie ich es mir immer ausgemalt hatte: vorsichtig, zärtlich, wunderschön. Dr. Sommer hätte seine helle Freude an uns gehabt.

Es war im August 1973. David Cassidy und Dr. Sommer waren meine Helden. Den einen hängte ich mir als Poster im Dutzend an die Wand, dem anderen schickte ich Briefe mit den wichtigsten Fragen der Welt. Es ging um Sex, Liebe, Zärtlichkeit. In meinem Universum drehte sich alles um Jungs. Ich war fast 15. Ein pummeliger Teenager, der sich in diesem heißen Sommer nur für eins interessierte: es endlich hinter sich zu haben. Es war wie eine Aufgabe, die ich mir gestellt hatte: Ich will jetzt keine Jungfrau mehr sein! Es musste in diesem Jahr, in diesem Sommer sein. Und als ich Klaus dann an jenem Morgen am See zum ersten Mal sah – groß, blond, so souverän, so vernünftig –, da wusste ich: Das ist er! Ich habe ihn mir ausgesucht. Ich wollte ihn. Und dann habe ich es darauf angelegt.

Das klingt jetzt sehr selbstbewusst, und auf eine Art war ich das sicher auch. Innerlich jedoch habe ich mich gar nicht so empfunden. Ich wog damals 70 Kilo und litt unter meinem Gewicht, wie man als Teenager nur leiden kann. In unserer heutigen Fast-Food-Gesellschaft sind dicke Kinder ja an der Tagesordnung. Damals dagegen waren Moppel wie ich die Ausnahme. Weil ich damals schon ein starker Charakter war, habe ich mich aber nicht zum Außenseiter abstempeln lassen. Im Gegenteil. Mein Schutzschild war meine große Klappe. Ich ließ mir nichts gefallen, war unbefangen, manchmal geradezu taktlos. Ich bin einfach auf die Welt zugepoltert, habe jedem meine Meinung gesagt. Meine Redegewandtheit war meine Waffe, die ich gegenüber den schlanken und attraktiven Mädels hatte.

Aber ich musste auch früh lernen, für mich selbst einzutreten und zu kämpfen. Zu Hause war ja keiner, der es tat. Ich hatte keine liebevollen, beschützenden Eltern, die hinter mir standen, auf mich aufgepasst und mir auch mal Grenzen gesetzt haben. So wie bei meiner besten Freundin Maria, die einen sehr strengen Vater hatte. Ich konnte machen, was ich wollte und hatte das Gefühl, meine Mutter interessiert sich gar nicht für mich. Ich hatte keinen Halt, konnte mich nirgendwo anlehnen und habe vor allen Dingen eins vermisst: Kuscheln, Zärtlichkeit, Liebe. Wahrscheinlich hatte dieses 14-jährige Mädchen auch deshalb so früh seinen ersten Sex, weil es dabei das gesucht hat, was es zu Hause nicht bekommen hat.

Ich und mein elf Monate jüngerer Bruder Dietmar sind bei einer allein erziehenden Mutter groß geworden. Meinen Vater habe ich, glaube ich, nur sechsmal in meinem Leben gesehen. Wir lebten in Kaldenkirchen, einem kleinen, sehr ländlich geprägten Ort an der holländischen Grenze. Um uns herum nur intakte, überwiegend katholische Familien. Meine Mutter war evangelisch und die einzige Alleinerziehende. Das war damals noch ganz ungewöhnlich, ja, geradezu skandalös. Die anderen Frauen waren immer ein bisschen kiebig auf sie, weil sie Angst hatten, ihr Mann könnte abhandenkommen.

Meine Mutter hatte meinen Vater, einen Zollbeamten, schon kurz nach Dietmars Geburt verlassen. Er war fremdgegangen, hat sie wohl nie wirklich geliebt. Sie hat darunter sehr gelitten. Ich habe das als Kind mitbekommen, denn manchmal sagte sie, dass es ihr schlecht gehe. Vielleicht ist sie auch deshalb so geworden, wie sie ist: distanziert, kühl, hart im Nehmen. Sie musste ums Überleben kämpfen und hat uns das auch vermittelt.

Die Kehrseite war aber, dass sie uns nie in den Arm genommen hat. Zärtlichkeit in Form von Streicheln oder Kuscheln gab es nicht. Aber es war natürlich auch eine andere Zeit: Da galt ja sogar das Küssen von Verliebten in der Öffentlichkeit als etwas ganz Komisches, ja Anstößiges. Mit Zärtlichkeiten, überhaupt mit Körperlichkeit, ging man damals sehr verklemmt um. Als ich 14 war, habe ich meine Mutter zum ersten Mal nackt gesehen. Sie war damals 47. Ich kam zufällig ins Bad, das aus irgendeinem Grund mal nicht abgeschlossen war. Sie lag in der Wanne und fing an zu schreien: »Geh raus. Mach die Tür zu!« In dem Alter hatte ich natürlich auch noch keinen nackten Mann gesehen. Außer meinen Bruder, aber das war ja kein Mann.

Zum Glück gab's die *Bravo*, die ich mit zehn durch eine vier Jahre ältere Freundin zum ersten Mal in die Finger bekam. Damals war das noch etwas Verbotenes, und wir haben sie heimlich in einem Wäldchen gelesen. Was Pierre Brice und Michael Landon machten – das waren damals die Teenie-Idole –, hat mich natürlich überhaupt nicht interessiert. Viel spannender waren die Nacktfotos und alles, was über Sexualität drin stand. Es war die Zeit, als wir von Mutter-Kind-Spielen zu Doktorspielchen übergingen. Wir Mädchen haben gegenseitig verglichen nach dem Motto: »Wie sieht das bei mir, wie bei dir aus?«

Durch Dr. Sommer war meine Generation schon recht gut aufgeklärt. Wir haben auch so ziemlich alles ausprobiert. Ich kann mich noch an eine Fotostory erinnern, die beschrieb, wie man einen Zungenkuss ausführt. Das habe ich morgens gelesen und abends gleich an einem Jungen ausprobiert. Hat übrigens auch wunderbar funktioniert und sich ganz gut angefühlt.

Damals war ich 13. Der Junge hat bei uns hinter der Kirche mit zwei Freunden gezeltet. Maria und ich hatten sie morgens gegen zehn auf der Straße getroffen. Sie kamen aus Duisburg, wollten weiter nach Holland und fragten uns, wo man zelten könnte. Wildfremde Jungs, die zwei pubertierende Mädchen ansprachen! Das war damals für uns etwas Besonderes. Unsere Welt war klein. Jeder kannte jeden. Und dann kamen plötzlich Fremde daher. Jungen, die lange Haare hatten und auch noch ganz niedlich aussahen. Und die uns nicht für blöd hielten und nur dumme Sprüche von sich gaben. Das war aufregend. Das war prickelnd. Das hat uns so angezogen, dass wir da abends unbedingt hin mussten.

Einer der drei faszinierte mich besonders, weil er David Cassidy ähnlich sah, braune Augen hatte, nicht zu groß war und ein bisschen älter. Ich glaube, er war 17. Er interessierte sich auch für mich und signalisierte mir, dass er – so wie ich – Lust hatte, etwas zu wagen. Mein erster »Kuss nach Anleitung« fand dann in einem Gerstenfeld statt, in dem Günter und ich uns einen Weg und ein »Bett« gebahnt hatten. Mehr als der Zungenkuss war dann aber nicht. Meine Freundin Maria hat das Gleiche mit dem Ältesten, Joki, ausprobiert. Er war schon 19. Der Jüngste muss uns alle für ziemlich blöd gehalten haben.

Nach ein paar Wochen habe ich Günter noch mal getroffen, denn Maria war mit Joki dann auch ein halbes Jahr zusammen. Unter Aufsicht ihrer Eltern natürlich, die seine kennenlernten und sie immer hin und her fuhren. Sex hatten sie zwar nicht, das war eher eine Petting-Beziehung. Aber neidisch war ich natürlich trotzdem. Jetzt hatte sie schon Erfahrung und ich nicht. Dabei war sie sechs Wochen jünger als ich!

Als sie ein Jahr später dann wirklich ihr erstes Mal hatte, setzte ich mich immer mehr unter Druck und hatte immer stärker das Gefühl, etwas verpasst zu haben. Ich empfand mich damals ja auch schon als sehr reif. Ich war Klassensprecherin in meiner Hauptschulklasse, ging keiner Diskussionsrunde in der Schule aus dem Weg. Die Erwachsenen sagten immer, wie gut sie sich mit mir unterhalten konnten. Nachbarn und Bekannte lobten mich, wie vernünftig ich schon sei. Ich war mit 14 die erwachsenste Frau, die ich kannte. Und diese Frau fand, dass ihr das erste Mal jetzt zustand. Dass es genau das war, was sie jetzt brauchte.

Auch Maria hatte es damals darauf angelegt, Sex zu haben und es dann ohne Emotionen und ohne Liebe einfach durchgezogen. Wie sie das dann erzählte, so sachlich und so kalt, hat es mich erst mal ziemlich abgeschreckt. Es ging nur darum, endlich keine Jungfrau mehr zu sein. Hauptsache, die Sache hinter sich bringen. Das war wie ein Makel. Auch, wenn es mir in der Hinsicht ähnlich ging. Mein erstes Mal verlief dann doch ganz anders. Bei mir waren Gefühle im Spiel. Ich war sogar noch lange danach in mein »Erstes Mal« verliebt, bin es in irgendeiner Form heute noch. Weil es so schön war.

Was ich nicht von Maria wusste, erfuhr ich aus der *Bravo*. Die *Bravo* war unsere Bibel. Gott sei Dank gab es die damals. Denn was so allgemein unter uns Jugendlichen erzählt wurde, waren eher Schauermärchen. Die Jungs zogen es immer ins Lächerliche. Mit ganz unschönen Worten. Das war abstoßend. In der *Bravo* wurde Sex so dargestellt, dass es schön sein kann. Auch für uns Mädchen.

Mit 14 habe ich auch mal an Dr. Sommer geschrieben. Welche Frage ich hatte, weiß ich nicht mehr. Doch dass es eine sehr banale, enttäuschende Antwort war, daran erinnere ich mich noch genau. Außerdem hatte es sechs Wochen gedauert. Da hatte ich das schon längst selbst herausgefunden.

Ich wusste, dass man nicht durch Küssen schwanger wird, sondern durch den richtigen Verkehr. Dass man ungefähr ausrechnen kann, wann nichts passiert. Dass man aber auf jeden Fall verhüten sollte. Im entscheidenden Augenblick habe ich dann aber doch nicht dran gedacht. Da kriege ich heute noch eine Gänsehaut.

Ich wusste natürlich auch, dass der erste Sex weh tun würde, weil das Jungfernhäutchen reißt. Aber das war eigentlich das Einzige, wovor ich Angst hatte. Meine Freundin hatte ja sogar erzählt, dass sie es in der gleichen Nacht noch mal gemacht hat und dann einen Orgasmus hatte. Das war bei mir allerdings nicht der Fall – trotzdem war es wunderschön mit Klaus. Im August 1973. Zwei Monate vor meinem 15. Geburtstag.

Es war ein sehr heißer Sommer. Wir radelten morgens in einer kleinen Clique an einen wenige Kilometer entfernten See. Im Gepäck Luftmatratzen, etwas Proviant und mehrere Decken. Wir wollten schwimmen und Spaß haben. Als wir ankamen, war da schon eine Gruppe junger Männer, die dort auch zelten wollten. Klaus ist mir sofort aufgefallen. Längere blonde Haare, braune Augen, und er war der Ruhigste von allen. Er wirkte auf mich so souverän, so vernünftig. Er war genau mein Typ. Ein Männertyp, auf den ich übrigens heute noch reagiere. Auch, wenn ich mittlerweile eigentlich keinen festen Typ mehr habe.

Klaus war schon 19 und keiner von den Vertretern, die sich darstellen mussten, die laut waren und auf sich aufmerksam machten. Er wirkte zuverlässig, bodenständig, selbstsicher. Ein Fels in der Brandung. Mein Fels in der Brandung. Er zog mich immer mehr in seinen Bann – mich, das Mädchen mit der großen Klappe und dem zur Schau getragenen Selbstbewusstsein. Obwohl ich ganz schön moppelig war, trug ich an diesem Tag einen knappen Bikini.

Schnell spürte ich, dass die Faszination beiderseitig war. Er suchte auch meine Nähe. Wir schwammen zusammen, stubsten uns im Wasser gegenseitig an, neckten uns. Und dabei haben wir die ersten Erfahrungen mit Berührungen gemacht. Ein erstes Herantasten. Mag man sich, geht das? Ein Kuss war da aber noch nicht dabei. Der eine hielt den anderen mal spielerisch fest. Man zog sich, tauchte sich unter, lächelte sich an. Es war schwül. Es war prickelnd. Alles war neu.

Nachmittags haben wir in der großen Gruppe gegrillt. Dann sagten die Jungs zu uns Mädels: »Ihr könnt doch auch hier übernachten!« Ich weiß nicht mehr, wie wir das dann hingekriegt haben – Maria, die den strengen Vater hatte, war ja auch dabei –, aber das haben wir dann tatsächlich gemacht. Ich hätte mich auch von nichts und niemandem davon abbringen lassen. Für mich war nur noch wichtig, dass ich mit Klaus zusammen war. Denn im Laufe des Tages hatte ich mich in ihn verliebt. Ich glaube nicht, dass ich das sonst so durchgezogen hätte. Nicht so, wie meine Freundin das gemacht hat. Ich war verliebt – verliebt in diesen ruhigen Jungen, der so anders war als die anderen, die ständig den Macho rausgekehrt und versucht haben, sich zu profilieren. Er war mein Mr. Right. Mein Mr. Erstes Mal.

Gegen 22 Uhr, da war es schon dunkel, sind wir noch mal schwimmen gegangen. Das war aufregend und geheimnisvoll. Unglaublich prickelnd. Abenteuer pur! Wenig später krochen wir dann ins Zelt. Wir waren zu sechst. Drei Mädchen, drei Jungen, drei Schlafsäcke. Dass ich mir mit Klaus einen Schlafsack teilte, war völlig klar. Und dann fing es irgendwann an. Genauso, wie ich mir das vorgestellt hatte. Er wusste, wo und wie er mich berühren musste. Es war so, als ob wir schon ewig zusammen wären. Ganz anders, als ich das aus den Erzählungen meiner

Freundin kannte. Es war nicht mechanisch. So, als ob ich etwas erledige, was ich mir auf die Fahnen geschrieben habe. Es war sehr viel Zärtlichkeit dabei. Die anderen um mich herum habe ich vergessen. Nur in dem Augenblick, als es dann wirklich so weit war. Als ich merkte, jetzt wird's wirklich ernst, da ist es mir kurz bewusst geworden. Aber im nächsten Moment war ich dann auch schon wieder in meiner Welt, absolut in meiner Welt. Er hat sich ganz viel Zeit gelassen, mich überall gestreichelt. Er war sehr vorsichtig. Als er merkte, dass ich noch Jungfrau bin, hat er erst gezögert und leise gefragt: »Ist das denn auch in Ordnung für dich?« Er hat also wirklich so reagiert, wie das Dr. Sommer beschrieben hätte. So sollte es sein. Es war optimal. Genauso, wie ich es mir gewünscht habe, ist es auch passiert.

Allerdings hat es schon tierisch weh getan. Deutlich mehr, als ich es mir vorgestellt hatte. In dem Augenblick ist dann natürlich mit Lust nicht mehr viel, weil es einfach nur weh tut. Ich habe wohl auch ein bisschen geschrien. Klaus hat mich aber gleich in den Arm genommen, gestreichelt und beruhigt. Das war dann umso schöner. Mein erstes Gefühl danach war Erleichterung. Jetzt hatte ich es geschafft. Jetzt war ich Frau. Endlich! Unmittelbar danach kam aber die Ernüchterung: Wir hatten nicht an Verhütung gedacht. Ich war mir zwar relativ sicher, dass rein rechnerisch nichts passiert sein konnte. Aber Angst hatte ich doch.

Natürlich hatte ich auch gemerkt, dass es für ihn schon schöner war als für mich. Sex mit Erfüllung. Es war das erste Mal, dass ich miterlebt habe, dass ein Junge einen Orgasmus hat. Das war ganz fremd und ganz neu für mich. Schön war dann aber wieder, dass wir zusammen eingeschlafen sind, ich die ganze Nacht bei ihm im Arm lag.

Der Morgen danach, der war dann allerdings nicht mehr so schön. Kaum waren wir alle wach, haben die anderen Jungs ihr Macho-Gehabe rausgekehrt. Die hatten natürlich gemerkt, was passiert war und machten ganz blöde Bemerkungen in der Richtung: »Na, hast du sie jetzt flachgelegt?« Plötzlich stand im Raum: Ein Mädchen, das schnell zu haben ist, ist kein gutes Mädchen. Und ich fühlte mich überhaupt nicht mehr wohl in meiner Haut. Mit einem Mal war der ganze Zauber weg. Alles war so nackt. So realistisch.

Zum Glück hat Klaus ganz ruhig reagiert. Er hat nicht dagestanden und gesagt: »Klar hab' ich das gemacht!« Da wäre ich mir wahrscheinlich ganz klein vorgekommen. Er hat das Gefrotzel einfach ignoriert und sich in sich selbst zurückgezogen. Immer mehr dann aber auch von mir. Als wir zusammen gefrühstückt haben, saßen wir zwar dicht nebeneinander. Händchen gehalten haben wir aber nicht. Ich hätte es mir gewünscht, denn es hätte die Intimität verstärkt. Er aber war jetzt distanzierter. Ich spürte, dass er mit der Situation nicht umgehen konnte. Womöglich hatte er ja auch irgendwo eine Freundin. Oder, oder, oder ... Auf der einen Seite war ich auf Wolke sieben, auf der anderen Seite war ich mir der Realität bewusst. Ich konnte fühlen, dass er keine Fortführung, kein Wiedersehen wollte. Und das tat schon sehr weh.

Zum Abschied haben wir uns dann noch mal geküsst. Schon zärtlich und innig, aber ohne Zukunft. Es war ein vernünftiger, richtig schöner Abschied. Das Zurückgezogene, Ernstere, was ich vorher so toll an ihm fand, hat sich da fortgesetzt. Ich habe zwar die ganze Zeit darauf gewartet, dass er mir seine Adresse gibt oder mich nach meiner fragt. Aber das ist nicht passiert, und ich habe mich auch nicht getraut.

In den Tagen danach habe ich überall nur noch Schmetterlinge gesehen. Alles war positiv. Dass ich mich jemand Fremdem hingegeben habe. Dass wir nicht verhütet hatten. Dass man das alles eigentlich gar nicht so schnell tut – das war alles weg. Ich habe mich wunderbar gefühlt. Wir sind danach noch oft zu diesem Zeltplatz gefahren, und ich hab' immer gehofft, dass ich ihn noch einmal wiedertreffe. Noch sehr lange habe ich dort nach Klaus gesucht. Ich habe ihn aber nie mehr wiedergesehen. Die Stadt Köln, die Uni und alles, was mit Uni zu tun hat, weckt heute noch sofort Erinnerungen. Und da ich in Krefeld lebe, was ja nicht so weit weg ist von Köln, erinnere ich mich noch oft an ihn. Diese besondere Wellenlänge, die wir hatten. Mich würde schon interessieren, ob wir die heute immer noch haben.

Ein dreiviertel Jahr später haben Maria und ich übrigens eine Anzeige in der *Bravo* aufgegeben: Moni und Maria suchen Brieffreunde. Wir haben über 140 Zuschriften bekommen und konnten dann richtig auswählen. Das Fotoalbum habe ich immer noch. Wir haben auch zwei Jungs gefunden, die sich dann bei uns vorgestellt haben. Sie waren nur ein halbes Jahr älter, wohnten fünfzig Kilometer weg, in Bochum. Unsere Eltern haben uns am Wochenende oft hingefahren.

Peter war wieder genau der gleiche Typ wie Klaus. Blond, braune Augen, ruhig. Nur war er deutlich jünger. Für mich kein Mann, sondern ein Junge. Sex hatten wir nicht, das war eine Petting-Beziehung. Danach kam dann ein Junge, mit dem ich meine erste feste Beziehung hatte. Auch wieder blond, braune Augen. Ruhig. Bodenständig. Verlässlich. Er war zwar nicht ganz so männlich, nicht ganz so souverän, aber auch in ihm habe ich meinen Klaus wiedergefunden. Mit ihm habe ich dann auch mein zweites Mal erlebt – und meinen ersten Orgasmus. Als er nach einem Jahr heiraten wollte, habe ich die Beziehung allerdings beendet. Mein Gott, ich war erst 17!

Das darauffolgende Jahr war dann ein Ausprobieren und Testen. Daran habe ich nicht unbedingt die schönsten Erinnerungen. Da war auch der eine oder andere One-Night-Stand dabei. Da habe ich viel verdrängt. Mit 18 lernte ich dann Bernd, meinen ersten Ehemann, kennen. Übrigens auch wieder mit Klaus vergleichbar: blond, bodenständig, ruhig und auch vier Jahre älter. Mit ihm habe ich meine beiden Töchter bekommen und auch eine erfüllende Sexualität gehabt. Wir konnten beide testen, was uns liegt. Aussprechen, was wir wollten und was nicht. 22 Jahre lange waren wir zusammen.

Heute fühle ich mich rundum wohl in meiner Haut und spiele gern mit meinen Reizen. Gerade habe ich meinen zweiten Mann – Vorstandsvorsitzender in einem großen Textilunternehmen – zu einem Galadiner begleitet, wo ich repräsentieren durfte. Ich trug ein damenhaftes Gerry-Weber-Kostüm mit einem sexy Oberteil. Damit zog ich sogar die Blicke von Dreißigjährigen auf mich, und das habe ich in vollen Zügen genossen.

Rainer ist übrigens 13 Jahre älter als ich. Zwar nicht blond, aber Klaus in anderer Hinsicht ähnlich: Er ist sehr selbstsicher und hat ein entspanntes, souveränes Auftreten. Er weiß, was er will, und sagt mir das auch. Wir führen eine wunderbare Beziehung, in der der Sex natürlich nicht zu kurz kommt. Wie wichtig ist Sex für mich auf einer Skala von eins bis zehn? Ich geb' die zehn! Sex gehört für mich zum Leben wie Zähneputzen am Abend und der Latte Macchiato am Morgen.

Ich habe viel ausprobiert und weiß heute genau, was ich will und was mir gut tut. Erotische Telefonate und Rollenspiele sind prickelnd. Quickies nicht mehr. Fesselspiele und überhaupt die härtere Gangart gar nicht. Ich bin mit meinem Sexleben zufrieden. Aber ich würde nicht sagen, dass ich bei meiner Sexualität schon angekommen bin. Ich bin immer noch interessiert, jeden Tag etwas dazuzulernen. Denn ich bin noch genauso neugierig auf das Leben und die Liebe wie das 14-jährige Mädchen von damals. Ich teste immer noch. Ich bin offen für alles. Da fällt mir ein, dass ich noch nie einen dominanteren Mann hatte, obwohl ich auch gern mal geführt werde. Kommt vielleicht noch. Ich lasse mich überraschen.

Zuerst mit einer Frau …

Christine, 41, Journalistin
Erstes Mal 1981 mit 14 Jahren

Meine erste Liebe war meine Sandkastenfreundin. Wir wuchsen in derselben Kleinstadt in der Nähe von Köln auf, gingen zusammen in den Kindergarten und in die Grundschule. Während für die meisten Mädels in dem Alter klar war, dass sie mal den Papa heiraten und für Jungs, dass sie mal die Mama heiraten, stand für mich fest: »Ich will mal meine Freundin heiraten.« Ich habe das nie ausgesprochen, aber immer bei mir gedacht.

Ich hatte kein Problem mit Jungs, das nicht. Wir waren sehr viele Nachbarskinder, und da waren auch Jungs dabei, mit denen ich spielte. Als im vierten Schuljahr die ersten Mädchen aber anfingen, mit Jungs rumzuknutschen, alles natürlich noch relativ unschuldig, konnte ich das nicht so richtig nachvollziehen. Jungs waren für mich in der Hinsicht total uninteressant. Andererseits kann ich aber auch nicht sagen, dass ich Mädchen im Allgemeinen plötzlich umso spannender fand. Das auch nicht. Mein Interesse bezog sich damals wirklich nur auf meine Freundin.

Wir haben viel zusammen unternommen, uns auch zu Hause oft besucht. Und am Wochenende haben wir auch mal bei der anderen übernachtet. Unsere Eltern verstanden sich ebenfalls sehr gut. Sie kamen natürlich nicht auf die Idee, dass sich zwischen uns im Laufe der Zeit noch etwas anderes abspielen könnte.

Meine Freundin und ich schliefen immer im selben Bett. Das fand ich richtig klasse. Eine sexuelle Komponente bekam das aber erst in der Pubertät. Mich hat gerade in der Zeit schon gewundert, dass sich meine Gefühle gar nicht änderten und ich gar kein Interesse für Jungs entwickelte. Ich habe eine ganze Weile regelrecht darauf gewartet, dass irgendwann auch bei mir noch der Punkt kommt, an dem ich sage: Ich will jetzt einen Freund haben. Dass er nicht kam, war für mich völlig o.k. Ich habe zwar registriert, dass ich anders war, das aber nicht problematisiert.

Aufgeklärt wurde ich zu Hause nicht. Über Sexualität konnte man mit meiner Mutter – mein Vater starb, als ich zehn war – nicht reden. Alles, was auch nur im Entferntesten mit Sex zu tun hatte, war bei ihr verpönt. Sex sah sie wohl mehr als notwendiges Übel denn als Lusterfahrung. Ich entnehme das einer Bemerkung, die sie einmal fallen ließ, als ein Kater draußen vor unserem Haus eine Katze besprang. Sie sagte wörtlich: »Ach, die Arme, jetzt muss die auch schon dran glauben.« So eine Bemerkung macht man bestimmt nicht, wenn man Spaß am Sex hat. »Dran glauben« klingt wie »darunter leiden«. Dazu muss ich sagen: Meine Mutter war Jahrgang 1925. Das ist natürlich eine ganz andere Generation. Sie hat mich erst mit 42 als fünftes Kind bekommen.

Die Aufklärung in unserer Grundschule trug auch nicht wirklich dazu bei, dass man verstand, was mit dem Körper in der Pubertät passierte. Unsere Lehrerin, gleichzeitig auch Rektorin der Schule, war ein völlig emotionsloser Generalstyp. Die fing mit der Stunde schon in dem Stil an: Wenn da mal was zu lachen sein sollte, dann kann man auch mal lachen, aber ansonsten ist es ein ernstes Thema. Man merkte, dass sie über Sexualität am liebsten gar nicht geredet hätte. Dass ihr das total peinlich war.

Weil das Thema Menstruation nicht vorkam und meine Mutter mit mir schon gar nicht über so was sprach, war ich völlig entsetzt, als ich mit knapp zehn meine Tage bekam. Ich hatte ja keinen blassen Schimmer, was das war. Ich saß auf dem Klo, als es anfing zu bluten. Da dachte ich an das Nächstliegende: Du bist krank. Das muss was Schlimmes sein. Ich raste zu meiner Mutter, die aber nur meinte: »Das ist jetzt jeden Monat so.« Diesen Satz werde ich nie vergessen.

Ich fragte gar nicht weiter und nahm es erst mal hin. Erst auf dem Gymnasium – damals noch eine reine Mädchenschule – erfuhr ich, was genau mit mir los ist. Als wir gefragt wurden, ob jemand schon die Periode hätte, war ich die Einzige, die sich meldete. Glücklicherweise hatte und habe ich mit meiner Menstruation keinerlei Probleme und empfand sie deshalb auch nie als Stress.

Ich dachte übrigens nicht, dass ich jetzt aufpassen müsste, wenn ich mal irgendwann Sex hätte. Von wegen schwanger werden. Mit einem Jungen ins Bett gehen, das war für mich absolut undenkbar.

Später, viel viel später, ist es dann doch passiert. Aber damals war es für mich jenseits des Vorstellbaren. Dass ich mich nicht zu einem Jungen, sondern zu einem Mädchen hingezogen fühlte, war für mich vollkommen selbstverständlich. So wie jemand rote Haare hat, Rechtshänder oder Linkshänder ist. Das war einfach so.

Ein ganz entscheidender Punkt in meiner Biographie ist der Wolfgang-Petersen-Film »Die Konsequenz«, den ich 1977, mit zehn, im Fernsehen sah. Damals ging ein Aufschrei durch Deutschland, denn es war einer der ersten Filme, in dem eine Liebesgeschichte zwischen Männern erzählt wurde. Jürgen Prochnow spielte die Hauptrolle.

Ich weiß noch, dass ich tagsüber in einer Programmzeitschrift darüber las und mir fest vornahm, den Film anzuschauen. Er lief spätabends im dritten Programm. Gott sei Dank ging meine Mutter – mein Vater lebte damals nicht mehr – immer recht früh ins Bett. Sie hätte mir natürlich nie erlaubt, so was zu gucken.

Der Film hat mich nachhaltig beeindruckt. Zum Schluss musste ich heulen, weil die Geschichte tragisch ausging.

Aufgrund dieses Films bin ich dann ein Jahr später in die Stadtbücherei gegangen und habe nach Büchern über Homosexualität gefragt. Auch, wenn es sich vielleicht komisch anhört: Mit elf war mein Lesbischsein für mich schon eine völlig klare Sache, und ich dachte, da werde ich mich mal weiter dran orientieren. Von Alexander Ziegler, dem Autor von »Die Konsequenz«, las ich zum Beispiel »Kein Recht auf Liebe« mit Kurzbiographien von Schwulen. Lesben kamen da nicht vor, aber das hat mich nicht gestört. Zwei Männer oder zwei Frauen, ich habe da keinen Unterschied gemacht in der Wertigkeit.

Es ging durchweg um ganz unglückliche Kindheiten. Wie sehr die Männer teilweise unter ihren Eltern litten. Mir war bewusst, das könnte bei mir auch so sein. Deshalb habe ich meiner Mutter nie etwas gesagt. Ich weiß noch, dass sie gelegentlich sehr abfällige Bemerkungen über Homosexuelle machte. Als ich anfing, mich für meine Freundin auch sexuell zu interessieren, war mir jedenfalls völlig klar, dass das Thema für meine Mutter ein absolut rotes Tuch ist. Ein Cousin von mir war übrigens auch schwul. War, denn er hat sich aus Verzweiflung umgebracht. Sein Schwulsein wurde immer unter einem Deckmäntelchen gehalten.

Es ist schon seltsam: Auf der einen Seite hatte ich eine Mutter, von der ich genau wusste, dass sie das Thema absolut »bäh« findet. Auf der anderen Seite war das aber für mich kein Grund zu sagen: Oh Gott, ich muss das jetzt unterdrücken. Ganz und gar nicht.

Als irgendwann im Sexualkunde-Unterricht das Wort »lesbisch« auftauchte, da dachte ich auch nur: Das werde ich wohl sein. Das Thema wurde übrigens auch in der Schule nur ganz am Rande abgehandelt, in einem Atemzug mit Perversion, und das machte mich richtig wütend. Perversion, so ein Scheiß, wollt ihr mich hier verarschen, dachte ich bei mir. Man hätte ja erwarten können, dass ich doch mal ins Grübeln kam, warum ich anders war als die anderen Mädchen. Aber nein, ich ärgerte mich einfach nur darüber, dass Homosexualität so diskriminierend dargestellt wurde. Für mich war es normal, wie ich war und empfand. Ich ging damit ganz pragmatisch um.

Und mit 14 ist es dann passiert, mein erstes Mal. Meine Freundin, die inzwischen auf eine andere Schule ging, hat zu der Zeit zwar nicht mehr so oft, aber immer noch regelmäßig bei mir übernachtet. Und wir haben, wie wir es von klein auf gewohnt waren, nach wie vor im selben Bett geschlafen. Ich fand das immer schon sehr schön, sie so eng neben mir liegen zu haben. So schön weich und warm, und dann ihre wunderschönen langen schwarzen Haare. Mit denen habe ich gerne gespielt. Wir haben auch immer schon gerne miteinander gekuschelt.

Sehr wichtig an dieser Stelle: das Thema Selbstbefriedigung. Mit drei fing ich in der Badewanne an, an mir herumzuspielen, was in dem Alter ja auch ganz normal ist. Ich dachte mir auch nie etwas Böses dabei.

Bis zu dem Tag, als ich quietschvergnügt in der Badewanne saß – und meine Mutter hereinkam. Sie war total entsetzt und meinte: »So was macht man nicht!« Ich glaube, sie sagte sogar etwas in der Art wie: »Wenn du das noch mal machst, fällt dir die Hand ab.« Für mich war von dem Tag an nicht etwa klar, dass ich jetzt damit aufhöre. Sondern, dass ich zusehe, dass sie das nicht mehr mitbekommt.

Also begann ich, heimlich im Bett an mir herumzufummeln und bekam auch schon sehr früh davon einen Orgasmus. Das heißt: Ich wusste zunächst gar nicht, was das genau ist und wie das heißt. Ich wusste nur, irgendwann kriegt man ein ganz tolles, berauschendes Gefühl dabei, und dann fühlt man sich unglaublich gut. Mit 14 wollte ich dieses Gefühl dann auch unbedingt mal mit meiner Freundin zusammen haben – und habe sie eines Tages dann auch motiviert, mich anzufassen.

Wir hatten uns zu dem Zeitpunkt auch schon geküsst. Nicht nur so auf die Lippen, sondern richtig auf Zunge. Für mich war das nicht nur experimentell, sondern schon richtig lustorientiert. Ich habe mich dann in der besagten Nacht langsam vorgetastet, sie erst mal vorsichtig geküsst. Dann habe ich ihre Hand genommen und sie an meine Scheide geführt. Ich wusste ja, wo man da am besten hinfassen muss und motivierte sie auch, dort zu reiben. Das habe ich gleichzeitig auch bei ihr gemacht. Bei mir hat das dann auch sehr schnell zum gewünschten Ergebnis geführt. Ich war ja auch vorher schon sehr erregt.

Etwas später merkte ich, dass sie feucht wurde. Es hat dann zwar noch ein bisschen gedauert, aber irgendwann war sie ebenfalls so weit. Viel mehr ist in dieser Nacht aber noch nicht passiert. Wir kuschelten ein bisschen, schliefen dann zusammen ein. Meine Freundin hatte vor dieser Nacht übrigens noch keinen Orgasmus. Sie hat sich nicht selbst befriedigt. Ich war es, die ihr das erst gezeigt hat. Wer weiß, welche Bemerkungen ihre Eltern – ähnlich wie meine Mutter – mal darüber gemacht und sie so abgeschreckt haben.

Wir haben über die Nacht nicht geredet, aber es war schon klar, dass ihr das auch sehr gefallen hatte. Sonst hätten wir ja auch nicht weitergemacht. Beim zweiten Mal ein paar Tage später sind wir schon ein bisschen weiter gegangen und haben die Finger zu Hilfe genommen: erst einen eingeführt, dann zwei.

Dass die Stelle, die man berühren und reiben muss, um zum Höhepunkt zu kommen, »Klitoris« heißt, das wussten wir damals noch nicht.

Aber das war ja auch nicht wichtig. Wir experimentierten ein bisschen, stellten schnell fest, dass es noch interessanter war, wenn man rieb und dazu noch die Finger drin hatte.

Nach außen hin, vor anderen, war alles »business as usual«. Wir haben uns nicht vor anderen geknutscht, sind nicht händchenhaltend durch die Gegend gelaufen. Für alle waren wir einfach beste Freundinnen. Dass wir eine ganz besondere Verbindung hatten, das merkte keiner.

Irgendwann habe ich mir einschlägige Literatur gekauft. Lesbische Sextechniken. Ich wollte einfach wissen, was man sonst noch so machen kann. Dildos fand ich nicht besonders interessant. Die waren mir zu groß. Kann man ja später mal machen, dachte ich. Ohne das Buch, das ich übrigens unter meiner Matratze versteckt hatte – natürlich durfte meine Mutter das auf keinen Fall sehen –, wäre ich auf Lecken wohl gar nicht gekommen. Das war die nächste Stufe, die bei uns gezündet wurde.

Wir sprachen zwar darüber, was man sexuell alles machen kann, haben es aber nie in irgendeiner Form problematisiert. Die sexuelle Komponente zwischen uns hat sich einfach in aller Selbstverständlichkeit so entwickelt. Wir zwei haben viele nette Stunden zusammen im Bett verbracht oder auch mal in der freien Natur. Allerdings so, dass es kein anderer mitbekam. Das wollten wir einfach für uns allein haben.

Das ging dann drei Jahre so, bis wir beide 17 waren. Dann veränderte sich unsere Beziehung schlagartig: Meine Freundin verknallte sich in einen Typen. Ich war total geschockt. Damit hatte ich nicht gerechnet. Für mich selbst kam das nach wie vor nicht in Frage.

Es ist aber nicht so, dass ich deshalb den großen Tanz machte. Ich hoffte vielmehr, wie manche Eltern bei ihren homosexuellen Kindern, dass das jetzt nur eine Phase bei ihr wäre und sie danach wieder zu mir zurückkäme.

Es war aber leider keine Phase. Meine Freundin hatte sich mächtig verliebt, und irgendwann schlief sie auch mit ihrem Typen. Beruhigt hat mich dann wieder, dass sie nicht vor mir davon schwärmte. Das Gegenteil war der Fall. Das erste Mal mit einem Mann war für sie nicht besonders toll. Sie meinte, mit mir sei es schöner gewesen. Trotzdem war sie in den Jungen verknallt und blieb mit ihm zusammen.

Für mich war das natürlich schlimm, denn ich war noch immer sehr verliebt in sie. Wenn wir auch nie wieder Sex miteinander hatten, haben wir uns doch weiterhin regelmäßig gesehen und auch heute noch sporadisch Kontakt. Sie ist inzwischen seit zwölf Jahren verheiratet, hat drei Kinder, und ihr Mann weiß natürlich von nichts. Es ist übrigens nicht ihr erster Freund von damals. Sie hat dazwischen noch ein paar Erfahrungen mit anderen Männern gemacht. Die Zeit mit mir war für sie tatsächlich nur eine Phase. Aber, und das sagt sie auch heute noch, es war sehr schön für sie, und sie bereut nicht, das mal ausprobiert zu haben.

Bei mir passierte nach der Trennung erst mal zwei Jahre lang gar nichts. Dann begann ich in Köln mein Germanistik-Studium. Wie mein Heimatort eine Katholikenhochburg, aber die Kölner Studenten waren zum Glück nicht so wahnsinnig konservativ. Jedenfalls gab es eine nette schwul-lesbische Szene, was für mich ganz toll war. Jetzt geht das hier richtig ab, freute ich mich. Ich bin auch ziemlich schnell in entsprechende Szene-Lokale und auf einschlägige Partys gegangen. Auf einer davon lernte ich meine zweite Freundin kennen.

Wir verknallten uns, hatten bald auch Sex miteinander. Sie war deutlich erfahrener als ich, hatte zum Beispiel eine nette Vibrator-Sammlung, darunter einen in Form eines Delphins. Solche Dildos sind auch heute noch bei vielen Lesben sehr beliebt. Diese fiesen Dinger, die einem echten Penis nachempfunden sind – nee, danke. Dann doch lieber gleich ein richtiger Mann.

Nach einem Jahr zogen meine Freundin und ich zusammen. Eine ganze Weile lief es wunderbar zwischen uns. Bis ich einen

Mann kennenlernte, der mich vom ersten Augenblick an faszinierte ...

Als ich zwischen zwei Vorlesungen mal in einem Veranstaltungsblatt blätterte, stieß ich auf eine Werbeanzeige des Kölner Schwulen- und Lesbenzentrums. Dort war ich bis dahin noch nie gewesen und natürlich entsprechend neugierig. Unter anderem wurden in dem Zentrum Tanzkurse veranstaltet. Während der Schulzeit hatte ich mich vor so was immer gedrückt. Ich hatte einfach keine Lust, mit irgendeinem Typen zu tanzen. Aber mit meiner Freundin, warum nicht? Sie fand die Idee ebenfalls gut. Also gingen wir eines Sonntagnachmittags hin, zum »Standard für Anfänger«.

Außer uns waren bereits zwei andere lesbische Paare da. Nach und nach gesellten sich auch ein paar Schwule zu uns, und irgendwann kam *er* durch die Tür: genauso groß wie ich, ein paar Jahre älter, schlank, dunkelblonde Haare mit Seitenscheitel, schwarze Intellektuellenbrille. Eigentlich gar kein besonderer Hingucker – aber als sich unsere Blicke trafen, machte es »bum«. Diesen Moment werde ich nie vergessen.

Es war nicht so, dass ich dachte: Jetzt hast du dich verknallt. Aber ich spürte, da war jetzt was passiert. In Worte fassen konnte ich es aber noch nicht. Er war mir einfach auf Anhieb sympathisch und ich hatte das seltsame Gefühl, ihn schon ewig zu kennen. Ein ganz besonderes Hingezogensein, so wie viele Liebesgeschichten anfangen.

Von nun an sahen wir uns jeden Sonntag beim Tanzen – er kam immer mit seinem Freund – und unterhielten uns oft. Es stellte sich heraus, dass wir beide im Nebenfach Soziologie studierten, und wir sorgten dafür, dass wir einige Seminare gemeinsam besuchten. Mit der Zeit verliebte ich mich tatsächlich in ihn. Allerdings wollte ich das erst mal nicht wahrhaben. Es passte ja überhaupt nicht in mein Selbstbild. In einen Mann, da war ich mir immer hundertprozentig sicher gewesen, würde ich mich nie im Leben verknallen. Und dann auch noch in einen Schwulen und somit völlig aussichtslos. Dachte ich zumindest.

Dazu kam, dass ich meine Freundin immer noch liebte. Das war eine ganz komische Situation, die mich völlig irritierte. Als ich merkte, dass ich die Gefühle für meinen »Schwarm« nicht unterdrücken konnte, war ich ziemlich ratlos. Toll, kaum bist du voll integriert in die lesbisch-schwule Szene, verliebst du dich prompt in einen Typen. Das kann echt nicht wahr sein, dachte ich. Aber er ging mir einfach nicht mehr aus dem Kopf. Gefühle lassen sich nun mal nicht an- und ausschalten.

Dass es ihm ganz genauso ging, erfuhr ich erst später. Zunächst kämpfte jeder für sich mit seiner Verwirrtheit und seinen Zweifeln. Vor und nach unseren Veranstaltungen an der Uni haben wir uns immer nett unterhalten und sind in den Pausen auch mal essen gegangen.

So entwickelte sich eine richtig schöne Freundschaft zwischen uns. Dass es mehr werden könnte, habe ich nicht zu hoffen gewagt. Bis zu jenem Abend. Wir waren zusammen in einer Pizzeria. Als wir das Restaurant verließen, zog er mich plötzlich an sich und küsste mich zärtlich auf den Mund. »Ich weiß nicht, was mit mir los ist. Du hast mich wohl verhext«, murmelte er und sprach mir damit aus der Seele. Er hatte vorher noch nie etwas mit einer Frau gehabt. Ich noch nie etwas mit einem Mann. Für jeden von uns war das eine völlig neue Erfahrung. Jetzt stand im Raum: Was machen wir daraus?

Für mich war klar, dass ich meine Freundin, mit der ich schon zwei Jahre zusammen war, nicht belügen wollte. Ich liebte sie immer noch und hätte am liebsten beide gehabt. Aber das ging natürlich nicht. Ich habe ihr dann reinen Wein eingeschenkt, und da ist sie richtig ausgerastet. Sie gehörte zu der Sorte Lesben, die ausgesprochen männerfeindlich eingestellt sind und hatte null

Verständnis. Sie glaubte mir nicht, dass ich zum ersten Mal derartige Gefühle für einen Mann entwickelte und unterstellte mir, ich hätte sie von Anfang an belogen und sei gar nicht lesbisch, sondern bi. Das war das Ende unserer Beziehung ...

... und der Anfang von etwas ganz Neuem. Emotional wie sexuell. Mein Freund und ich, wir waren beide bereit, uns auf die neuen Gefühle einzulassen. Auch er machte Schluss mit seinem Freund, mit dem er lange zusammen gewesen war.

Wenig später schliefen wir dann auch miteinander. Mein erstes Mal mit einem Mann. Sein erstes Mal mit einer Frau. Schon verrückt. Theoretisch wussten wir natürlich, wie's geht. Das dann aber in die Tat umzusetzen, war dann doch was anderes. Da stellten wir uns ziemlich pubertär an. Ich hatte natürlich auch ein bisschen Angst. Biologisch betrachtet war ich ja noch Jungfrau.

Gar keine Frage, dass wir mit Kondomen verhüteten. Gleich ein Kind dabei zu zeugen, das wär's noch gewesen. Außerdem waren Aids und Safer Sex in den Achtzigern sowieso Dauerthema und die Gefahren jedem präsent.

Er kriegte ziemlich schnell einen hoch. Später gestand er mir, er habe Angst gehabt, dass das vielleicht gar nicht funktioniert. Er war ja noch nie von einer Frau stimuliert worden.

Das eigentliche Problem war ein anderes: das Reinkommen. Da er mir nicht wehtun wollte, war er sehr vorsichtig, was natürlich nicht viel brachte. Daher meinte ich irgendwann trocken zu ihm: »Nimm doch jetzt einfach mal ein bisschen Anlauf.« Das tat er dann auch – und es war ein irrer Schmerz. »Ich glaube, das war's. Das will ich nie mehr haben!«, dachte ich in dem Moment. Ich war wie betäubt. Aber es half ja nichts, wenn es weitergehen sollte. Also fragte ich schließlich ganz sachlich: »Meinst du, du bist jetzt drin?« Das war wie in einer Comedy. Er war ganz erschrocken und bewegte sich erst mal gar nicht. Wir haben es dann abgebrochen.

Ich kann nicht behaupten, dass ich dieses erste Mal mit ihm besonders toll fand. Für mich war es einfach nur schmerzhaft. Wir hatten auch beide keinen Höhepunkt.

Mit den nächsten Malen wurde es aber besser und besser. Es war ein ähnliches Experimentieren wie damals mit meiner ersten Freundin. Man probierte ein bisschen aus. Was mochte man selbst, was der andere. Ich hatte mit ihm auch Orgasmen, allerdings nur durch klitorale Stimulation. Entweder haben er oder ich mit der Hand nachgeholfen. Das ging wunderbar. Wir fingen dann auch an, es oral zu machen. Das heißt, Fellatio bei ihm habe ich nicht gemacht. Dazu konnte ich mich bei aller Liebe nicht überwinden. Aber mit Cunnilingus bei mir, damit hatte er überhaupt keine Probleme.

Wir haben nicht wer weiß was für Experimente im Bett angestellt. Alles in allem war es eher das Handelsübliche. Drei Jahre ging es gut mit uns. Dann verknallte er sich wieder in einen Mann. Für mich war das aber nicht der absolute Weltuntergang. Weil es für uns beide eine so ungewöhnliche Beziehung war, die keiner von uns richtig abschätzen und verstehen konnte, waren wir uns in einer Sache von Anfang an einig: dass wir uns nicht versprechen können, dass es ewig so weitergehen wird. Natürlich war es ein Schock für mich, aber ich bin nicht weinend zusammengebrochen. Wir sind heute übrigens noch gut befreundet, er lebt immer noch in Köln.

Zwei Jahre nach unserer Trennung habe ich mich dann wieder verliebt. In eine Frau, mit der ich meine bisher längste Beziehung hatte. Wir waren fünf Jahre zusammen, bis sie an Krebs starb. Das war vor zehn Jahren und sitzt mir immer noch in den Knochen. Ich muss dazu erklären, dass meine Freundin ihre Krankheit verheimlicht hatte. Ihr Tod kam für mich und alle, die sie kannten, wie ein Blitzschlag aus heiterem Himmel. Ich begreife bis heute nicht, warum ihr das Vertrauen fehlte, es mir zu erzählen. Unzählige Male habe ich mich seitdem gefragt, was ich falsch gemacht habe. Ich war sogar eine Zeit lang in psychologischer Behandlung, aber meine Schuldgefühle – auch, wenn sie unbegründet gewesen sein mögen – bin ich nie wirklich losgeworden. Das ist sicher ein wesentlicher Grund, weshalb ich seit jener schrecklichen Zeit nie wieder eine Liebesbeziehung hatte. Sex ja, aber eben keine feste Freundin. Es macht mir aber auch nicht so furchtbar viel aus. Wenn es so wäre, dann würde ich bestimmt alle Hebel in Bewegung setzen, um jemanden zu finden.

Das ist ja fast wie beim ersten Mal …

Katrin, 37, Hausfrau
Erstes Mal 1992 mit 21 Jahren

Ich bin in einem kleinen Dorf in der Nähe von Trier aufgewachsen. Das Umfeld war sehr katholisch mit allem, was dazu gehört: jeden Sonntag in die Kirche gehen, später mit Kommunion. Es gibt nur Heilige und Huren – das war das schwarzweiße Frauenbild, das mir die katholische Kirche vermittelte. Die Jungfrau Maria, die unberührte Heilige, war der Maßstab, dann kamen alle anderen.

Die andere Seite war, dass meine Eltern in den Siebzigern plötzlich mit FKK anfingen und häufig nackt durch die Wohnung liefen. Damit konnte ich überhaupt nichts anfangen. Im Grunde habe ich es gehasst. Ich hatte das Gefühl, dass sie sich das einfach überstülpten, weil das in der Zeit modern war.

So lebte ich in meiner Kindheit im Spannungsfeld zweier Extreme: der dörflich-katholischen Spießigkeit einerseits und einer zur Schau getragenen Unverklemmtheit andererseits.

Natürlich war es im Siebziger-Jahre-System drin, dass meine jüngere Schwester und ich ganz toll aufgeklärt wurden. Meine Eltern waren ja auch noch sehr jung. Meine Mutter hat mich mit Anfang zwanzig bekommen. Es hieß immer: »Ihr dürft alles fragen.«

In der Schule wurde das Thema sehr früh behandelt und offen darüber geredet: Schon in der dritten Klasse hatten wir sehr guten Aufklärungsunterricht. Wir wurden über wirklich alle Details informiert. Uns wurde zum Beispiel ganz genau erklärt, was beim Sex passiert. Dabei wurden die Geschlechtsteile beim Namen genannt.

Natürlich fanden wir Kinder die Vorstellung schon komisch, dass der Papa da etwas in die Mama reinsteckt. Wir haben im Unterricht auch oft gelacht, was okay war – unser Lehrer war eben auch von dieser 68er-Welle gepackt und hat den Unterricht immer locker und entspannt gestaltet.

Wir haben über fast alles gesprochen. Auch darüber, dass man etwas tun kann, wenn man kein Baby bekommen will. Wir dachten zunächst nämlich alle, Sex hat man nur, um ein Baby zu bekommen. Unser Lehrer sagte aber, und das weiß ich noch ganz genau: »Das machen Männer und Frauen auch einfach nur, weil es ihnen Spaß macht.« Da haben wir uns gewundert: »Das macht Spaß?« – »Ja, das macht sogar ziemlich Spaß«, sagte er.

Auch zu Hause wurde hin und wieder mittags am Tisch über das Thema geredet. Mir wurde immer klargemacht, dass es etwas Natürliches und Gutes sei. Alles war sehr entspannt – bis ich in die Pubertät kam.

Ich habe mich schon früh in irgendwelche Jungs verliebt. Das erste Mal mit zwölf in einen Nachbarn. Mein Vater fand das überhaupt nicht gut und vermittelte mir in dieser Zeit, ich solle bloß aufpassen, dass ich nicht als Flittchen ende. Das war die totale Kehrtwende von sehr offen zu extrem moralisch. Zunächst einmal ein ziemlich normales Vaterding.

Dahinter steckte aber noch etwas anderes: Meine Eltern haben uns zwar sehr frei erzogen, diese Haltung war aber nicht verinnerlicht. Als ich in die Pubertät kam, kam in meinem Vater hoch, wie er selbst erzogen wurde: verklemmt und mit hoch erhobenem moralischen Zeigefinger. Zu seiner Zeit war die vorherrschende Meinung, dass man sich als Mädchen schnell seinen Ruf versauen konnte.

An eine Situation kann ich mich noch genau erinnern. Ich war 13, als ich zum ersten Mal mit einem Jungen an der Hand nach Hause kam. Er war auch noch sehr groß. Mein Vater ist sehr klein. Er war völlig entsetzt, als er uns zusammen sah und hat mich danach zur Sau gemacht. Was ich mir denke. Ich sei noch viel zu jung und so weiter. Er hatte Panik, dass da etwas laufen könnte. Dabei war überhaupt nichts. Wir haben uns nur einmal ganz kurz geküsst, und das auch nur mit gespitzten Lippen. Alles war noch völlig unschuldig. Ich hatte in dem Alter null sexuelle Absichten.

Die Reaktion meines Vaters hat mir Angst gemacht und mich nachhaltig beeinflusst. Von dem Tag an dachte ich: Daran ist wohl doch was Schlechtes. Das hat sich in meinem Kopf festgesetzt. Deshalb hat es dann wohl bei mir so lange gedauert.

Die *Bravo* spielte bei meiner Aufklärung erst mal eine Nebenrolle. Gekauft habe ich sie mir nie. Bei meinem Onkel, der zehn Jahre älter war als ich und bei meiner Oma im Nachbardorf wohnte, hatte ich mit zehn schon freien Zugang zur *Bravo*. Die Aufklärungsseite habe ich zwar von Anfang an gelesen, fand vieles aber eher abstoßend. Die Aufklärung in der Schule dagegen war super.

Erst ein paar Jahre später, mit 14, bekam sie mehr Bedeutung für mich. Vor allem deshalb, weil ich ständig von Gleichaltrigen las, die schon so unheimlich viel weiter waren als ich. Das setzte mich unter Druck. Anscheinend musste man mit 14 schon Sex haben. Ich wollte das aber überhaupt nicht.

In den folgenden Jahren war ich eigentlich ständig verliebt, suchte mir aber stets Jungen aus, die unerreichbar waren. Das war wohl ein unbewusster Schutzmechanismus, denn meine größte Angst war damals, ausgenutzt zu werden. Ich hatte ganz lange das Bild im Kopf: Wenn du mal mit einem in der Kiste warst, dann will der nichts mehr von dir wissen.

Geknutscht habe ich allerdings schon mit dem einen oder anderen Jungen. Meinen ersten Zungenkuss bekam ich mit 14. In den Jungen war ich auch verliebt. Er war ein paar Jahre älter und auf der gleichen Schule wie ich.

Irgendwann haben wir angefangen, uns Briefchen zu schreiben, haben uns gegenseitig besucht und zusammen Kaffee getrunken. Für unsere Freunde war klar, dass wir ineinander verliebt waren.

Nach einem gemeinsamen Abend mit ihnen brachte er mich nach Hause. Unter einer Straßenlaterne küsste er mich dann. Ich fand's furchtbar! Ich hatte überhaupt nicht damit gerechnet, dass es so sein würde. Von einem Moment auf den anderen war es dann aus mit der Liebe. Er war für mich abgehakt. Stattdessen gab es bald einen Lehrer, für den ich sehr schwärmte.

Mit 16 hatte meine damals beste Freundin zum ersten Mal Sex. Sie erzählte, dass es gut war, viel mehr erfuhr ich nicht. Ich freute mich natürlich für sie, war aber auch ein bisschen neidisch. Sie war ja damit jetzt eindeutig ein Stück weiter als ich.

Es hat dann nicht lange gedauert, bis ich für sie in die Apotheke gegangen bin, um einen Schwangerschaftstest zu kaufen. Sie hat sich nicht getraut. Da ich nichts getan hatte, konnte ich da locker hingehen. Ich fand es eher noch cool, dass die in der Apotheke denken könnten, dass ich diejenige war, die den Test brauchte. Er war übrigens negativ.

Der Nächste, in den ich mich verliebte, war ein zwei Jahre älterer Junge aus meiner Schule. Er war aus dem Ruhrgebiet hergezogen und in jeder Hinsicht völlig anders als alle anderen, die ich kannte. Er benutzte Parfüm, trug die Haare glatt gegelt und immer figurbetonte Klamotten. Er war der intellektuelle Typ und sprach reinstes Hochdeutsch, für unsere Gegend ungewöhnlich. Alles in allem also ein Paradiesvogel, der polarisierte. Es gab Jungen, die so sein wollten wie er, sich so anzogen und ebenfalls parfümierten. Und es gab ganz viele, die ihn gehasst haben oder einfach nur lächerlich fanden. Er hat sich bei uns auf dem Land auch nie so richtig wohlgefühlt.

Wir hatten lange ein ganz tolles platonisches Verhältnis, konnten über alles reden, Quatsch machen, sind auch mal zu zweit weggegangen. Er machte zwar öfter Andeutungen, dass da mehr draus werden könnte, aber ich habe das abgeblockt. Da war wieder diese unheimliche Angst, verarscht zu werden. Und er hatte ja auch ständig irgendwelche Frauengeschichten. Weil ich ihm zu verstehen gab, dass ich nicht zu haben war, war ich für ihn sicher etwas Besonderes. Diese Spielchen haben wir sehr lange gespielt. Als er wegzog, blieben wir weiter in Kontakt, schrieben uns Briefe. Sehr schöne Briefe. In einem gestand er mir, dass er während unserer gemeinsamen Schulzeit in mich verliebt gewesen wäre, sich aber nicht getraut hätte, den ersten Schritt zu machen, weil ich so cool war. Ich war 19, als wir uns wiedersahen. Es war zur Weihnachtszeit. Er war gerade bei seinen Eltern zu Besuch.

Am Wiedersehensabend haben wir in meinem Zimmer heftig geknutscht. Ich weiß, dass ich es schön fand. Als ich aber plötzlich spürte, dass er eine Erektion hatte, war ich sehr irritiert.

Zu dem Zeitpunkt war ich aber schon nicht mehr verliebt in ihn. Wahrscheinlich konnte ich mich ihm deshalb auch so unbefangen nähern. Für mich war es, als hätte ich die Katrin, die so lange Jahre in ihn verliebt war, damit irgendwie entschädigt. Es war ein schöner Abschluss.

Wenige Tage später jedoch schrieb er mir einen Brief. Er fragte sich, ob er in mich verliebt sei, ob wir eine Perspektive hätten. »Und dann kommst du mit deiner Zärtlichkeit und verwirrst mich …« Als ich diese Zeile las, habe ich vor Freude geweint. Trotzdem war die Sache für mich längst abgeschlossen.

In der Zeit danach habe ich öfter mal geknutscht. Mit wechselnden Jungs auf irgendwelchen Dorffeiern.

Dann verliebte ich mich wieder in einen Jungen aus meiner Schule. Wir saßen in Erdkunde nebeneinander und haben ständig viel Blödsinn gemacht. Er war für sein Alter noch ziemlich unreif. Ich fand ihn süß, wie man ein Kind süß findet. Als ich merkte, dass ich in ihn verliebt war, musste ich selbst darüber lachen. Meine Freundinnen fanden ihn peinlich. Er sah zwar ganz nett aus, aber man konnte sich überhaupt nicht gescheit mit ihm unterhalten. Und das war mir immer sehr wichtig. Die Verliebtheit hat sich trotzdem durch die Oberstufenzeit gezogen.

Ich bin öfter mal mit ihm ausgegangen, aber mehr war nicht. Irgendwann kam heraus, dass er mit einer älteren Schülerin geschlafen hatte. Warum auch immer, jedenfalls wusste es die ganze Schule. Ein paar Wochen später schenkte er mir dann die Rose, die er von dieser Frau bekommen hatte. Mit ihr hatte er seinen ersten Sex. Als er sie mir gab, sagte er: »Sie ist bei dir besser aufgehoben.« Das fand ich sehr süß.

Wir kamen uns dann auch näher. Einmal übernachtete er bei mir zu Hause, in meinem Bett. Wir verbrachten die Nacht aber nur kuschelnd. Er war ein bisschen enttäuscht. Jedenfalls meinte er augenzwinkernd, die anderen Mädchen seien glücklicherweise nicht so prüde.

Mich hat das natürlich gestresst: »Mein Gott, irgendwann musst du's endlich hinter dich bringen!«, wurde mir da mal wieder klar. Meine beiden besten Freundinnen hatten schon lange sexuelle Beziehungen. Ich aber hatte längst für mich entschieden, dass ich auf den Richtigen warten wollte. Den Traumprinzen. Einer, von dem ich mich ganz verstanden fühlte. Den ich in jeder Hinsicht, auch vom Verstand her, richtig toll finde. So war es bei diesem Jungen aber nicht.

Nach dem Abi begann ich in Gießen mit meinem Germanistik-Studium. In den ersten zwei Semestern habe ich viel geflirtet. Dann kam das dritte Semester ... Ich war mittlerweile 21. Es war kurz vor meinem 22. Geburtstag, im April 1992. Ich kam zu spät zu einer Goethe-Vorlesung, und sie war schon total überfüllt. Man konnte sich aber draußen vor den Hörsaal auf die Fensterbank setzen, weil die Tür offen blieb.

Ich saß also dort und versuchte etwas mitzubekommen – dann kam er. Ich kannte ihn schon vom Sehen und fand ihn interessant. Er war groß, hatte lange blonde Haare, einen Bart und trug schwarze Lederklamotten. Eine auffällige Erscheinung. Und irgendwie sexy.

Meine Freundin Silke und ich hatten uns hin und wieder mal über ihn unterhalten. Er hieß Ralf Schröder, aber wir nannten ihn nur »Herr Schröder«. Das fanden wir witzig, weil es überhaupt nicht zu seinem lässigen Auftreten passte.

Er setzte sich neben mich auf die Fensterbank, und so kamen Herr Schröder und ich ins Gespräch. Nach einer Viertelstunde stellten wir fest, dass wir von der Vorlesung doch nicht viel mitbekamen und beschlossen: Gehen wir halt einen Kaffee trinken. Wir saßen in einem Innenhof, es war sehr warm an diesem Tag im April. Und es war sehr schnell klar, dass da irgendwas passierte. Es hat sofort geknistert. Ich weiß noch, dass ich dachte: Wenn Silke aus dem Urlaub wiederkommt, kann ich ihr sagen, juhu, ich war mit Herrn Schröder Kaffee trinken.

Dann mussten wir in andere Vorlesungen und verabschiedeten uns. »Und wann sehe ich dich wieder, schöne Frau?«, fragte er mich. Und ich sagte: »Na, nächste Woche, Goethe-Vorlesung.« Nein, das dauere ihm zu lange. Er hätte gern meine Telefonnummer … Kaum war ich nach der Uni zu Hause, klingelte schon das Telefon, und wir verabredeten uns noch für den gleichen Abend für eine Studentenparty. Wir haben heftig geflirtet, und als er ging, verabschiedete er sich von mir mit einem schnellen Kuss. Ich musste schmunzeln und dachte: Jetzt kann ich Silke erzählen, ich habe Herrn Schröder geküsst.

Die nächsten Tage sahen wir uns regelmäßig an der Uni. Und dann, am Samstag, klingelte es an meiner Tür. Ich war am Putzen, hatte eine alte Latzhose an und war überhaupt nicht auf Besuch eingestellt. Und dann auch noch er! Ich war total perplex. Er war sehr direkt und fragte, ob ich dieses Knistern auch spüren würde. Meine Güte, mir haben beim Kaffeekochen die Hände gezittert! Ich sagte aber lässig zu ihm: »Wir können ja mal eine Affäre haben, an einer Beziehung bin ich zurzeit nicht interessiert.« Und das bei meiner Vorgeschichte! Ich fand mich sehr cool dabei. Ihn beeindruckte das aber ganz und gar nicht: »Nein, das ist was Ernstes«, sagte er und lächelte. Dann ging er.

In der Woche drauf haben wir uns auch abends nach der Uni getroffen. Wir verstanden uns so gut, und ich denke, jeder hätte sofort gesehen, wie glücklich wir miteinander waren. Ein paar Tage später, nach einem Kneipenbesuch, küssten wir uns zum ersten Mal. Es war sehr schön. Sehr romantisch. Ganz toll. In diesem Moment wusste ich vom Herzen und vom Verstand her: Das ist er. Er hat einfach immer das Richtige gesagt und getan. Er war ein Frauenversteher im besten Sinne.

Bei vielen Männern hatte ich das Gefühl, sie wissen eigentlich gar nicht, was wir Frauen wollen, wie wir fühlen. Er jedoch war ganz anders. Er sprach ständig über seine Gefühle, erzählte offen von seinen früheren Beziehungen. Von den Fehlern, die er gemacht hatte und die er jetzt nicht mehr machen würde.

Wir haben unendlich viel geredet. Über das ganze Leben. Unsere Kindheit. Gott und die Welt. Ich habe mich von ihm geliebt gefühlt, so wie ich es mir immer gewünscht hatte. Er roch so toll, hatte eine wunderschöne Stimme, konnte fantastisch küssen. Ich fand ihn unglaublich attraktiv. Alles war perfekt.

Wir konnten die Hände nicht mehr voneinander lassen. Allerdings meinte er, es wäre schon ungewöhnlich, dass wir noch nicht miteinander schlafen. Wir kannten uns zu dem Zeitpunkt gerade mal zwei Wochen. Für ihn war das sehr lange! Er hatte schon einige Beziehungen und wohl auch sehr viele Affären hinter sich. Ich sagte darauf zu ihm: »Ich will erst mit dir schlafen, wenn ich genau weiß, dass ich richtig verliebt in dich bin.« Zwar war das eigentlich klar, aber ich wollte doch noch etwas Zeit schinden. Trotz aller Verliebtheit hatte ich große Angst vor dem ersten Mal. Zu meinem Erstaunen reagierte er total erfreut. Er rief aus: »Das gibt's ja gar nicht. Du bist fantastisch!« Er fand es toll, dass ich so lange warten wollte, bis ich voller Überzeugung sagen konnte: Ich liebe dich.

Ich beschloss, ihm nicht zu gestehen, dass ich noch keine Erfahrung hatte. Vor allem, damit wir keinen Druck kriegen. Ich dachte, dass das ja bestimmt auch stressig für ihn wäre. Und es war mir peinlich!

Dann kam sie also, unsere Nacht. Es war die Nacht zum 1. Mai. Wir waren zusammen auf einer Party, und der Abend war wieder so klasse, dass mir irgendwann klar war: Ja, heute passiert's. Und so war es auch. Bei mir zu Hause. Gegen zwei Uhr nachts. Es war eine sehr romantische, sehr schöne Stimmung. Wir hatten Kerzen angezündet. Er wusste genau, wo und wie er mich anfassen musste. Alles fühlte sich gut und richtig an. Es war dann aber so, dass es mir im entscheidenden Moment ziemlich weh getan hat und ich mich ganz auf diesen Schmerz konzentrierte. Ich weiß bis heute nicht, ob er es in dem Moment nicht doch gemerkt hat. Er ist dann sehr schnell gekommen und war total besorgt, dass wir nicht zusammenpassen könnten. »Mein Gott, mit uns, das ist alles so besonders. Das ist ja fast wie beim ersten Mal«, meinte er. Da musste ich lachen. Zur Entspannung erzählte er mir von seinem ersten Mal und fragte mich, ob ich es denn auch erzählen möchte. Ich sagte nur: »Vielleicht später.«

Ich war dann noch sehr beschäftigt mit meinem Körper und lag in seinen Armen lange wach. Alles hatte sich richtig angefühlt. Ich war glücklich, dass er der Erste war. Für mich war es wunderschön.

Am anderen Morgen, als wir zusammen aufwachten, war ich allerdings entsetzt, denn er wollte glatt schon wieder. Ich war ja noch dabei, alles zu verarbeiten. Er war etwas zerknirscht und dachte wohl, er hätte es komplett verbockt. Als ich ihm aber sagte, es sei alles wunderbar, hat er das akzeptiert.

Ein paar Tage später schliefen wir zum zweiten Mal miteinander. Und das war dann schon wesentlich entspannter und sehr schön. Richtig schön. Beim dritten Mal hatte ich meinen ersten Orgasmus. Der erste mit einem Mann. Es war Wahnsinn, eine Offenbarung, das Beste, was mir in meinem ganzen Leben passiert ist.

Sexuell war diese Beziehung die komplette Erfüllung. Es war Verschmelzung ohne Ende. Es war perfekt. Es war kosmisch. »Love ist holy when you lay with me.« Diese kitschige Songzeile trifft es sehr gut. Dieses Gefühl hatte ich mit ihm. Es hatte nichts mit schmutzigem Sex zu tun. Es war die große Liebe! Noch nie hatte ich mich einem Menschen so nahe gefühlt.

Wir haben zunächst Kondome benutzt. Er war der Meinung, dass ich nicht die Pille nehmen sollte wegen der Chemie. Irgendwann habe ich aber doch beschlossen, sie zu nehmen.

Ein halbes Jahr später gestand ich ihm, dass ich mit ihm mein erstes Mal erlebt hatte. Er war – oder tat er nur so? – überrascht und gerührt. Er sei noch nie der Erste gewesen bei einer Frau.

Im Nachhinein dachte ich oft, vielleicht wäre es ihm lieber gewesen, ich hätte mehr Erfahrung gehabt. Es war bei uns ja schon alles für die Ewigkeit vorgesehen. Wir haben manchmal sogar schon über Kinder geredet.

Allerdings war uns beiden klar, dass das noch nicht während des Studiums passieren sollte. Wäre ich schwanger geworden, da waren wir uns einig, dann hätten wir abgetrieben.

Zu der Zeit hatte ich mit der katholischen Kirche nichts mehr am Hut. Ich war inzwischen längst ausgetreten.

Meine Mutter fand meinen Freund ganz toll. Mein Vater war eher entsetzt von seinem Äußeren, da stand ich aber meilenweit drüber. Es war mir völlig egal.

Die Ewigkeit zwischen Ralf und mir hielt etwas über ein Jahr. Es gab zwischendurch immer mal Krisen. Wir hatten zu unterschiedliche Vorstellungen davon, wie wir leben wollten. Er war leidenschaftlicher Motorradfahrer und ständig mit seinen Kumpels unterwegs. Ich wollte mehr zu Hause bleiben, um Zeit für mich zu haben. Wir führten immer öfter Diskussionen. Ich weiß noch, es gab mal ein Gespräch, bei dem ich frustriert zu ihm meinte, es wäre mir eigentlich lieber, dass ich ihn nicht lieben würde. Wir telefonierten dann immer weniger. Nach zwei Wochen Funkstille habe ich mir ein Herz gefasst und ihn gefragt, ob wir nicht noch mal reden könnten. Was er dann sagte, erschütterte mich: Er hätte im Moment eigentlich nichts zu sagen. Alles, was er mir sagen könnte, wäre sehr unschön, und wir sollten es doch dabei belassen. Wenig später sah ich ihn in der Uni mit seiner neuen Freundin. Das zog mir den Boden unter den Füßen weg.

Ich fiel in ein ganz, ganz tiefes Loch, war ein halbes Jahr lang mehr tot als lebendig.

Es war sehr, sehr schlimm. Als ich kapiert hatte, dass die Beziehung unwiderruflich zu Ende war, ging ich systematisch mit Männern, die ich von früher kannte und in die ich mal verliebt war, ins Bett. Ich brachte es innerhalb eines dreiviertel Jahres auf sieben Männer. Ein ehemaliger Lehrer war dabei. Der Freund meiner besten Freundin. Es ging nur um Sex. Ich wollte ihn vergessen. Ich wollte mir und anderen nur noch weh tun. Das war richtig übel.

Ich habe dabei aber festgestellt, dass ich auch mit anderen Männern durchaus einen Orgasmus haben konnte.

Das Gefühl totaler Verschmelzung hatte ich allerdings nie wieder mit einem Mann. Ich habe mich auch nie wieder auf jemanden so eingelassen wie auf Ralf. Ich will es auch nicht. Ich habe teuer dafür bezahlt und mir geschworen, dass mir kein Mann noch mal so weh tun würde.

Es dauerte drei Jahre, bis ich wieder bereit war für eine neue Beziehung. Ich lernte dann meinen jetzigen Mann kennen und wurde auch schnell schwanger. Zusammen haben wir eine achtjährige Tochter und dreijährige Zwillinge. Sie sind jetzt das Wichtigste für mich, und mein Mann und ich sind ein tolles Team.

Sex spielt für mich keine große Rolle mehr. Mit meinem Mann wäre dieses Kosmische auch gar nicht möglich. Er könnte sich nie so öffnen. Für mich ist es gut so, wie es ist. Ich habe erlebt, wie es sein kann und dafür bin ich im Nachhinein dankbar. Viele Frauen erleben das nie.

Es war einmal in Marokko

Britta, 37, Regisseurin
Erstes Mal 1988 mit 17 Jahren

Für mich war es wie ein Ritual, das ich ganz bewusst vollzogen habe. Ich habe mir Zeit und Ort ausgesucht. Marokko im August. Sommer, Sonne, Meer. Alles war ein bisschen aus dem normalen Leben herausgelöst. Genauso wollte ich es. Ich hatte immer das Gefühl, dass das erste Mal etwas Wichtiges ist, etwas Heiliges und dass es deshalb einen schönen Rahmen haben sollte.

Ich habe gewartet, bis ich das Gefühl hatte, dass ich so weit bin. Wenn ich mal eine Tochter habe, rate ich ihr, es ähnlich zu machen wie ich: so lange zu warten, bis sie es selber wirklich möchte und sich auf keinen Fall drängen zu lassen.

Meine erste bewusste Berührung mit dem Thema Sexualität hatte ich mit elf. Da war ich noch nicht aufgeklärt, und ich hatte auch noch nicht meine Tage. Meine Mutter nahm mich zu ihrer Frauenärztin mit, die mich dann ebenfalls untersuchte. Dabei fragte sie, ob es vielleicht sein könnte, dass ich schon schwanger sei. Gerade wäre ein Mädchen bei ihr in der Praxis gewesen, das fast zeitlich mit ihrer Periode schwanger geworden war. Da dachte ich voller Schreck: »Man kann also vielleicht schon vorher und einfach so schwanger werden?!« Das hat mich ziemlich beängstigt und ganz lange beschäftigt.

Aufgeklärt wurde ich wie viele andere meines Alters zuerst in der Schule, im Bio-Unterricht. Aber auch meine Mutter hat mich im Laufe der Pubertät immer mal wieder gefragt, was ich schon wüsste und mir ganz nebenbei einiges erklärt. Ich wuchs in einer Kleinstadt in Baden-Württemberg auf. Meine Eltern haben mich sehr entspannt erzogen. Sie waren einigermaßen offen, sind zu Hause auch mal nackt herumgelaufen.

Als ich 13 war, fing meine Mutter an, mit mir ab und zu über das Thema zu sprechen. Zu der Zeit war ich allerdings noch überhaupt nicht an Jungen interessiert. Ich war verliebt in eine Frau, die ein ganzes Stück älter war als ich. Sie muss schon 23 gewesen sein. Ich habe sie beim Sport kennengelernt, damals machte ich Karate.

Ich himmelte sie regelrecht an, wusste aber intuitiv, dass ich das mal besser nicht an die große Glocke hängen sollte. Vor allem nicht vor meinen Eltern, denn das Letzte, was ich wollte, war, darüber ausgefragt zu werden. So behielt ich es ganz für mich, und es blieb mein Geheimnis.

Ab und zu hat sie mich zum Abschied auf den Mund geküsst, und dann bin ich himmelhochjauchzend nach Hause geradelt. Später haben wir auch richtig geknutscht, und das fand ich ganz toll. Ob sie auch in mich verliebt war, weiß ich bis heute nicht. Als ich ihr meine Liebe erklärte, war sie sehr gerührt, aber es war eigentlich klar, dass das mit uns nichts werden konnte. Ich war ja noch ein halbes Kind, sie dagegen ein erwachsener Mensch, der mitten im Leben stand. Außerdem schien sie auch eher auf Männer zu stehen. Sie erzählte mir jedenfalls immer mal wieder von dem einen oder anderen Freund, mit dem sie gerade zusammen war.

Das Gefühl, das ich mit ihr hatte, hat mich total umgehauen. Immer, wenn ich an sie dachte, bin ich durchgedreht. Dann lief mir ein Schauer über den Rücken, und in meinem Bauch tanzten die Schmetterlinge. Ich war zum ersten Mal richtig verliebt.

Dagegen war das, was ich ein Jahr später mit einem Jungen erlebte, total langweilig. Aber mit ihm bin ich ja vor allem deshalb zusammengekommen, weil damals auch die anderen Mädchen anfingen, sich für Jungs zu interessieren und ihre ersten Erfahrungen machten. Also probierte auch ich es aus.

Ich habe ihn im Tanzkurs kennengelernt. Er war drei Jahre älter als ich. Als ich mit ihm knutschte, habe ich nicht viel empfunden. Es war zwar cool und neu für mich und insofern interessant, aber mehr auch nicht.

Ich weiß noch, dass wir auf einer Silvesterparty mal geschlagene fünf Minuten dauergeknutscht haben. Alle taten das an dem Abend. Alle saßen pärchenweise auf irgendwelchen Sofas. Es war wie eine Art Sport und kein bisschen erotisch. Ich war neugierig. Es war seltsam. Alle taten es. Nur deshalb war es aufregend. Lustvoll war das aber nicht. Ich fand allerdings diesen Typen auch nicht so toll. Er war irgendwie ganz süß, aber im Grunde langweilig.

Die *Bravo* gab es bei mir zu Hause nicht, die galt als Schundblatt. Ich bekam sie allerdings öfter mal bei der einen oder anderen Freundin in die Finger und habe sie dann auch komplett verschlungen. Ich fand einfach alles spannend. Vor allem natürlich die verrückten, ein bisschen absurden Geschichten. Ich erinnere mich an einen Artikel, der mich gleichzeitig fasziniert und abgeschreckt hat: Ein Mädchen bekam einen Scheidenkrampf, und der Junge ist nicht mehr aus ihr rausgekommen. Es war ihr erstes Mal!

Mein erster Gedanke war: »Oh Gott, bloß nicht!« Das hat mir ziemlich Angst gemacht. Ich war damals allerdings ohnehin noch Lichtjahre davon entfernt, es selber mal wagen zu wollen. Ich muss 14 oder 15 gewesen sein.

Natürlich habe ich auch alles andere gelesen. Die ganz banalen Sachen etwa. Es ging um bestimmte Signale, die darauf hindeuten, dass ein Junge einen mag. Um Knutschmechanismen. Was man tun und lassen sollte.

Richtig identifizieren konnte ich mich mit dem, was in der *Bravo* stand, allerdings nicht. Die Jungs-Mädchen-Ausgehwelt, wie sie dort ausgebreitet wurde, war damals nicht meine Welt.

Ich habe das mit diesem Jungen zwar alles ausgetestet. Aber mehr aus Neugier. Es kam nicht von innen. Ich fühlte es nicht. Ich war einfach nicht richtig in ihn verliebt. Oft hatte ich das Gefühl, ich stünde neben mir und beobachtete mich bei dem, was ich tue.

Erst mit 16 hatte ich das Schmetterlings-Gefühl bei einem Jungen. Wir waren auf einer Klassenfahrt in Berlin, als wir uns näherkamen. Er hatte lange hellblonde Haare, die er meist zu einem Pferdeschwanz gebunden trug. Er war intellektuell, hatte einen ganz eigenen Humor und einen eigenartigen, mysteriösen Touch. Man konnte ihn nicht so genau einschätzen, wusste nie, was er dachte. Das hat mich sehr fasziniert. Wir konnten uns sehr gut unterhalten, haben viel zusammen gelacht und uns auch oft geküsst. Viel mehr ist aber nicht passiert. Es war noch ziemlich harmlos.

Meine Mutter deutete in der Zeit immer mal an: »Wenn du so weit bist, lass dir die Pille verschreiben, damit nichts passiert.« Das wollte ich aber eigentlich gar nicht hören. Da wollte ich noch lange nicht hin.

Mit meinem Vater hätte ich über das Thema Sexualität auf gar keinen Fall reden können. Er war schon sehr der beschützende Vater. Ich war ja auch seine einzige Tochter. Wenn mal ein Junge in meinem Zimmer war, ist er immer auf dem Flur auf und ab gegangen, was ziemlich nervte.

Als ich mit 14 meinen ersten Jungenbesuch hatte – der Typ aus dem Tanzkurs –, klopfte mein Vater nach einer Weile doch tatsächlich an die Tür mit der Ansage: »Na, lebt ihr noch, es ist ja so ruhig bei euch im Zimmer ...« Das war mir immer total peinlich. Auch wenn ich telefoniert habe, konnte er sich nicht zurückhalten und ließ manchmal eine Bemerkung fallen in der Art: »Hach, du telefonierst ja schon wieder. Mit wem denn?« Bei ihm kam kein Junge gut weg. Meine Mutter war da um einiges entspannter. »Lass sie doch, sie wird schon wissen, was sie tut«, beschwichtigte sie ihn.

Mit 16 dann veränderte sich einiges bei mir – äußerlich wie innerlich. Ich ließ mir die Haare wachsen, trug keinen Pony mehr, ganz andere Klamotten, und ich wurde zunehmend selbstbewusster. Der Wechsel auf ein anderes Gymnasium war die entscheidende Zäsur. Die Mitschüler waren ganz anders, viel netter, vor allem die Jungs. In meiner alten Klasse hatten sie nur ein Ziel: die Mädchen zu ärgern. Da fielen auch schon mal ziemlich gemeine Sprüche. Deshalb hatte ich lange ein eher negatives Jungsbild.

In meiner neuen Klasse waren auch zwei etwas ältere Mitschülerinnen, die schon mit Jungs geschlafen hatten. Sie erzählten zwar keine Details, aber weil ich nun zumindest Mädchen kannte, die das erste Mal schon erlebt hatten, war es dann ein bisschen normaler für mich.

Wir freundeten uns an und gingen abends auch mal zusammen weg. Das war eine ganz neue, aufregende Welt, die mir sehr gefiel. Manchmal blieben wir sehr lange weg. Solange ich am anderen Tag nicht die Schule schwänzte und meine Hausaufgaben machte, haben meine Eltern dazu auch nichts gesagt.

In dieser Zeit machte ich meine erste und einzige richtig negative Erfahrung mit einem Mann. Er war viel älter als ich, zehn Jahre, was ihn interessant und faszinierend erscheinen ließ. Im Gegensatz zu den anderen Jungen war er erwachsen, wusste, was er wollte, hatte schon viel erlebt. Anfangs war alles harmlos, bis er eines Tages plötzlich aggressiv und handgreiflich wurde. Er versuchte mich zu küssen, aber ich wollte nicht und wehrte ihn ab. Da zog er mich hinter einen Busch. Es gelang mir, ihn beiseite zu stoßen, und er ließ zum Glück auch von mir ab, aber es war schon ziemlich hart an der Grenze. Er war anscheinend frustriert, weil wir für seinen Geschmack oft genug aus waren, ich ihn aber nicht an mich ranließ. Das Erlebnis führte zwar nicht dazu, dass ich Männern generell misstraute, aber es sensibilisierte mich, künftig vorsichtig zu sein.

Bis ich 17 war, dachte ich ans erste Mal immer mit einem Gefühl der inneren Abwehr. Ich hatte vor allem Angst, dass ich dabei jemandem zu nah kommen könnte, dem ich eigentlich gar nicht so nah kommen wollte. Ich überlegte natürlich auch, wie schmerzhaft es wohl wäre.

An meinem 17. Geburtstag dann änderte ich meine Einstellung. Vorher dachte ich immer: Nee, bloß noch nicht. Jetzt war ich an dem Punkt: Hm, es wäre schon toll, mal herauszufinden, wie das so ist. Es könnte ja spannend und erotisch sein.

Ich hatte quasi von einem Tag auf den anderen das Gefühl: Ja, ich will. Ich habe Lust, Frau zu sein. Ich will es jetzt wissen. Meine Neugier erwachte. Ich erwachte. Und dann hat es sich so ergeben. Für mich war immer klar, dass es der richtige Mann sein musste. Alles musste stimmen. Ich wollte mich gerne daran zurückerinnern. Ich kannte Mädchen, die es auf dem Rücksitz eines Autos erlebt haben. Und andere, die es betrunken auf irgendeiner Party taten. Aufzuwachen, sich an nichts mehr erinnern zu können und dann womöglich noch festzustellen, mit einem Idioten geschlafen zu haben, das wollte ich auf keinen Fall. Das war mir zu banal. Es sollte der Richtige sein, und es sollte an einem besonderen Ort sein. Ein Ort, den ich für mich hatte. Weit weg von meinem Alltag.

Und dann fuhr ich mit meinen Eltern in den Sommerurlaub nach Marokko. Wir hatten eine Ferienwohnung in einem kleinen Ort direkt am Meer.

Es muss im August gewesen sein, zur Zeit des Ramadan. Ich erinnere mich an geschlachtete Schafe, die zum Austrocknen an einem Baum hingen. Weil es extrem heiß war, hing der Geruch des Schafblutes schwer in der Luft. Das war eklig. Vor allem aber fand ich schrecklich, wie bestialisch die Tiere zur Schau gestellt wurden.

Ich habe mich von Anfang an immer ein bisschen von meinen Eltern abgesondert. Ich war ja nun schon 17. Da fahren andere längst allein in den Urlaub. Ich ging oft am Strand spazieren. Dabei lernte ich andere Jugendliche kennen, Touristen, aber auch Marokkaner.

Einen fand ich besonders nett. Er war Medizinstudent, ein paar Jahre älter als ich und nicht so wie andere Jungen, die einen sofort anbaggern. Wir unterhielten uns auf Englisch. Das konnten wir beide noch nicht so perfekt, aber es hat ausgereicht.

Wir trafen uns jeden Tag dort, fuhren zusammen Boot oder spielten am Strand Ball. Es entwickelte sich ganz langsam, über ein paar Tage hinweg. Er gefiel mir immer mehr. Nicht nur, dass er toll aussah, er war groß und dunkel, mit faszinierend grünen Augen. Genau wie der Junge damals in der Schule hatte auch er eine mysteriöse, undurchsichtige Aura, die mich unwiderstehlich anzog.

Dann war er auch noch sehr charmant und gut erzogen, was wiederum meinen Eltern gefiel. Einmal fragte er sie ganz offiziell, ob er denn ihre hübsche Tochter abends zu einem Getränk ausführen dürfe. Ein junger Mann mit Manieren. Da waren sie beeindruckt, das fanden sie ganz toll. Damit hatte er schon mal enorm Pluspunkte gesammelt.

An diesem Abend waren wir aber nicht allein, sondern in einer Gruppe unterwegs. Das war noch ziemlich unschuldig und harmlos. Zwei Tage später hat er mich noch mal ausgeführt, und da war ich dann schon sehr in ihn verliebt … Vielleicht lag es auch an der ganz besonderen Atmosphäre, dass es dort in diesem Sommer passierte. Alles war so fremd, so anders, so exotisch.

Ich war weit weg von meinem Leben in Deutschland. Niemand kannte mich. Hier fühlte ich mich sicher.

Am entscheidenden Abend kam uns der Zufall zu Hilfe. Er zeigte mir eine verlassene Bucht mit einem Steinstrand. Dort saßen wir zusammen, schauten uns den Sonnenuntergang über dem Meer an und küssten uns zum ersten Mal. Es war sehr romantisch. Plötzlich spürte ich ein Ziepen an meinem rechten Oberschenkel. Ich schaute unter meinen Minirock und sah zwei rote Punkte, wahrscheinlich ein Skorpion-Biss. Es juckte und tat auch etwas weh. Er meinte dann scherzhaft, er könnte sich den Biss ja mal genauer anschauen. Seine Eltern hätten ein bisschen weiter unten am Strand ein kleines Ferienhäuschen. Da man ja nie wissen kann, wie schlimm so etwas ist, ging ich mit.

Er führte mich zu einer Chaiselongue, zündete ein paar Kerzen an und legte Lounge-Musik auf. Dann nahm er sich den Biss vor. Wir gingen allerdings sehr schnell wieder zum Knutschen über. Nach einer Weile zog er mich langsam aus. Als wir beide nackt waren, fragte er mich, ob mir etwas an ihm auffiele, das anders sei. Er spielte darauf an, dass er beschnitten war. Aber ich wusste überhaupt nicht, was er meinte. Ich hatte bis zu dem Zeitpunkt ja noch nie einen nackten Pimmel gesehen. Ich traute mich allerdings in dem Moment nicht zu fragen, fühlte, wie mir die Röte ins Gesicht schoss und kicherte verlegen.

Wir küssten uns dann wieder, sehr lange und intensiv. Aus den Boxen wehte leise die Musik zu uns herüber, im Hintergrund rauschte das Meer. Irgendwann meinte er leise, er würde gerne mit mir schlafen. Er wusste, dass ich noch Jungfrau war. Das hatte ich ihm erzählt. Er wiederum hatte schon Erfahrung.

Ich hatte das Gefühl, es wäre genau der richtige Moment, jetzt und hier, und signalisierte ihm, dass ich es auch möchte. Um Verhütung hat er sich gekümmert, er hatte ein Kondom dabei. Er ließ sich erst mal ganz viel Zeit mit dem Vorspiel, war sehr lange sehr zärtlich, küsste und streichelte mich überall. Es war dann natürlich schon etwas schmerzhaft, ich habe auch ein bisschen geblutet. Aber weil er so süß und einfühlsam war, war es insgesamt schön für mich.

Obwohl ich zugeben muss, dass ich im Nachhinein schon dachte: Und darüber wird jetzt so viel geschrieben? So toll ist es ja jetzt auch nicht. Es war schön durch die Nähe, die wir hatten, aber nicht durch das Körperliche. Das war ja alles noch neu und ungewohnt für mich.

Eine Weile lagen wir noch zusammen, dann brachte er mich wieder zurück zur Ferienwohnung meiner Eltern. Er hatte zwar versucht, mich zu überreden, noch bei ihm zu übernachten. Aber ich machte ihm klar, dass das auf gar keinen Fall ginge, dass ich noch am gleichen Abend zurück müsste. Ich wollte bei meinen Eltern kein Aufsehen erregen. Wir küssten uns zum Abschied und verabredeten, uns am nächsten Abend wiederzusehen.

Obwohl meine Eltern eigentlich nichts hätten merken können, hatte ich das Gefühl, es wäre über mein ganzes Gesicht tätowiert, und jeder könnte es mir ansehen. Ich hatte eine solche Angst davor, dass sie einen Spruch machen würden. Das wäre das Allerschlimmste gewesen. Hätten sie mich direkt gefragt, ich wäre wohl im Boden versunken. Ich habe mich deshalb auch schnell wieder verdrückt und versucht, den Kontakt zu ihnen so weit es ging zu meiden. Vielleicht haben sie es ja doch irgendwie mitbekommen. Ich weiß es bis heute nicht. Gesagt hat jedenfalls keiner was.

Am nächsten Morgen, als ich von unserem Haus wie üblich zum Strand hinunterlief, stieg mir der Blutgeruch der Schafe wieder in die Nase. Er schien intensiver als sonst, und ich hatte plötzlich das Gefühl, dass er eine Bedeutung für mich habe. Angesichts der letzten Nacht wirkte er jetzt archaisch. Die Schafe waren im Rahmen eines Rituals geopfert worden. Auch ich hatte geblutet, ich hatte meine Jungfräulichkeit geopfert. Ich habe ihn noch zweimal gesehen, einmal noch mit ihm geschlafen, was viel entspannter war als beim ersten Mal. Dann waren unsere zwei Wochen auch schon zu Ende, und ich reiste mit meinen Eltern wieder ab. Wir haben uns sehr herzlich voneinander verabschiedet, versprochen, uns zu schreiben, und das haben wir auch fast zwei Jahre lang getan. Nach einem halben Jahr durfte ich ihn sogar mal besuchen. Er hat noch bei seinen Eltern gewohnt, in einer größeren Stadt. Die Umgebung, die Sprache, die Menschen: Alles war sehr fremd für mich, aber gleichzeitig auch spannend und aufregend. Dort haben wir dann zum dritten Mal miteinander geschlafen. Ich fühlte mich wohl mit ihm, wenn es auch lange nicht so intensiv war, wie ich es später erleben sollte. Dafür kannten wir uns viel zu wenig, dafür war ich noch viel zu unerfahren. Es war ja erst mein drittes Mal. Aber es war ein schöner Abschluss unserer Geschichte.

Es war eine klassische, kleine Ferienromanze, und das war genau das Richtige fürs erste Mal. Meine Angst war immer, dass ich mich unsterblich verliebe, er mich später verlässt und mein erstes Mal dann seinen besonderen Nimbus verlieren könnte. Das konnte mir jetzt nicht passieren. Mein erstes Mal konnte mir keiner nehmen. Es war mein Schatz, den keiner heben konnte.

Als ich wieder zurück nach Deutschland kam, fühlte ich mich zwar ein bisschen selbstbewusster und erwachsener, aber erst ein Jahr später fing ich an, mein Frausein körperlich richtig zu genießen. Da hatte ich meinen ersten festen Freund, der mir sexuell eine Tür geöffnet hat: Er brachte mich zu meinem ersten Orgasmus. Nicht durch Penetration, sondern durch die Kunst seiner Hand. Das war unglaublich toll, denn das kannte ich vorher nicht. Ich glaube, er wusste gar nicht, was er in mir ausgelöst hat. Ich wollte ihm aber auch nicht zeigen, dass die Erfahrung neu für mich war. Das wäre mir zu peinlich gewesen.

Mit 19 hatte ich die erste bewusste sexuelle Beziehung. Er war zehn Jahre älter und hatte schon richtig viel Erfahrung. Mit ihm hatte ich sehr viel Sex, und wir haben auch viel herumexperimentiert, uns an allen möglichen Orten, zum Beispiel im Zug, herausgefordert und miteinander geschlafen. Das war sehr prickelnd. Er war dann auch der erste Mann, mit dem ich zusammen zum Höhepunkt gekommen bin.

Zwei Jahre waren wir liiert. Er dachte schon viel weiter als ich und war bereit, eine Familie zu gründen. Ich dagegen wollte mich noch ausprobieren, studieren, die Welt kennenlernen.

In der Zeit mit ihm habe ich mich zu einer sexuell selbstbewussten Frau entwickelt. Zu der Frau, die ich heute bin.

Ich habe mich auch noch mal in die eine oder andere Frau verliebt und das auch sexuell ausgelebt. Einmal hatte ich sogar eine sechsmonatige On-off-Beziehung mit einer Frau. Mein Verliebtsein mit 13, das war keine Phase. Ich habe eine lesbische Seite, die manchmal zum Vorschein kommt. Wenn ich auf einer Party ein bisschen zu viel getrunken habe, dann kann es schon mal sein, dass ich mit einer Frau knutsche. Inzwischen habe ich diese Seite aber schon lange nicht mehr ausgelebt.

Seit zwei Jahren bin ich mit einem Mann zusammen, den ich sehr liebe. Wir haben eine ganz tiefe Bindung zueinander.

Vor ein paar Monaten habe ich übrigens eine E-Mail aus Marokko bekommen, über die ich mich sehr gefreut habe. Er hat mich durch Zufall im Internet gefunden, ist inzwischen verheiratet und hat ein Kind. Es war eine nette, unverbindliche »Hallo, wie geht's dir«-Mail. Als ich die Zeilen las, waren sofort wieder die Bilder von damals in meinem Kopf. Es war, als lief vor meinem geistigen Auge ein Film ab, den ich schon lange nicht mehr gesehen hatte. Der Sonnenuntergang. Die Chaiselongue. Seine großen grünen Augen. Die Schafe. Das Ende. Ein schönes Ende. Mein Ende. Es war einmal in Marokko.

Deine Augen sind wie das Meer

Inka, 33, Bankkauffrau
Erstes Mal 1991 mit 16 Jahren

Immer, wenn er mir über den Weg lief, sah ich rot. In jeder Hinsicht, denn er hatte rote Haare und war meistens ziemlich frech zu mir. Als ich 16 war, änderte sich das von heute auf morgen. Nach einer längeren Unterhaltung auf der Straße sah ich ihn mit anderen Augen. Ich war ein sehr zurückhaltender, schüchterner Teenager, wollte lieber zu Hause sein, lesen und Musik hören. Weggehen, Partys, Discos, das war lange nicht mein Ding. Ich diskutierte lieber über die Irak-Politik der USA und darüber, wie man am besten den Urwald retten könnte. Einmal wollte ich sogar einen Quadratmeter Regenwald kaufen, um ein Zeichen zu setzen. Leider war ich die Einzige. Für Jungs interessierte ich mich eigentlich erst, als Andreas ins Bild kam.

Aufgeklärt war ich dagegen schon früh. Ich habe mir im Laufe der Jahre von allen Seiten etwas zusammengeklaubt. Von meiner sieben Jahre älteren Schwester bekam ich viel mit, weil ich mit ihr ein Zimmer teilte. Nach der Scheidung von unserem Vater, da war ich acht, zog meine Mutter mit uns in eine Drei-Zimmer-Wohnung.

Meine Schwester war sehr frühreif, hatte schon mit 13 ihren ersten Freund. Hin und wieder sah ich sie auch mal vor der Haustür knutschen. Es war nicht so, dass wir uns über das Thema unterhalten hätten, sie gab nicht so viel preis. Ich schnappte eher nebenbei was von ihr auf.

Auch übers Fernsehen kam das eine oder andere rüber, und natürlich gab es in der Schule Sexualkunde-Unterricht. Das war immer sehr lustig. Einmal sagte unser Bio-Lehrer in Bezug auf den Eisprung: An den Tagen müsst ihr aufpassen, aber an allen anderen könnt ihr Vollgas geben. Der war immer sehr locker, sodass das Thema Spaß machte und vor allem als etwas völlig Natürliches rüberkam.

Die meisten Informationen hatte ich aber aus der *Bravo*. Die Sex-Seiten fand ich, wie die meisten anderen auch, am interessantesten. Wenn ich sie las, stellte ich mir vor, wie es mit einem Jungen sein könnte. Für mich war ganz klar: Er sollte Erfahrung haben und genau wissen, was er tut. In meiner Vorstellung war mein Traummann dunkelhaarig, athletisch und sehr humorvoll.

Hin und wieder hatte ich in der Schule auch mal einen Schwarm. Meist war das aber irgendein älterer Junge, an den ich ohnehin nie rangekommen wäre, geschweige denn, dass er mich überhaupt wahrgenommen hätte.

Während mit 15 einige gleichaltrige Freundinnen schon mit der Pille anfingen, war ich noch ungeküsst. Kein Junge interessierte sich für mich und ich wäre auch nie im Leben auf die Idee gekommen, einen anzusprechen. Ich fand mich nicht besonders attraktiv, war ein bisschen pummelig und mit meinen 1,80 Metern auch noch sehr groß. Das kommt ja nicht so gut bei den meisten Männern. Dann machte ich nicht viel aus mir, geschminkt habe ich mich nicht und trug auch nicht die coolsten Klamotten. Kurz: Ich war eine schüchterne, unscheinbare 15-Jährige, die, wenn überhaupt, nur durch ihre Größe auffiel und daher immer dachte: Dich will ja sowieso keiner. Ich fühlte mich wie ein hässliches Entlein, das irgendwie so am Rande mitläuft, aber keiner wirklich auf dem Zettel hat.

Als im gleichen Jahr meine jüngste Schwester Tomke zur Welt kam, habe ich mich erst recht nicht um Jungs gekümmert, sondern mich mit Leidenschaft auf sie gestürzt, sie gefüttert, gewickelt, spazieren gefahren. Meine Mutter war froh um die Entlastung, denn sie hatte sich kurz nach der Geburt von ihrem Freund, Tomkes Vater, getrennt.

Bei einer meiner Spazierfahrten um den Block lief er mir über den Weg. Vom Sehen kannte ich Andreas schon lange. Ich war acht, als er mir zum ersten Mal auffiel. Wir waren gerade in eine Wohnsiedlung gezogen. Keiner hatte so pumucklrote Haare wie er, und keiner war so frech. Einmal schubste er mich in eine Hecke. Auf dem Nachhauseweg von der Schule hatte er mich abgefangen und wollte mir irgendwas sagen. Ich ließ ihn gar nicht zu Wort kommen, sagte »Fuck off!« und schwupps lag ich auch schon in der Hecke.

Einmal war er besonders gemein. Ich saß auf meinem Rad, als er mir hinterhergelaufen kam und den Gepäckträger festhielt. Ich fing an zu heulen, er freute sich. Ich habe ihn wirklich gehasst. Wenn ich seine roten Haare sah, war ich schon bedient.

So war es auch an dem Tag, als ich mit Tomke im Kinderwagen unterwegs war. Kaum sah ich den leuchtend roten Schopf, graute mir schon: »Oh nein, nicht der!«, schoss mir durch den Kopf. Kaum waren wir auf gleicher Höhe, kam auch schon ein blöder Spruch von ihm: »Ist das dein Kind?«, fragte er und grinste mich an. »Nee, wie kommst du denn da drauf?«, entgegnete ich schnippisch. So fing es an.

Er ging mit mir eine Runde um den Block, wir unterhielten uns, gar nicht mal so schlecht, und ich wunderte mich: »Und was soll das jetzt? Was will der bloß von dir?« Ich hätte nicht im Traum daran gedacht, dass er an mir interessiert sein könnte. Für mich war er nur der nervige Rotschopf mit dem großen Mundwerk. Er sagte später, er hätte mich schon lange süß gefunden.

Immer, wenn wir uns in den nächsten Monaten auf der Straße über den Weg liefen – ich schob meistens Tomke durch die

Gegend – unterhielten wir uns. Oft ging es um den Golfkrieg, die USA, die brennenden Ölfelder; er fand Politik genauso interessant wie ich. Manchmal lief er eine Stunde mit mir mit. Wir quatschten und quatschten, und ich dachte so bei mir: »Für was der sich alles interessiert, der ist ja gar nicht dumm.« Er war ein Jahr älter, damals 17, und ging auf die Hauptschule, ich auf die Realschule.

Je intensiver wir uns unterhielten, umso sympathischer wurde er mir. Je mehr Zeit verging, umso prickelnder fand ich seine Gesellschaft. Nach ein paar Monaten wurde mir ganz anders, wenn sich unsere Augen zufällig trafen.

Ein halbes Jahr nach unserer ersten Unterhaltung, ich war inzwischen 16, machte er den nächsten Schritt. Er klingelte bei uns an der Haustür, um sich mit mir zu verabreden. Ohne Kinderwagen, nur wir zwei, ein echtes Date. Meine Mutter öffnete und war ein bisschen überrascht, als sie ihn sah: »Was gibt's denn?«, fragte sie. Er antwortete nur: »Ist Inka da?« Als ich ihn sah, freute ich mich riesig.

Wir gingen in eine gemütliche Kneipe bei uns um die Ecke. Es muss an einem Samstag gewesen sein, in der Woche wäre ich nicht mitgekommen. Da hätte ich Angst gehabt, ich verschlafe und komme zu spät. Ich bin ein ganz verantwortungsbewusster Mensch.

Wir saßen uns an einem Tisch gegenüber, eine Kerze brannte, und wir unterhielten uns. Über was, weiß ich gar nicht mehr, aber wie immer konnten wir über alles reden. Nur die Atmosphäre war anders als sonst. Dieses Mal knisterte es die ganze Zeit. Ich weiß, dass ich hin und wieder mal unsicher lachte. Das alles war neu für mich, und ich war sehr schüchtern.

Außer dass wir uns an dem Abend wieder sehr nett unterhalten haben, ist aber noch nichts weiter passiert. Wenn man mal davon absieht, dass er mir das eine oder andere Kompliment machte.

An eins erinnere ich mich noch ganz genau: »Deine Augen sind wie das Meer. Man kann so schön in sie eintauchen.« Er verstand es schon immer gut, einem Honig um den Bart zu schmieren. Mir war das in dem Moment aber eher etwas peinlich, und ich lächelte verlegen. Ich bin bestimmt auch rot geworden. Wie soll man auch auf so was reagieren?

Gegen zwölf lieferte er mich wieder brav zu Hause ab. Meine Mutter hatte mir zur Auflage gemacht, um diese Zeit wieder da zu sein.

Eine Woche später zündete er die nächste Stufe. Er klingelte wieder bei uns. Dieses Mal wollte er mit mir einen Spaziergang durch unseren Schlossgarten machen. Ein sehr romantisches Fleckchen mit altem Schloss, viel Grün und verschlungenen Pfaden. Als er meine Hand nehmen und halten wollte, zog ich sie aber erst mal weg, worauf er frustriert meinte: »Du bist vielleicht 'ne harte Nuss.« Er ließ sich von meiner Reserviertheit aber weiter nicht beeindrucken.

Seitdem trafen wir uns immer öfter. Meistens draußen, weil wir nicht so recht wussten, wohin. Er war wie ich in einer kleinen Drei-Zimmer-Wohnung groß geworden. Einer seiner beiden älteren Brüder war immer da, bei mir war es mit meiner Schwester ähnlich. Eine Zeit lang saßen wir auf einer überdachten Treppe im Schulhof.

Einmal legte er plötzlich seinen Kopf auf meine Schulter. »Darf ich das?«, fragte er. »Ja, darfst du«, sagte ich. Da sind wir an dem Abend auch erst mal bei geblieben. Das mit uns entwickelte sich wirklich im Schneckentempo, langsam. Er hat aber auch genau gemerkt, dass er sich bei mir vorsichtig vortasten musste.

Nach einem Abend in unserer Stammkneipe kam es schließlich zum ersten Kuss. Vor unserer Haustür nahm er mich einfach in den Arm und drückte seine Lippen auf meine. Es war nur das, weiter ging er nicht. Und es war auch gar nicht so lange. Aber es reichte aus, um mir endgültig den Kopf zu verdrehen. Seine Lippen fühlten sich weich und warm an, er hat einen schönen vollen Mund, und ich mochte auch seinen Geruch sehr. Es war sinnlich, irgendwie magisch, und ich schwebte danach auf Wolke sieben in mein Zimmer. Meine Schwester schlief schon, bei mir hat es an dem Abend lange gedauert.

Wir hingen von nun an fast jeden Tag zusammen, gingen händchenhaltend spazieren – irgendwann habe ich es endlich zugelassen – und knutschten immer öfter in irgendwelchen Häuserecken, dann natürlich auch richtig mit Zunge, was noch viel prickelnder war. Das Draußenrumhängen war auf die Dauer allerdings nicht das Wahre, und wir überlegten, wo wir hingehen könnten.

In unserem vierstöckigen Wohnhaus lebte ganz oben eine Familie aus der ehemaligen DDR. Der älteste Sohn war in unserem Alter und hatte abgetrennt von der Wohnung seiner Eltern ein eigenes Kämmerchen unterm Dach, wo er oft saß und MTV guckte. Wir durften öfter bei ihm zusammenhocken, gelegentlich abends sogar ein bisschen länger.

Wir haben es auch mal gebracht, ihn rauszuschicken, damit wir ganz für uns sein konnten. Irgendwann fiel uns die Leiter auf, die zum Dachboden führte. Da wären wir ganz für uns, dorthin würde sich keiner verirren. Das perfekte Liebesnest. Dachten wir zumindest.

Es war zwar staubig, dunkel und kalt, aber praktischerweise lag auf dem Boden schon eine alte Matratze. Mit der Zeit richteten wir uns immer häuslicher ein, stellten Kerzen auf und legten Kondome in Reichweite. Die musste Andreas kaufen, zumindest am Anfang.

Wir haben uns von Tag zu Tag im wahrsten Sinne immer weiter vorgetastet: erst nur hier und da berührt, dann immer mehr. Erst über den Kleidern, dann drunter. Petting im ersten Gang, im zweiten Gang, im dritten und so weiter. Er war derjenige, der mich ermunterte. Ich war diejenige, die das Tempo vorgab. Er wartete immer ab, wie ich reagiere, ob ich mich darauf einlassen will oder nicht. Mit ihm fiel es mir leichter, als ich dachte. Nur, als er in den letzten Gang hochschaltete, war das doch erst mal ein bisschen komisch für mich. »Fass doch hier mal an«, meinte er und bedeutete mir, *ihn* zu berühren. Ich hatte zwar schon mal einen nackten Mann gesehen, aber nicht aus dieser Nähe. In einem Frauenhaushalt läuft so ein Ding ja nicht so oft rum.

Nach ein paar Wochen, Mitte Februar, waren wir beide so weit, es probieren zu wollen. Ich glaube, er hatte genausoviel Bammel davor wie ich. Auch für ihn war es das erste Mal. Er hatte vor allem Angst, dass er mir dabei wehtun könnte. Und das war auch der Grund, warum es sehr schnell vorbei war. Er war sehr zurückhaltend und vorsichtig. Irgendwann meinte er verunsichert: »Jetzt hören wir auf.« Ich dachte ganz pragmatisch: »O.k., das üben wir noch mal. Das wird schon noch.«

Für mich war es alles in allem o.k. Zum einen, weil es kaum wehgetan hat. Zum anderen, weil ich mir von meinem ersten Mal ohnehin nicht viel versprochen hatte. Ich bin jedenfalls nicht an die Sache rangegangen mit der Einstellung: »Das muss jetzt *das* Ding werden.« Der Rahmen hätte allerdings schon etwas gemütlicher sein können. Zwar hatten wir Kerzen angezündet, um es ein bisschen romantischer zu haben. Aber das änderte nicht viel an der Schweinekälte direkt unter den nackten Ziegeln. Man konnte seinen Atem vor der Hand sehen. An Decken hatten wir nicht gedacht, er benutzte seine Jacke als Unterlage.

Viel Kerzenschein-Kuscheln war deshalb nicht mehr, wir zogen uns recht schnell wieder an, und er brachte mich nach Hause. Geredet haben wir über dieses erste Mal nicht mehr. Männer sind da ja nicht so.

Ich konnte lange nicht einschlafen in dieser Nacht, weil ich ziemlich aufgekratzt war. Ich versuchte zu verarbeiten, was da nun gerade passiert war, ließ es Revue passieren, horchte in mich rein. Dabei kam auch der eine oder andere Zweifel hoch in der Art von: »Was hast du da eigentlich gemacht, sollte das so sein, war das richtig ...?« Es war ja nun doch ein ziemlich einschneidendes Erlebnis.

Ein paar Tage später kam es schon zum zweiten Mal. Wieder auf dem Dachboden. Und dieses Mal war es schon ein bisschen länger und auch ein bisschen schöner. Überhaupt wurde es von Woche zu Woche immer besser. Auch deshalb, weil ich ihm von Anfang an sagen konnte, was ich wollte und was nicht. Es war mir nichts unangenehm oder peinlich. Die Wellenlänge stimmte einfach bei uns.

Er war aber auch sehr süß zu mir, zeigte mir ständig, wie gern er mich hatte. Eine ganze Weile lang reichte er mir jeden Abend vor dem Schlafengehen ein Blümchen durchs Fenster. Da wir im Parterre wohnten, war das kein Problem. Im Winter darauf baute er mitten im Garten ein Iglu für mich, wo wir auch Sex hatten. Um uns gegen die Bodenkälte abzuschirmen, hatte er es mit dicker Pappe ausgelegt.

Den Dachboden konnten wir leider im ersten Winter nicht mehr so oft nutzen. Der Hausmeister ließ unser Liebesnest hochgehen. Kaum hatte er das Lager entdeckt, klingelte er an unserer Wohnungstür. Andreas' Herz hat uns verraten. Er hatte es auf den Kamin gemalt und blöderweise auch noch »Andreas & Inka« reingeschrieben. Als meine Mutter öffnete, legte der Hausmeister los: »Ihre Tochter heißt doch Inka?« »Ja, wieso?«, fragte sie ahnungslos. Dann kam's: »Da oben liegt alles voll mit Tempotaschentüchern und Kondomen.« Wir hatten die gebrauchten zwar immer entsorgt, aber leider eine leere Packung vergessen.

Ihr muss alles aus dem Gesicht gefallen sein. Sie hatte sich zwar hin und wieder gewundert, dass ich nicht von draußen reinkam, sondern immer gleich schon vor der Wohnungstür stand, aber dass ich solche Schweinereien machte, daran hatte sie nicht gedacht. Noch am gleichen Tag ist sie mir gegenüber total ausgeflippt. Sie wollte mich sogar ins Heim geben. Ich glaube, sie war vor allem deshalb so wütend, weil es der Hausmeister mitbekommen hatte.

Als ich Andreas erzählte, dass sie sich so aufgeregt hatte, ging er gleich zu ihr, redete mit ihr und beruhigte sie. Ihre Reaktion wäre doch ein bisschen übertrieben, wir hätten halt nicht gewusst, wohin und so weiter. Sie unterhielt sich sogar mit Andreas' Mutter noch mal darüber, und bald war's auch gut. Man kann sich ja nun denken, dass zwei Jugendliche, die immer zusammen verschwinden, nicht Käsekästchen spielen.

Wir haben uns in der nächsten Zeit zwar auch gelegentlich bei ihm zu Hause getroffen. Das war aber immer sehr nervig. Manchmal kamen seine Eltern rein, wenn wir gerade dabei waren. Dann mussten wir uns megaschnell wieder anziehen. Nur wenn sie verreist waren, hatten wir Ruhe und konnten das auch mal ein bisschen länger durchziehen. Das kam aber leider nicht so oft vor. Ab und zu quartierten wir uns auch wieder bei dem Jungen mit dem extra Kämmerchen ein.

Als Andreas mit 18 seinen ersten Wagen hatte, einen Renault 4, fuhren wir mit dem öfter mal in die Walachei, stellten ihn auf einem einsamen Feldweg ab, und los ging's. Im Auto fand ich's immer am prickelndsten. Da hatte man seine Ruhe und konnte ein bisschen lauter sein. Da wir fleißig übten, wurde der Sex mit der Zeit natürlich immer besser. Vor allem aber auch deshalb, weil wir uns gegenseitig immer offen sagen konnten, was wir wollten und was nicht. Bis ich einen Orgasmus hatte, hat es aber noch ein ganzes Weilchen gedauert.

Wir sind heute immer noch ein Paar, haben uns auch schon durch eine größere Krise gekämpft. 2006 trennte sich Andreas für drei Monate von mir und zog bei einem Kumpel ein. Er hatte damals den Job gewechselt, kam mit neuen Leuten zusammen, die ihn in vieler Hinsicht negativ beeinflussten, sodass er glaubte, etwas ändern zu müssen. Er war in dieser Zeit ziemlich durch den Wind, was auch mir sehr zusetzte. So sehr, dass ich mit einer halbseitigen Körperlähmung ins Krankenhaus kam. In dieser Zeit ist er aufgewacht, besuchte mich oft und kam schließlich zu mir zurück. Ihm wurde klar, dass er ohne mich nicht sein wollte.

Für mich ist er in jeder Hinsicht ein Traummann. Er ist ein verantwortungsbewusster, fürsorglicher, liebevoller Typ, der nicht nur viel für mich getan hat, sondern der sich auch von Anfang an sehr für meine Familie engagiert hat. Er hat Tomke als Vaterersatz quasi mit großgezogen, sie liebt ihn heiß und innig. Er war überhaupt immer da, wenn Not am Mann war, hat zum Beispiel mal unsere ganze Wohnung durchtapeziert. Er war schon früh in meiner Familie drin und ist es bis heute.

Ich habe nicht das Gefühl, dass ich etwas verpasst habe und unbedingt noch mal was ausprobieren muss. In der Zeit, als wir getrennt waren, habe ich in einer Weinlaune zwar mal fremdgeknutscht. Es hat mir aber überhaupt nichts gegeben. Ich liebe Andreas. Wir verstehen uns blind, haben den gleichen trockenen ostfriesischen Humor. Ich kann mich über ihn und seine kleinen Streiche kaputtlachen. Im McDrive hat er gerade eine Verkäuferin zur Verzweiflung gebracht, weil er so tat, als ob die Gegensprechanlage kaputt wäre.

Einfach alles macht Spaß mit ihm, auch der Sex. Stellungsmäßig haben wir schon einiges versucht, auch mal mit einem Dildo experimentiert. Sonst sind wir aber nicht die großen Ausprobierer. Rollenspiele und Fesselsex sind nicht Andreas' Fall. Einmal habe ich an der Tür geklingelt und so getan, als ob wir uns nicht kennen. Fand er doof. Selbst sexy Wäsche reizt ihn nicht. Er ist Purist. Er braucht mich nur anzuschauen und bekommt schon Lust. Das kann ich ja manchmal nicht so richtig nachvollziehen. Da kommt wohl der pummelige, 1,80 Meter große Teenager von damals wieder durch, der sich nicht vorstellen konnte, dass ihn jemals ein Junge attraktiv finden könnte. Aber für jeden Topf gibt es eben den passenden Deckel.

Von verrückten Orten sind wir inzwischen übrigens abgekommen. Dachboden und Iglu waren zwar aufregend, aber auch verdammt ungemütlich. Cool war gestern, heute mögen wir's kuschlig.

Dann hat's Zoom gemacht

Marnie, 27, Lehrerin
Erstes Mal 1999 mit 19 Jahren
Enkelin von Ruth und Tochter von Susan-Maria

Tausendmal berührt, tausend Mal ist nichts passiert. Aber dann … Das ist meine Geschichte. Olli war mein erster Mann. Jetzt ist er mein Ehemann. Er ist 13 Jahre älter als ich und der beste Freund, den man sich wünschen kann. So war es eigentlich schon immer. Ich kenne ihn, seit ich 13 bin. Damals haben wir zusammen Amateur-Theater gespielt. Sechs Jahre lang war er nur ein guter Freund, dem ich all meine Sorgen und Nöte erzählen konnte.

Das erste Mal habe ich für mich immer mit Liebe in Verbindung gebracht. Ich wollte, dass ich auch in den Jungen verliebt war, mit dem ich den ersten Sex habe. Bei meinen Freundinnen ging das mit 14, 15 los. Da gab es schon welche, die bei einer Party mal mit einem Typen im Suff hinterm Deich gelandet sind. Das war nichts für mich. Für mich war immer klar, das sollte schon was Ernstes sein. Den sollte ich schon besser kennen, und dann wollte ich es auch auf keinen Fall schon nach einer Woche.

Ich war aber auch immer ein bisschen anders als andere Mädchen. Ich bin ein burschikoser Typ, was auch daran liegt, dass ich mit drei Brüdern aufgewachsen bin. Einer älter, die anderen jünger. Puppen und Barbies waren nicht mein Fall. Ich hatte zwar welche, aber die haben mich eigentlich nie interessiert. Ich spielte viel lieber Fußball oder Cowboy und Indianer. Ich habe mich geprügelt, trug gern kurze Haare, hatte auch eher Jungs als Freunde und trug Jungsklamotten. Ich war immer super burschikos. Lieber Jeans als Rock. Lieber Sneakers als Pumps. Meine Eltern haben damals oft gedacht: Mein Gott, wie soll daraus mal eine Frau werden.

Auch während der Pubertät war ich nicht typisch Mädchen. Es war nicht so, dass ich das Gefühl hatte: »Oh, ich krieg' jetzt Brüste, dann zieh' ich mich jetzt mal ein bisschen knackig an.« Überhaupt nicht. Es war eben so, und es störte mich nicht.

Ich war in der Zeit auch nicht zickig und hatte nie Stress mit meiner Mutter. Aber meine Eltern waren auch nicht sehr streng. Mit 16 um Mitternacht zu Hause sein, das gab's bei uns nicht. Meine Mutter hat immer gesagt: »Es ist mir egal, wann du nach Hause kommst, solange du nicht allein nach Hause kommst.« Ich sollte nicht früher gehen und dann allein durch die Nacht fahren, sondern lieber warten, bis ich mit jemand anderem zusammen gehen konnte.

Ich bin überhaupt sehr entspannt erzogen worden, hatte zu Nacktheit ein ganz natürliches Verhältnis. Abgeschlossene Badezimmertüren gab es bei uns nicht. Im Bad wurde rein- und rausgegangen, auch wenn jemand unter der Dusche stand. Auf Toilette zu gehen, während einer meiner Brüder gerade Zähne putzte, das war für mich ganz normal.

Körperlichkeit war uns in jeder Hinsicht vertraut. Wenn meine Eltern sich mal wild küssten, hatten wir damit kein Problem. Im Urlaub meinten sie, wir sollten uns nicht wundern, wenn wir mal was hören. Sie bräuchten auch ein bisschen Zweisamkeit.

Ein richtiges Aufklärungsgespräch nach dem Motto: »So, jetzt erzählen wir dir mal, was da abgeht« gab es zu Hause nicht. Das lief eher so nebenbei. Hier und da redete man mal kurz darüber. Meiner Mutter war es vor allem wichtig, mir nahezubringen, dass Sex immer was mit Liebe zu tun hat. So habe ich es ja auch immer empfunden.

Einmal erzählte sie mir, ihre Mutter hätte sie mal gebeten: »Wenn dein erstes Mal bevorsteht, komm bitte zu mir und frage mich, ob du das darfst.« Dass ich sie um Erlaubnis frage, das wollte meine Mutter nun nicht, aber schon, dass ich ihr erzähle, wenn es sich anbahnt. Sie wollte mir einfach signalisieren, dass ich mit ihr offen darüber reden kann. Als es dann so weit war, habe ich es ihr aber nicht erzählt. Das war dann gar nicht mehr nötig.

Das meiste über Sex wusste ich schon sehr früh, denn ich habe mit zwölf angefangen, die *Bravo* meines zwei Jahre älteren Bruders mitzulesen. Die Dr.-Sommer-Geschichten und vor allem die Storys über das erste Mal fand ich besonders spannend. Ich weiß, dass ich selber mal in der achten Klasse eine Geschichte erfunden habe, weil ich wusste, dass es dafür Geld gibt. Ich glaube, sie ist nicht angenommen worden. Jedenfalls bekam ich kein Geld.

Mit elf, da war ich in der sechsten Klasse, habe ich zum ersten Mal einen Jungen aus meiner Klasse geküsst. Drei Jahre später, mit 14, hatte ich meinen ersten Freund. Er war 18 und genau das Gegenteil von dem, was ich mir immer gewünscht habe. Ich stand eher auf die großen, sportlichen, dunkelhaarigen Jungs wie Keanu Reeves. Mein erster Freund war blond und auch sonst genau das Gegenteil, aber er war ein faszinierender Mensch.

Ich hatte mich beim Theaterspielen in ihn verknallt. Er merkte das natürlich und schrieb mir einen Brief, in dem er mir gestand, dass er auf Männer steht. Dass er für mich nicht zu haben war, hat mich ziemlich geschockt. Mit der Zeit fand er mich dann aber doch toll, und wir kamen zusammen. Es hielt aber nur ein halbes Jahr, denn am Ende entschied er für sich, dass Männer doch das Richtige für ihn sind. Mehr als Küssen und ein bisschen Streicheln war auch nicht. Obwohl ich schon Sex mit ihm gewollt hätte. Wer weiß, wenn ich schon ein bisschen erfahrener gewesen wäre und den Anfang gemacht hätte, wäre es vielleicht auch dazu gekommen.

Ich hatte danach erst mal eine ganze Weile mit Liebeskummer zu kämpfen. Mit 16 gab es dann wieder einen Jungen, mit dem ich drei Monate zusammen war. Er war 21, Student. Allerdings war ich in den nicht richtig verliebt. Erst als eine Freundin ihn auf der Bühne gesehen hatte und meinte, das sei ja ein toller Typ, habe ich ihn mir überhaupt erst genauer angeschaut und gedacht: »Och ja, warum eigentlich nicht.« Er hat mich ziemlich umgarnt, und so kamen wir zusammen. Aber wieder blieb es beim Knutschen. Zumindest gab es nicht den Moment für mich, in dem ich gesagt hätte: »Ja, jetzt möchtest du gerne Sex haben mit dem.« Vielleicht hätte sich der Moment ergeben, wenn wir länger zusammen gewesen wären. Nach drei Monaten war aber Schluss.

Ein Jahr später dann, ich war 17, lernte ich beim Theater wieder jemanden kennen. Und wieder war er äußerlich gar nicht mein Typ: ein bisschen pummelig, blond und blauäugig. Aber auch er hat mich tierisch umgarnt. Das ist mir selten passiert, weil ich mich nicht entsprechend gekleidet und auch nicht so kokettiert habe wie andere Mädchen. Er war drei Jahre älter und so hinter mir her, dass ich irgendwann dachte, ach, lass dich drauf ein. Ich fing dann an, die Pille zu nehmen, weil ich wusste, es könnte darauf hinauslaufen. Da bin ich übrigens auch auf meine Mutter zugegangen. Sie wusste ja, dass ich mit ihm zusammen war, war ganz entspannt und meinte: »Das ist doch toll. Freut mich für dich.« Wir sind dann auch zusammen zum Frauenarzt gegangen.

Mein Freund hatte schon sexuelle Erfahrung und hat mich immer mehr gedrängt. Irgendwann hatten wir mal tierisch Knatsch. Da fragte er: »Mensch, was ist denn los mit dir? Warum willst du keinen Sex mit mir?« Ich antwortete ihm: »Ich kann mir das schon vorstellen mit dir, aber ich möchte noch ein bisschen warten.« Nach zwei Monaten war dann Schluss. Und das war ganz gut so. Denn im Nachhinein habe ich erfahren, dass er mich in der Zeit, in der wir zusammen waren, betrogen hat. Er war ein ziemlicher Casanova.

Mit 18 gab es noch mal zwei Urlaubsflirts. Außer ein bisschen Rummachen ist aber auch da nichts weiter passiert. Die Jungs wollten schon und fragten mich auch nach dem Motto: »Wollen wir nicht noch zu mir gehen?« Aber das lehnte ich ab. Mit einem Urlaubsflirt, mit jemandem, den man dann vielleicht nie wieder sieht, das wollte ich nicht. Das war eine Regel, die ich für mich aufgestellt hatte. Selbst, wenn ich Lust drauf gehabt hätte, hätte ich es nicht gemacht.

Ein Jahr später, mit 19, bin ich dann mit meinem Mann zusammengekommen und erlebte mit ihm mein erstes Mal. Das war kurz vorm Abi. Olli kenne ich seit meinem zwölften Lebensjahr. Wir waren gut befreundet, obwohl er deutlich älter war, 13 Jahre. Es war fast so was wie Seelenverwandtschaft. Das hat auch er schon relativ früh gespürt.

Jedenfalls hat er mir mal erzählt, dass er von Anfang an bei sich gedacht hat: »Mensch, warum ist die nur 13 Jahre jünger als ich?« Mit 13 hatte ich also schon so eine Wirkung auf ihn. Dass er damals schon Hintergedanken gehabt hätte, würde ich aber nicht sagen. Das wäre der falsche Ausdruck. Aber er hatte schon Gefühle für mich, die er aufgrund des Altersunterschiedes lange verdrängte.

Ihm konnte ich immer alles erzählen. Wir waren voll auf einer Wellenlänge. Auch über meinen Liebeskummer habe ich mit ihm geredet. Er war da auch ganz offen, hat mir Tipps gegeben, mich aufgebaut. Es war eigentlich die ganzen Jahre hindurch eine richtig gute Freundschaft – bis Ende 1999 plötzlich etwas anders wurde …

Wir haben ein Weihnachtsmärchen zusammen geprobt, »Rumpelstilzchen«. Er war das Rumpelstilzchen, ich spielte die Prinzessin. Zweimal die Woche haben wir uns in dieser Zeit wegen der Proben gesehen. Aber wir haben auch sonst viel zusammen unternommen, sind oft ins Kino gegangen. Irgendwann haben wir uns dann mal bei ihm getroffen, auch ein bisschen Sekt zusammen getrunken und ein bisschen gequatscht. Es war ein schöner, entspannter Abend. Danach hat er mich nach Hause gefahren, und da dachte ich dann plötzlich bei mir: Mensch, so könnte mein Traumtyp sein. Es war aber noch nicht die Erkenntnis da: Er ist mein Traummann. Äußerlich war er das auch eher nicht. Er ist so groß wie ich, 1,75 Meter, mit ein bisschen zu viel auf den Rippen. Aber vom Typ her, genau so sollte er sein. Sehr offen, sehr warmherzig. Einer, mit dem ich richtig intensiv und stundenlang reden konnte.

Wenn ich da an meine beiden Freunde mit 16 und 17 denke. Mit denen hatte ich richtige Kommunikationsprobleme. Ich war froh, wenn wir uns ein Video ausgeliehen hatten und nicht viel quatschen mussten. Es war manchmal wirklich so, dass ich überhaupt nicht wusste, worüber ich mich mit diesen Typen unterhalten sollte. Das war bei Olli völlig anders. Mit ihm konnte ich stundenlang über alles Mögliche, über Gott und die Welt reden. Das habe ich so noch nicht mal mit einer Freundin erlebt. Und das hat mich richtig fasziniert.

Ich weiß noch, er hat mich dann Ende Oktober zu seinem Geburtstag eingeladen und meinte zu mir: »Ich würde dich gerne einem Freund von mir vorstellen, mit dem möchte ich dich verkuppeln. Er ist ein bisschen älter als du, das würde passen.« Da freute ich mich und dachte: »Toll, wenn das ein Freund von Olli ist, und er denkt, dass er zu mir passen würde, dann ist es bestimmt der Richtige.« Ich war also Feuer und Flamme und fest davon überzeugt: »Jetzt lernst du bestimmt deinen Traummann kennen.« Tja ...

Ich kam dann fast zeitlich mit dem potenziellen Freund für mich auf die Party – und war ziemlich enttäuscht. Er war ein trutschiger Typ, der ein bisschen tollpatschig aussah. Er hat mich überhaupt nicht angesprochen. Im Laufe des Abends habe ich dann auch immer mehr festgestellt, dass das überhaupt nicht passt mit uns. Trotzdem war das dann schon der entscheidende Abend für mich. In anderer Hinsicht ...

Damals trank ich gern süßen Sekt. Olli wusste das und hatte extra eine Flasche für mich gekauft. Ich glaube, die habe ich dann auch getrunken. Wir haben an dem Abend ganz viele Gespräche geführt, vor allem in der Küche. Darüber, wie toll wir uns verstehen. Dass wir die gleiche Wellenlänge haben. Und wir haben ganz viel rumgekuschelt, uns umarmt. Wir fühlten uns an dem Abend besonders verbunden.

Ich weiß noch, dass er irgendwann, obwohl noch Gäste da waren, ins Bett gegangen ist. Er hatte ziemlich viel getrunken. Als ich dann alleine im Wohnzimmer saß, gab es Momente, da dachte ich: »Mensch, du könntest doch jetzt auch zu ihm gehen und ein bisschen kuscheln.« Hab' ich aber nicht gemacht, sondern fuhr später alleine mit dem Fahrrad nach Hause.

Allerdings mit einem komischen Kribbeln im Bauch. Ich dachte bei mir: »Boah, was geht hier ab ...? Das ist Olli, und Olli ist doch dein Freund. Den kennst du schon lange. Und er ist viel zu alt ...« Aber es war nun mal so: Ich hatte mich an dem Abend in ihn verliebt. Tausendmal berührt, und es hat »Zoom« gemacht. So war das bei uns wirklich.

Ich habe dann mit einer Freundin darüber gesprochen, weil ich so unsicher war. Er war ja so viel älter. Sie meinte aber, das sei doch kein Problem, beruhigte und ermunterte mich. »Wenn du dich doch in ihn verliebt hast ...«

Bei den nächsten Proben merkte ich dann auch, dass sich irgendetwas verändert hatte. Für ihn aber auch. Ich habe mich immer besonders gefreut, ihn zu sehen und war gerne in seiner Nähe. Und wir redeten noch mehr als früher. Dann kam die Aufführungszeit, die immer sehr turbulent ist. Da haben wir ganze Tage miteinander verbracht. Natürlich nicht allein, da war immer viel Action um uns herum.

Nach der Premiere am 27. November haben wir alle noch zusammen gefeiert. Da haben Olli und ich uns wieder ganz toll verstanden und uns lange unterhalten. Danach hat er mich gefragt: »Möchtest du nicht noch mit zu mir kommen?« Da hatte er aber keine Hintergedanken, sondern wollte einfach noch ein bisschen Zeit mit mir verbringen. Es war nun aber so, dass ich meinem kleinen Bruder versprochen hatte, bei ihm im Zimmer zu schlafen in der Nacht. Er fand das immer ganz toll, wenn die große Schwester bei ihm übernachtet hat. Also sagte ich Olli: »Tut mir leid, ich hab' das meinem Bruder versprochen.« Das verstand er. Das war am Samstag.

Zwei Tage später, am Montagabend, stand er bei uns zu Hause vor der Tür. Er hatte irgendeinen fadenscheinigen Grund angegeben, warum er da war und fragte meine Mutter: »Ist denn Marnie da, kann ich vielleicht mal mit ihr reden?« Sie führte ihn in die Küche, wo wir alle beim Abendbrot saßen. Er bat dann, alleine mit mir sprechen zu können. Daraufhin verschwanden alle aus der Küche, und er fing an ... Er fände mich so toll. Ich sei wie ein Fels in der Brandung. Ich würde ihn umhauen. Er sei eigentlich gar nicht bereit, sich neu zu verlieben und ganz verunsichert. Aber es sei nun mal so.

Meine Mutter hat mir nachher erzählt, sie hätte schon auf der Premierenfeier gemerkt, dass sich da was bei uns anbahnte und ihn irgendwann beiseite genommen und gefragt: »Sag mal, was geht denn hier ab? Ihr kennt euch doch schon so lange. Vergiss das Alter und schnapp sie dir!« Sie hat ihm quasi noch einen Tritt in den Hintern gegeben.

Ich konnte auf seine Liebeserklärung in dem Moment aber gar nicht reagieren und hab' angefangen zu weinen. Ich habe ihm dann gesagt, dass ich ihn auch ganz toll finde. Aber passiert ist da weiter noch nichts, wir haben uns nicht geküsst, nicht umarmt, gar nichts. Er war unsicher, ich war verwirrt und völlig überfordert mit der Situation. Wir haben uns dann fürs Wochenende verabredet, und er ging.

Dienstag hielt ich es dann aber schon nicht mehr aus und sagte mir, jetzt musst du mal die Initiative ergreifen. Ich bin also zu ihm gefahren und habe gefragt, ob wir uns nicht zusammen einen Film anschauen wollen. Das taten wir dann auch: »Herr der Gezeiten«. Wir saßen zusammen auf der Couch. Ich war aufgeregt und gespannt, ob er wohl den ersten Schritt machen würde. Aber es kam nichts, weil er zu gehemmt war. Deshalb habe ich ihn beim Abspann dann einfach geküsst. Ab da waren wir zusammen. Da war dann alles klar. Nicht so, wie es häufig ist, man knutscht ein bisschen rum und weiß nicht, ob man nun zusammen ist. Bei uns war das anders. Es war befreiend.

Ich hatte mir zwar immer vorgenommen, vor dem ersten Mal ein, zwei Monate vergehen zu lassen. Bei ihm war es dann aber doch schon nach zwei Wochen. Wir kannten uns ja auch schon lange, das Vertrauen war einfach da. Fast vom ersten Abend an habe ich bei ihm übernachtet.

An dem entscheidenden Abend hatten wir beide was getrunken. Er wusste, dass ich nie mit einem Mann geschlafen hatte. Ich hatte ihm ja schon viel erzählt. Wir haben erst mal ein bisschen rumgekuschelt, ich war ganz locker drauf, dann meinte er: »Du kannst froh sein, dass ich keine Kondome mithabe, sonst würde ich jetzt über dich herfallen.« Darauf sagte ich: »Du, ich nehm' die Pille.«

Nachdem ich dieses Zeichen gegeben hatte und klar war, wir könnten jetzt, bekam ich dann doch ein bisschen Angst. Ich glaube, das liegt einfach daran, dass ich schon so alt war. Je länger man sich mit dem ersten Mal Zeit lässt, umso mehr denkt man darüber nach. Ich war daher extrem verkrampft, und deshalb war es dann auch nicht so dolle. Wir haben uns aber auch nicht viel Zeit gelassen. Kein großes Vorspiel, es ging gleich zur Sache. Ich glaube, er war ziemlich nervös, deshalb ging es eben auch ein bisschen schneller.

Über Aids habe ich mir übrigens keine Gedanken gemacht. Ein paar Wochen später haben wir dann darüber geredet. Da erzählte er, dass er schon mehrere Aids-Tests gemacht hatte.

Wir sind danach zusammen eingeschlafen und haben am nächsten Morgen darüber geredet. Für mich war das erste Mal gar nicht so die große Zäsur, ich habe das nicht so stark bewertet. Olli wollte natürlich schon wissen, wie es für mich war. Er hatte ja gemerkt, dass ich ein bisschen verkrampft war. Ich sagte ihm dann auch, dass ich's nicht so schön fand. Und da meinte er: »Lass es uns noch mal probieren.« Dann hatten wir noch mal Sex, und dann war es auch anders, schöner.

Im Nachhinein muss ich sagen, dass das erste Mal schon die negativste sexuelle Erfahrung war, die ich hatte. Aber die Sexualität hat sich von da an langsam weiterentwickelt. Anfangs war ich total passiv. Ich wusste natürlich schon, was es für Möglichkeiten gibt.

Aber bis man erst mal dahin kommt, das selbst auszuprobieren, dauert es natürlich. Je mehr Erfahrung man dann hat, desto mehr mehr will man auch herumexperimentieren. Die ersten Wochen war der Sex daher nicht besonders spektakulär. Erst nach zwei bis drei Monaten waren wir sexuell aufeinander eingespielt, und ich konnte es richtig genießen.

Wir haben von Anfang an immer sehr offen darüber geredet. Jeder hat den anderen gefragt, was er gerne möchte. Olli wusste ja nun auch, dass er mich ein bisschen an die Hand nehmen musste. Für ihn war es neu, eine Frau zu haben, die überhaupt noch keine Erfahrung hatte. Im Grunde genommen hat Sexualität für mich keinen so hohen Stellenwert, für ihn glaube ich auch nicht. Andere Dinge sind wichtiger: unsere Vertrautheit, das Gefühl, zusammenzugehören. Es ist immer sehr schön, wenn wir Sex haben. Aber wenn wir mal eine Woche keinen haben, ist das dann auch o.k. Ich bin einfach nicht der sinnliche Typ. Ich bin keine Frau, die ständig heiß ist. Leidenschaftlich bin ich, sicher, aber nicht so, dass ich auf Krampf alles ausprobieren müsste. Sexspielzeuge, verrückte Orte, Kamasutra rauf und runter – das brauche ich nicht. Sex ist schön, ja, aber für mich nicht lebensnotwendig. So ist er eigentlich auch. Von daher passt es.

Ich muss sagen, ich habe es nie bereut, dass ich nicht mehr ausprobiert habe. Ich vermisse nichts. Es ist eher so, dass Olli mal sagt, er würde sich wünschen, dass ich mehr Erfahrung hätte. Weil er sich vielleicht denkt, na, irgendwann wird der Zeitpunkt kommen, da empfindet sie das so und läuft mir vielleicht weg.

Aber da kann ich ihn beruhigen. Sex hat für mich einfach nicht die Bedeutung, den er für manch andere hat. Ich hatte ja nun auch schon einige Gelegenheiten vor Olli, wo es hätte passieren können. Das erste Mal musste nicht besonders sein, aber es musste mit einem besonderen Menschen sein. Sex ist für mich nun mal kein Selbstzweck, es ist immer verbunden mit Gefühlen, gehört in eine Beziehung.

Vielleicht wäre es anders gewesen, wenn ich schon mit 14 mit jemandem geschlafen hätte. Dann hätte ich vielleicht eine andere Einstellung. Hätte auch mal gesagt, ach, das erste Mal ist jetzt abgehakt, jetzt kann ich meinen Spaß haben. Aber ich bin eben einfach nicht so heiß darauf.

Wenn Freundinnen von ihren sexuellen Erfahrungen erzählt haben, konnte ich zwar nicht mitreden, aber das hat mich auch nie unter Druck gesetzt.

Mein erstes Mal war unspektakulär, aber ich bereue es nicht. So wie es bei mir war, war es genau richtig. Was aber nicht heißt, dass ich einem Mädchen raten würde: Such dir einen Mann fürs Leben aus, bevor du Sex hast. Ich würde es so sagen, wie es meine Eltern mir vermittelt haben: Es sollte jemand sein, der dir sehr wichtig ist. Und du solltest dir ganz sicher sein, ob du es möchtest.

Was finden nur alle daran?

Yvonne, 26, Trainee im Vertrieb
Erstes Mal 1997 mit 16 Jahren

Ich habe zwei Männer geliebt, aber mit einigen mehr geschlafen. Ich bin froh, dass ich mich ein bisschen ausgetobt habe. Das brauchte ich auch. Sexualität ist wichtig für mich. Ich genieße es, habe überhaupt keine Probleme, mich fallen zu lassen. Inzwischen habe ich in der Hinsicht auch einige Ansprüche.

Natürlich ist es in einer Beziehung nicht das Wichtigste. Viel wichtiger ist, dass man sich liebt und sich was zu sagen hat. Allerdings kann ich für mich ganz klar sagen: Wenn es sexuell nicht stimmt, kann auch die Beziehung auf Dauer bei aller Liebe nicht funktionieren. Ich bin mit meiner zweieinhalb Jahre älteren Schwester bei sehr entspannten Eltern aufgewachsen. Sie waren ganz locker drauf und kein bisschen verklemmt. Uns wurde von klein auf vermittelt, dass Nacktheit was ganz Normales ist. Wir sahen unsere Eltern auch mal duschen oder baden. Abgeschlossene Badtüren gab es nicht.

Meine Mutter hat uns schon sehr früh an das Thema Sexualität herangeführt. Sie kaufte uns ein kleines Aufklärungsbuch mit vielen Bildern, ganz goldig gemacht. »Wo komm' ich eigentlich her?« heißt es. Das haben wir heute noch. Dort wird kindgerecht erklärt, wie ein Baby entsteht, was im Körper passiert und wie das Kind im Bauch der Mutter wächst. Über die Zeichnungen haben sich meine Schwester und ich kaputtgelacht.

Ab der 5. Klasse hatten wir Sexualkunde-Unterricht. Ich kann mich erinnern, dass eine Lehrerin mal mit einem Koffer in die

Stunde kam, aus dem sie unter anderem einen Holzpenis und Kondome herausholte. Als sie uns vorführte, wie man ein Kondom aufzieht, mussten wir alle lachen. Das fanden wir natürlich superwitzig. Wir erfuhren in dem Alter auch schon, was es sonst noch an Verhütungsmethoden gibt: Spirale, Diaphragma, die Pille natürlich. Das stand alles in unserem Bio-Buch.

Ich fand das zwar sehr spannend, habe mir damals aber noch nicht wirklich Gedanken darüber gemacht. Das fing erst zwei Jahre später an, als ich in die Pubertät kam und mich für Jungs interessierte, mit zwölf. Ich hätte zwar jederzeit zu meiner Mutter gehen können, wenn ich Fragen hatte, habe es aber gar nicht gemacht. Ich hatte ja meine ältere Schwester, die mit allem vor mir dran war und mir auch immer so einiges erzählte.

Manchmal war ich allerdings schwer geschockt. Als sie mir ausführlich erklärte, was man beim Petting so alles miteinander anstellt, dachte ich bei mir: »Was, so was macht man zusammen? Das würd' ich ja nie im Leben tun!« Im Endeffekt hab' ich natürlich alles gemacht.

Die *Bravo* hab' ich rauf und runter gelesen, da fand ich alles spannend. Unter einer Rubrik, ich glaube »Liebe, Sex und Zärtlichkeit«, waren ziemlich komische Sachen zu lesen. An eine erinnere ich mich noch: Ein Mädchen hatte zwei Monate ihren Tampon dringelassen, sie hatte ihn einfach vergessen und wusste jetzt nicht mehr, wie sie ihn wieder rausbekommen sollte. Schon verrückt.

Besonders interessant fand ich eine Artikel-Serie über das erste Mal. Auf einer halben Seite hat jede Woche ein anderes Mädchen ihre Geschichte erzählt, oft ging es um eine Urlaubsbekanntschaft. Das hörte sich alles schon toll an, muss ich sagen. Der Geschlechtsakt an sich wurde aber auch nie beschrieben. Vielleicht habe ich es mir deshalb immer romantisch, schön und aufregend vorgestellt. So richtig Angst hatte ich jedenfalls nie davor.

Mit 13 bekam ich meinen ersten Zungenkuss. In den Jungen war ich auch verliebt. Schwer verliebt. Carl und ich gingen in die gleiche Schule, er war ein Jahr über mir. Ich fand ihn ganz toll, hübsch, nett, und er hatte so schöne Zähne. Viele fanden den damals toll. Als ich ihn bekam, waren einige Mädels sehr neidisch und zeigten das auch. Eine Freundin, Sabrina, konnte mich deswegen eine ganze Weile nicht leiden. Da lachen wir heute noch drüber. Vorher hatte ich zwar auch schon mal den einen oder anderen Jungen geküsst, das war aber nur auf die Wange oder leicht auf die Lippen. Nur einmal ging's weiter, beim Flaschendrehen. Es fing immer ganz harmlos an: erst auf die Hand, dann auf die Wange, dann zehn Sekunden auf den Mund, dann zwanzig, dreißig ... Roland und ich haben es bis dreißig durchgezogen. Bis zum Zungenkuss ging's nicht. Das wollten wir beide nicht.

Mit Carl habe ich ihn dann ausprobiert, und ich muss sagen: Ich fand's schrecklich. Er konnte es leider überhaupt nicht. Es war nass, schlabberig, einfach nur eklig. Ich glaube, mein ganzes Gesicht war dabei in Anspruch genommen.

Wir gingen zusammen ins Kino, oder ich war nachmittags mal bei ihm zu Hause. Übernachten durfte ich dort allerdings nicht. So entspannt waren meine Eltern dann doch nicht. Wir sind auch händchenhaltend durch die Gegend gelaufen, allerdings nie in der Schule. Da hat er mich nicht gekannt, und das hat mich manchmal zum Verzweifeln gebracht.

Wir haben viel geknutscht, weiter ging es aber nicht. Obwohl er schon gerne gewollt hätte. »Das musst du sowieso irgendwann machen«, sagte er immer zu mir. Ich hatte aber keine Lust, so weit war ich noch nicht. Nach ein paar Monaten war Schluss.

Mit 14 lernte ich noch mal einen Jungen im Jugendraum unseres Dorfes kennen. Der war viel älter, fuhr schon Auto. Mit dem bin ich auch ab und zu ins Kino gegangen. Das war aber nicht der Rede wert. Außer Küssen war mit dem auch nichts.

Der dritte Junge war dann der Richtige – jedenfalls fürs erste Mal. Ich lernte ihn im Juni 1997 mit knapp 16 kennen, vier Monate später haben wir miteinander geschlafen.

Es war auf einer Geburtstagparty eines Klassenkameraden. Sie fing mit Kaffee und Kuchen an, nachmittags spielten wir Volleyball, später wurde gegrillt. Wer wollte, konnte bei ihm übernachten. Es waren auch einige eingeladen, die nicht auf unserer Schule waren. Die fielen natürlich sofort auf, weil man sie ja nicht kannte. Chris gefiel mir auf Anhieb. Er trug die Haare etwas länger, mit Mittelscheitel, und war sehr stylish angezogen. Mit weiten, tiefsitzenden Hosen, aus denen die Unterhosen rausschauten. Dieser HipHop-Style war gerade sehr angesagt. Wir hatten tagsüber zunächst nur flüchtigen Blickkontakt, abends kamen wir uns dann näher.

Es stand wieder mal eins dieser berühmt-berüchtigten Partyspiele auf dem Programm. Flaschendrehen war's nicht, es ging um eine Wette. Wir waren dran mit Küssen, aber nicht nur so auf die Lippen, sondern richtig mit Zunge. Und er konnte es. Es war kein Schlabberkuss. Er hatte es raus. Ich würde zwar nicht sagen, dass es da schon geprickelt hat, das nicht, aber irgendwie war's danach schon komisch mit uns. Es lag etwas in der Luft …

Später haben wir zusammen Arm in Arm auf der Couch geschlafen. Das ergab sich so. Mehr war aber nicht.

Am anderen Morgen fuhr er mit seinen Freunden – sie hatten alle schon Mofas – zurück ins Nachbardorf, wo sie wohnten. Am Nachmittag kam er aber wieder und hielt an meinem Haus. Ich freute mich, ihn zu sehen und ging auch sofort zu ihm. Und wie er mich dann begrüßte! Er sagte nicht einfach: »Hallo, wie geht's?« Er hat mich gleich mit einem richtigen Kuss begrüßt, und damit war's auch klar. Jetzt waren wir zusammen.

Ich hatte Schmetterlinge im Bauch und verliebte mich in den nächsten Wochen auch richtig in ihn – geliebt habe ich ihn aber nicht. Aus heutiger Sicht war das mit ihm irgendwie »nice to have«, aber bei weitem nicht so intensiv wie das, was ich später erlebt habe. Er war ja auch noch ein halber Junge. Inzwischen weiß ich, dass ich gestandene, starke Männer als Partner brauche, die mir Kontra geben und mich in jeder Hinsicht fordern.

Ich war oft mit ihm und seinen Leuten zusammen, mit denen ich mich sehr gut verstand. Da ich kein Mofa hatte, hat mich meine Mama immer zu ihm ins Nachbardorf gefahren. Sie fand es toll, dass ich einen Freund hatte und mochte ihn auch. Er war der erste Junge, bei dem ich übernachten durfte. Ich war ja nun 16, da war es von meinen Eltern aus auch o.k.

Er hatte sein eigenes Zimmer. Da hatten wir unsere Ruhe, konnten ungestört reden und knutschen und gegenseitig unsere Körper entdecken. Es baute sich ganz allmählich auf mit uns in den nächsten Monaten. Nach dem Knutschen kam Petting, dann zogen wir uns gegenseitig immer ein bisschen mehr aus. Erst obenrum, dann auch untenrum. Im Vergleich zu heute war das alles natürlich sehr viel unlockerer. Es war ja nicht nur für mich, sondern auch für ihn Neuland. Auch er hatte das erste Mal noch vor sich.

Dass wir es zusammen haben wollten, war irgendwie schnell klar. Wir redeten immer öfter darüber. Das war sehr ungezwungen und locker mit ihm. Es ging darum, wie es genau ablaufen sollte. Dass wir es romantisch wollten. Wir haben auch über Verhütung geredet und über Aids.

Das Thema war im Bio-Unterricht ausführlich behandelt worden und hat bei mir auch Wirkung gezeigt. Wir besorgten uns Kondome, da wir beide aber bis dahin weder Sex noch je eine Bluttransfusion hatten, gingen wir davon aus, dass wir den Virus nicht haben konnten und verhüteten mit der Pille. Meinen zweiten und dritten Freund habe ich allerdings um einen Aids-Test gebeten. Der vierte ging wie ich Blut spenden. Da konnte ich beruhigt sein, denn dabei wird man ja routinemäßig auf Krankheiten getestet.

Wir beide arbeiteten innerhalb der nächsten vier Monate langsam, aber sicher auf den Tag hin. An einem Wochenende im Oktober war es so weit. Wir waren bei ihm, in seinem Bett. Das Licht war gedimmt, einige Kerzen brannten. Ein romantischer Rahmen, wie geplant. Natürlich war ich aufgeregt. Ich hatte mittlerweile auch die eine oder andere Horrorstory gehört und deshalb ein bisschen Angst davor.

Es war aber völlig unproblematisch, hat weder wehgetan noch geblutet. Er war ja auch sehr vorsichtig, fragte mich zwischendurch immer wieder besorgt: »Tut's weh?« und »Soll ich aufhören?« Ich beruhigte ihn dann: »Nein, du musst nicht aufhören. Alles o.k.«

Abschalten konnten wir beide die ganze Zeit über nicht. Wir waren hochkonzentriert bei der Sache. Von wegen in anderen Sphären schweben, wie ich das schon über Sex gehört hatte.

Ich war hinterher dann auch ein bisschen enttäuscht und fragte mich: »Mein Gott, was finden die bloß alle daran? So toll ist es ja nun auch wieder nicht.« Es war kein »Wow!«-, sondern ein »Na ja«-Erlebnis. »Gut, jetzt hast du's hinter dir«, sagte ich mir danach. Er hatte immerhin einen Orgasmus. Wie er es sonst erlebt hat, weiß ich nicht. Soviel wir vorher geredet haben, sowenig war's hinterher.

Aber es konnte ja nur besser werden. Und das wurde es auch, wenn auch nicht so, wie ich mir das gewünscht hätte. Entspannter und unverkrampfter ja, aber nie berauschend. Ich fand das Drumherum immer schöner mit ihm. Knutschen und Petting, das hat mir mehr gegeben, als mit ihm zu schlafen. Vielleicht war ich damals ja auch noch gar nicht bereit dafür.

Das Gefühl stimmte aber auch nicht. »Ich bin eins mit ihm, ich lieb' ihn über alles, er ist der Eine« – dieses innige Gefühl hatte ich bei ihm nicht. Einen Orgasmus übrigens auch nicht. Aber wir waren ja auch beide noch viel zu unerfahren. Die Sphären kamen später.

Nach etwas über einem Jahr war es von meiner Seite zu Ende mit uns. Ich habe es ihm am Telefon gesagt, das war natürlich gemein. Er hatte mir eine Rose geschenkt, die ich aber bei ihm vergessen hatte, vielleicht ja auch absichtlich. Als er ein paar Tage später anrief, um mich daran zu erinnern, habe ich Schluss gemacht. Ich glaube, für ihn war das richtig schlimm. Er war noch sehr verliebt in mich.

Wir liefen uns später immer mal wieder über den Weg. Er wohnte ja nur ein paar Kilometer weiter, da sah man sich öfter in der Disco. Drei Jahre später habe ich auch noch mal kurz mit ihm geredet. Ich traf ihn zufällig bei der Firma, bei der ich nach dem Abi eine Ausbildung zur Fremdsprachenkorrespondentin machte. Er kam als Techniker vorbei, stand plötzlich im Büro. Das war schon komisch. Er wusste nicht so recht, was er sagen sollte. Schließlich bin ich auf ihn zugegangen, fragte ihn, wie's ihm so ginge. Smalltalk eben.

Im Vergleich zu mir war er ein sehr zurückhaltender und schüchterner Mensch, vor allem bei Menschen, die er nicht kannte. Für mich ist das irgendwie Schwäche. Das macht mich überhaupt nicht an.

Einen Monat später, ich war inzwischen 17, lernte ich in der Disco einen sechs Jahre älteren Typen kennen. Ich war an dem Abend mit meiner Freundin und dem Freund meiner Schwester, die zu der Zeit in Amerika war, unterwegs. Ich fand Helge gleich ganz toll, optisch und überhaupt. Er war gut angezogen, ein smarter Kerl, selbstsicher, einer, der viel erzählen konnte. Von Beruf Vertriebler, da muss man ja auch auf Menschen zugehen können. Kurz: ein Mann, der im Leben steht und damit das komplette Gegenteil zu meinem vorherigen Freund.

Auch er mochte mich auf Anhieb und setzte alles daran, mich näher kennenzulernen. Mein Papa war allerdings erst ein bisschen dagegen. Er fand ihn schon zu alt. Der will dich doch sowieso nur für das Eine, ließ er manchmal durchblicken und meinte, er wüsste ja, wie Männer sind, er sei ja selbst mal so einer gewesen, hätte auch nichts anbrennen lassen.

Wir kamen aber trotzdem zusammen und küssten uns schon ein paar Tage später im Kino zum ersten Mal. Ich fand alles an ihm toll. Vor allem imponierte mir, dass er schon sein eigenes Leben lebte, seine eigene Wohnung hatte.

Übernachten durfte ich bei ihm zwar anfangs nicht, da waren meine Eltern erst mal wieder strenger. Nach zwei, drei Wochen hab' ich's aber durchgesetzt, und dann schliefen wir auch schon zum ersten Mal miteinander. Wenn man sein erstes Mal hinter sich hat, lässt man sich keine drei, vier Monate mehr Zeit. Ich zumindest nicht.

Mit ihm war es ganz anders, schöner und intensiver. Er wusste genau, was er zu machen hatte, und ich habe ihn ja auch wie verrückt angehimmelt, war viel verliebter als bei meinem ersten Freund. Er verwöhnte mich nach allen Regeln der Kunst, brachte mir zum Beispiel immer Frühstück ans Bett. Er wusste genau, wie man eine Frau um den Finger wickelt.

Dann hatte er auch so ein tolles Auto, mit dem er mich abholte, einen Ford Puma, ein Sportcoupé. Gott, war ich materialistisch damals. Aber ich war ja gerade mal 17, wohnte zu Hause, war noch abhängig von meinen Eltern. Da lässt man sich von solchen äußeren Dingen viel mehr beeindrucken.

Was den Sex mit ihm angeht: Es war spannend und interessant, er gab die Richtung vor, nahm mich an der Hand. Er hatte ja auch tausendmal mehr Erfahrung als ich. Allerdings war dadurch aber auch keine Gleichberechtigung da. Dass es mit ihm nach zwei Monaten auseinanderging, lag vor allem an ihm. Für ihn war's nicht die große Liebe. Den letzten Kuss gab er mir auf dem Frankfurter Flughafen. Meine Eltern und ich wollten meine Schwester in Amerika besuchen. Er fuhr uns zum Flieger, sagte zum Abschied noch: »Bringt mir die Yvonne aber heil wieder!« War wohl nur so dahingesagt. Als ich nach drei Wochen wiederkam, wollte er jedenfalls nichts mehr von mir wissen. Er hatte eine andere kennengelernt, da brach für mich eine Welt zusammen.

Kurz danach begann meine Sturm-und-Drang-Zeit. Ich war mit meinen Freundinnen viel unterwegs, in Clubs, auf Partys. Flirtete viel, knutschte mal mit dem einen, mal mit dem anderen rum und hatte viel Spaß. Ein halbes Jahr später, im Juni 1999, ging's mit meinen Mädels für zwei Wochen nach Lloret de Mar, wo ich einen richtig süßen Typen kennenlernte, mit dem ich während der ganzen Zeit zusammen war. Meine erste Urlaubsromanze.

Wir haben heftig geflirtet, geknutscht und gefummelt. Miteinander geschlafen haben wir aber nicht, weil es irgendwie mit dem Kondom nicht funktionierte.

Danach haben wir auch noch eine Weile telefoniert. Das hörte aber auf, als ich einen Tag vor meinem 18. Geburtstag, am 26. Juli, meine erste richtig große Liebe kennenlernte.

Ich jobbte zu der Zeit als Kellnerin in einer Eisdiele. Er war mit seinem Freund da und ist mir sofort aufgefallen. Groß, sehr gut gebaut, dunkle Haare, braune Augen. Als die beiden gehen wollten, kam ich an ihren Tisch und fragte, ob sie für umsonst noch einen Sekt haben möchten. Allerdings unter einer Bedingung: Sie müssten bis zwölf bleiben. Sie schmunzelten und meinten: »Ja, klar.« Später stießen wir zusammen auf meinen Geburtstag an.

Sie mochten mich beide. Kaum hatte sein Freund seine Telefonnummer auf einen Zettel geschrieben, nahm er ihn weg, strich sie durch und schrieb seine drauf. Er hieß Stefan und war zwei Jahre älter als ich. »Melde dich doch mal. Ich würde mich freuen«, meinte er und drückte mir eine Einladung zu seinem Geburtstag in die Hand.

Ein paar Tage später besuchte ich ihn. Er wohnte zwar noch bei seinen Eltern, hatte aber zwei, drei Zimmer für sich. Wir haben die ganze Nacht durchgequatscht, auch ein bisschen geknutscht zwischendurch, klar, aber sonst wirklich nur geredet. Über uns, über Gott und die Welt, über alles. Eine Woche später haben wir miteinander geschlafen.

Mit ihm war der Sex ein Traum, so wie ich es mir immer vorgestellt habe. Wahrscheinlich, weil ich ihn wirklich geliebt habe und das Gefühl auf Gegenseitigkeit beruhte. Beim Ersten war es von meiner Seite Verliebtsein, aber eben nicht viel mehr. Beim Zweiten war's umgekehrt. Mit Stefan war ich auf Augenhöhe, wir verstanden uns super, in jeder Hinsicht. Wenn wir Sex hatten, war es immer sehr innig. Wenn ich ihn anschaute, ihm in die Augen schaute, hatte ich das Gefühl, eins zu sein mit ihm. Es war intensiv, schön, ja, sphärisch.

Ich übernachtete ständig bei ihm, ging morgens von ihm aus zur Schule, sah ihn quasi Tag und Nacht. Nach einem halben Jahr meinte er, er würde gerne wieder mehr Zeit mit seinen Freunden verbringen. Heute verstehe ich das, aber damals war's hart für mich. Ich war zarte 18, unglaublich verliebt, wollte keine Sekunde ohne ihn sein und habe total geklammert.

Seitdem stimmte es nicht mehr zwischen uns. Ich hatte plötzlich nicht mehr seine volle Aufmerksamkeit, konnte damit nicht umgehen, und deshalb stritten wir uns immer öfter.

Nach dem Rosenmontagszug in Mainz, im Februar 2000, kam es zum Eklat.

Ich hatte ein ganz komisches Gefühl an dem Tag, versuchte ihn auf dem Handy zu erreichen, aber kam nicht durch. Deshalb fuhr ich nachher zu ihm und sagte, dass ich Schluss machen wolle. Er fiel aus allen Wolken, und es ging erst mal hin und her. Ich: »Du liebst mich nicht mehr.« Er: »Das stimmt doch gar nicht.« Ich: »Wieso willst du mich nicht mehr sehen?« Er: »Ich will auch mal meine Freunde sehen.« Er weinte, ich weinte. Großes Drama. Bei uns Löwen sind ja immer viele Emotionen im Spiel. Wir trennten uns an dem Abend, kamen später aber erneut zusammen. Es wurde allerdings nie wieder wie vorher.

Ein halbes Jahr später kam raus, dass er an diesem Rosenmontag etwas mit einer anderen hatte. Ein Mädel, mit dem ich inzwischen befreundet war, erzählte, er sei mit der händchenhaltend und knutschend durch Mainz gelaufen. Mein komisches Gefühl an dem Tag hatte mich also nicht getrogen. Danach ging es noch ein bisschen hin und her, weil wir uns beide nicht richtig trennen konnten. Ende August war endgültig Schluss.

Mit dem Rosenmontagsmädchen ist er heute verheiratet, sie haben sogar schon ein Kind.

Es hat lange gedauert, bis ich über ihn hinweg war, bestimmt drei Jahre. Er war ja meine erste große Liebe, die Anfangszeit mit ihm war der Himmel. Meine zweite große Liebe lernte ich mit 24 während meines BWL-Studiums kennen. Ein netter, toller Typ, der schlau war, der mir was zu erzählen hatte. Einer zum Anlehnen. Es passte in vieler Hinsicht zwischen uns, auch sexuell. Nach einem Jahr war aber Schluss. Anfangs habe ich mehr zu ihm aufgeschaut, am Ende war's umgekehrt. Das hat ihn für mich uninteressant gemacht.

Danach hatte ich noch die eine oder andere Romanze, inzwischen bin ich wieder Single. Gerade hat für mich eine neue Lebensphase begonnen. Ich habe mein Studium beendet und den ersten Arbeitsvertrag in der Tasche. Wäre nicht schlecht, wenn der nächste Mann, den ich treffe, der Mann fürs Leben wäre. Ausgetobt hab' ich mich ja.

Kein Aprilscherz

Sandra, 21, Speditionskauffrau
Erstes Mal 2000 mit 13 Jahren
Enkelin von Ursula

Ich liebe Sex, weil man sich da richtig nahe sein kann. Sex mit meinem Freund ist für mich das Nonplusultra. Manchmal habe ich Angst, dass es in dreißig Jahren nicht mehr so schön und intensiv ist, sondern so, wie es in Comedy-Serien dargestellt wird: »Hey, es ist Weihnachten, endlich darf ich wieder ran!« Sex ist zwar nicht der Hauptbestandteil einer Beziehung, aber für mich definitiv ein wichtiger. Alex und ich schlafen im Schnitt zweimal die Woche miteinander. Er ist der Erste, mit dem ich richtig Spaß habe. Bis ich dahin kam, war es allerdings ein langer Weg.

Ich bin in Gera, in Thüringen, geboren. Als ich drei war, haben sich meine Eltern scheiden lassen. Mein leiblicher Vater ist für mich nicht mehr als ein Samenspender. Er hat nach der Trennung so gut wie nie angerufen, weder zu Weihnachten noch zu meinem Geburtstag.

Zu meiner Mutter hatte ich nie das klassische Mutter-Tochter-Verhältnis. Das lag zum einen daran, dass sie beruflich viel unterwegs war und ich eher von meiner Oma, die mit bei uns im Haus wohnte, großgezogen wurde. Zum anderen hatte sie aber auch Probleme mit der Mutterrolle. Sie ist noch relativ jung, gerade zwanzig Jahre älter als ich. »Ich will lieber deine Freundin sein«, hat sie immer zu mir gesagt. Genau das wollte ich aber nicht. Ich habe mir immer eine Glucke gewünscht – so wie meine Oma zu mir war.

Nie wäre ich auf die Idee gekommen, mit irgendwelchen Pubertätsfragen zu meiner Mutter zu gehen. Von ihrer Seite kam aber auch nichts. Aufklärung – Fehlanzeige! Wenn man mal von dem Kinderbuch absieht, das ich als kleines Mädchen bekommen hatte. Da war in kindgerechten Zeichnungen und Texten erklärt, wie Babys entstehen. Man sah die Eltern abends ins Bett gehen, morgens wieder zusammen aufstehen und, bums, hatten sie einen Braten in der Röhre. Man sah jedenfalls, dass etwas in ihrem Bauch entstanden war. Auf jedem weiteren Bild wurde er dann größer und größer.

Als ich in die Pubertät kam, war mir alles, was meine Mutter in Bezug auf meinen Körper sagte, peinlich. Das lag daran, dass sie keine Spur einfühlsam war, sondern alles immer rambomäßig rüberbrachte. Mit elf Jahren, als bei mir die ersten Härchen anfingen zu sprießen, gab es mal eine Situation im Schwimmbad, die deutlich macht, wie unsensibel sie war. Als ich mich umzog, meinte sie plötzlich laut: »Guck mal, da hast du ja ein Haar unterm Arm ...« Sie sagte es so, wie es vielleicht eine Freundin sagen würde. Aber eben keine Mutter. Das war einfach nur albern.

Zwei Jahre später, mit 13, wieder so eine Situation. Ich hatte gerade meine Tage bekommen und ging notgedrungen zu ihr. Ihre einzige Reaktion: »Hast du was drin?« Völlig unsensibel und ohne weitere Erklärung. Weil ich die Binden- und Tampon-Proben, die damals der *Bravo* beilagen, immer sammelte – ich wusste ja, dass es auch bei mir irgendwann losgeht –, war ich zum Glück fürs Erste versorgt. Ich hab' die Proben immer in einen Teddybären gestopft, der auf meinem Bett saß. Später habe ich in seinem Bauch Zigaretten versteckt.

Am nächsten Tag ist meine Mutter mit mir in den Supermarkt gegangen und verlangte von mir, dass ich Binden kaufte. Als wir vor dem Regal standen, meinte sie zu mir: »So, jetzt nimm mal eine Packung.« Ich war völlig überfordert. Damit an die Kasse zu gehen, undenkbar! Deshalb sagte ich: »Nee, das mach' ich nicht. Die kann ich nicht kaufen.« Schließlich hat sie es dann gemacht. Mir ist es heute noch peinlich, Tampons zu kaufen.

Als ich zwölf war, begann bei uns in der Realschule der Sexualkunde-Unterricht. Das waren aber eher Lach- als Sachstunden. Da hat keiner so richtig zugehört. Wir haben immer nur auf die Kondom- oder Tampon-Proben gewartet und sie dann ausprobiert nach dem Motto »Wie groß kann eigentlich ein Tampon werden, wenn man ihn ins Wasser schmeißt?« oder »Wie lange muss man blasen, damit das Kondom platzt?«. Jedem von uns war das Thema peinlich. Und keiner hätte zugegeben, dass er etwas nicht wusste.

Wir Mädels haben uns in der Zeit oft über Sex unterhalten. Hier und da gab es Einzelne, die ihr erstes Mal schon hinter sich hatten. Das wurde ganz cool und lässig erzählt. Viel war's aber nicht, was man da erfuhr. Wahrscheinlich wollte auch keine zugeben, dass es nicht sonderlich berauschend war.

Das meiste, was ich wusste, habe ich aus der *Bravo*, die ich mir jede Woche kaufte. Am besten fand ich die Foto-Lovestorys. Die Nackedeis – immer ein Junge und ein Mädchen in jeder Ausgabe – haben wir immer besonders unter die Lupe genommen. Über die Dr.-Sommer-Fragen habe ich mich jede Woche aufs Neue aufgeregt. Das waren immer dieselben. »Wie geht Blasen?«, »Was ist Petting?« und »Kann ich beim ersten Mal schwanger werden«? – ich glaube, die standen jede Woche drin. Kurz vor meinem ersten Mal wusste ich daher das Wichtigste über Sex, Kinderkriegen und Verhütung. Weil meine Tage immer so schlimm waren, dass ich manchmal noch nicht mal laufen konnte, habe ich mir mit 13 die Pille verschreiben lassen.

Angst vorm ersten Mal hatte ich nicht. Ich wusste, dass es weh tun könnte, aber da hört man ja sowieso von jedem was anderes. Viel mehr Angst hatte ich davor, zum ersten Mal so richtig nackt vor einem Kerl zu sein. Obwohl meine Eltern – meine Mutter hatte nach der Trennung von meinem leiblichen Vater noch mal geheiratet – mir Nacktheit ungezwungen vorgelebt und oft FKK gemacht haben, war ich da anders. Ich wollte nicht nackt sein und das auch gar nicht sehen.

Dass Sex Spaß machen könnte, darüber habe ich noch gar nicht so richtig nachgedacht. Ich hatte gehört, dass es so was wie einen Orgasmus geben soll, das schon, aber vorstellen konnte ich mir das Gefühl nicht.

Ich wünschte mir ein romantisches erstes Mal. Berge, Holzhütte, ein knisterndes Kaminfeuer, ein richtig schönes Bärenfell. Das war mein Film im Kopf. Die Wirklichkeit sah natürlich völlig anders aus: Es passierte in meinem Zimmer. Im Fernsehen lief gerade *Bravo TV*. Und geknistert hat gar nichts.

Er war der absolute Mädchenschwarm. 17, groß, blondierte Haare, coole Klamotten. Wir trafen uns auf einem Spielplatz, im Dezember 1999. Es war der typische Abhängort für alle Teenies bei uns. Inzwischen lebte ich in einer Kleinstadt in Nordrhein-Westfalen. Dorthin war ich mit meinen Eltern und meiner Oma umgezogen.

Einmal saß ich mit meiner Freundin auf der Schaukel. Als ich hochschaute, sah ich, dass er mich von einer Bank aus intensiv beobachtete. Nach einer Weile kam er zu mir und unterhielt sich mit mir. Danach haben mich alle Weiber gehasst. Jedenfalls bekam ich viele giftige Blicke ab an dem Tag. Ich, die kleine unscheinbare Sandra, kriegte den tollsten Jungen ab!

Schon am selben Tag hat er mich geküsst. Einen Kuss kann man das aber eigentlich nicht nennen. Ich hatte die Augen zu, die Lippen gespitzt und drehte mich danach ganz schnell wieder weg. Aber ich war ja nun total unerfahren und auch ziemlich aufgeregt. Nach diesem Kuss war irgendwie klar, dass wir zusammen waren.

Ab da ging dann das Gesimse mit dem Handy los. Ich denk' an dich. Ich mag dich. Ich vermiss' dich. Der ganze »Hdl« (Hab' dich lieb)-Kram. Am nächsten Tag haben wir uns schon bei ihm zu Hause getroffen.

Seine Eltern waren nicht da, das hatte gut gepasst. Ich habe hin und her überlegt, was ich anziehen sollte. Schließlich entschied ich mich für einen hochgeschlossenen Rollkragen-Pulli, weil ich Angst hatte, dass er mir an die Wäsche geht. Wir haben dann zwei Stunden nur damit verbracht, uns zu küssen. Dann wollte er mir tatsächlich an die Wäsche, was mir aber zu schnell ging. So'n bisschen streicheln war in Ordnung, aber alles komplett runter, das wollte ich noch nicht.

Er ging gleich von Anfang an bei mir zu Hause ein und aus, als ob er dazugehörte. Vier Monate lang blieb es beim Küssen, Kuscheln und Streicheln. Er hat mich zwar immer mal wieder sanft gedrängt, aber ich wollte noch nicht. Er hatte sein erstes Mal zu dem Zeitpunkt schon hinter sich. Auf einer Dorfparty war er mit einem Mädel mal kurz in die Wiese gegangen.

An dem entscheidenden Tag, einem Samstag im Frühling, waren wir bei mir. Meine Oma und meine Mutter waren draußen im Garten. Wir hatten also sturmfreie Bude, keiner störte uns. Zunächst mal haben wir lange und ausgiebig gekuschelt und rumgeknutscht. Im Hintergrund lief auf meinem Fernseher *Bravo TV*. Ich weiß noch, dass gerade die Top Ten der angesagtesten Bands vorgestellt wurden. 9, 8, 7, 6 … Es war die Zeit der No Angels. Irgendwann meinte ich zu ihm: »Also, wenn die No Angels heute auf Platz eins sind, dann machen wir es.« Ich war mir ganz sicher, dass sie vorne waren, weil das die Wochen davor auch schon so war. Ich wollte es an diesem Tag wohl provozieren. Ich wollte es endlich hinter mich bringen. Er hat nichts dazu gesagt. Ich war gut aufgelegt und flachste immer wieder darüber. Dann kam der Moderator zu Platz eins – die No Angels.

Da guckte er mich erwartungsvoll an, und ich dachte nur: »Aus der Nummer kommst du jetzt nicht mehr raus.«

Und dann ist es dazu gekommen. Völlig unromantisch und unspektakulär. Genaugenommen war es von Anfang an total scheiße. Ich zog mich aus, er zog sich aus. Ich dachte bei mir: Irgendwie ist das alles gar nicht so toll. Dann sein Busch da unten und sein Teil. Ich war total geschockt von dem Anblick und dachte: »Um Gottes willen, was ist das denn? Das ist doch voll ›Iih‹!« Das fand ich eher abstoßend als antörnend.

Er ging die Sache dann an nach dem Motto: »Auf die Plätze, fertig, los!« Es gab kein Vorspiel mit ein bisschen hier und da rumfummeln, küssen auf den Hals und streicheln, sodass man sich schon drauf einstellen konnte. Er war keine Spur zärtlich, obwohl er doch wusste, dass es für mich das erste Mal war. Er hat sich einfach auf mich draufgeschmissen und losgerammelt.

Als er in mich eindrang, bin ich fast gestorben vor Schmerzen. Das war das Schlimmste überhaupt. Ich hab' dann ganz schnell seinen Nacken gepackt und seinen Kopf zu mir runtergezogen, damit er mein schmerzverzerrtes Gesicht nicht sieht. Er hat deshalb auch nicht mitbekommen, dass mir die Tränen in den Augen standen.

So schnell, wie es anfing, war es auch wieder vorbei. Ich wollte nur noch weg von ihm und bin dann aufgestanden und ins Badezimmer gegangen. Dort merkte ich erst, dass ich blutete. Du bist doch noch gar nicht dran, deine Tage zu kriegen, dachte ich. Obwohl ich darauf vorbereitet war, war ich doch ziemlich geschockt, dass es so geblutet hat.

Als ich zurück ins Zimmer kam, hatte er sich schon wieder angezogen. Er war ganz normal drauf, keinen Deut anders. Er hätte mich ja mal fragen können, wie's mir geht. Aber nee, das hat ihn wohl gar nicht interessiert. Wir haben uns dann auch nicht richtig verabschiedet. Er ging einfach. Das war's. Aber darüber war ich auch ganz froh. Ich wollte ihn so schnell wie möglich loswerden.

Ich weiß noch, dass ich an meinem Fenster stand und ihm nachschaute, wie er über die Straße ging. Ich war völlig kopfleer. Ich fühlte nichts, dachte nichts. Ich stand einfach nur da und guckte. Das war ganz komisch. Meine ganze Traumvorstellung, wie es sein könnte, war plötzlich – peng! – wie eine Seifenblase geplatzt. Willkommen in der Realität, willkommen im Leben.

Schließlich bin ich zum Telefon gestürzt und habe meine beste Freundin angerufen. »Du verarschst mich doch gerade«, meinte sie. Da fiel mir erst ein, dass ja der 1. April war. Sie glaubte es mir auch erst, als ich es ihr am nächsten Tag noch mal persönlich erzählte. Ich habe mich dann den ganzen restlichen Samstag in meinem Zimmer verkrochen. Ich wollte nur für mich alleine sein. Verstehen, was da eigentlich gerade los war.

Ein paar Tage später dann habe ich mich wieder mit ihm getroffen. Das erste Mal Sex mit ihm war zwar beschissen, aber er war nun mal meine erste große Liebe, und ich hoffte, dass es besser werden würde. Wir haben auch nicht mehr darüber gesprochen. Ich wollte es einfach so schnell wie möglich vergessen. Als wir dann zwei Wochen später wieder Sex hatten, hat es zwar nicht mehr so weh getan, doll war es aber immer noch nicht. Er kam dann auf den Trichter, es ohne Kondom machen zu wollen. Das habe ich aber nur einmal zugelassen.

Wirklich gefühlt habe ich beim Sex mit ihm eigentlich nie etwas. Er war null einfühlsam. Nach ein paar Mal fragte er mich: »Was hast du denn gern?« Da war ich völlig überfordert. Wenn man damit anfängt, weiß man das doch noch gar nicht. Ich finde, es ist die Aufgabe des Erfahrenen, das durch Berühren, Küssen, Streicheln herauszufinden. Da war er aber hilflos. Er hat einfach sein Ding durchgezogen. Im Grunde lief es immer gleich ab. Ich lag unten, er oben. Ich bin nie gekommen, er immer. Es war mechanisch. Es war Sex ohne Seele. Bei ihm habe ich das Simulieren ganz gut gelernt. Da kommen dann keine blöden Nachfragen, und man hat seine Ruhe.

Im Januar 2001 war alles vorbei. Ich hatte in einer Klinik, in der ich wegen einer Rücken-OP vier Wochen verbringen musste, jemand anderen kennengelernt. Das war eine harte Zeit für mich, denn ich war da ganz allein. Wenn Maik nicht gewesen wäre, dann wäre ich da wohl wahnsinnig geworden. Er war Zivi dort, schon 21 und mein Retter in der Not. Immer, wenn es mir schlecht ging, nahm er mich in den Arm und tröstete mich. Als ich nach der schweren OP aufgewacht bin, habe ich zuerst ihn gesehen. Er saß an meinem Bett und hielt meine Hand. Seine Mittagspausen hat er oft bei mir auf der Intensivstation verbracht.

Für mich waren diese vier Wochen eine aufregende Zeit. Wildfremde Stadt, wildfremder Mann, und ich war erst 14! Maik hat mir so ein tolles Gefühl von Geborgenheit gegeben. Ein Gefühl, das ich bei meinem ersten Freund nie hatte. Von ihm habe ich mich in dieser Zeit dann auch getrennt. Sex hatte ich mit Maik allerdings erst mal nicht. Ging auch gar nicht, ich musste mich ja erholen. Ich hatte aber zunächst auch gar nicht das Bedürfnis, mit ihm ins Bett zu gehen. Ich genoss seine liebevolle, beschützende Art. Das reichte mir völlig. Als ich wieder zu Hause war, haben wir eine Fernbeziehung geführt. Das ging gut, denn wir vertrauten uns, telefonierten viel.

Als wir dann Sex hatten, war es zwar einerseits total schön mit ihm, weil er sehr feinfühlig und zärtlich war. So wie man sich das ja wünscht. Andererseits fehlte aber auch bei ihm der Kick. Ich hatte jedenfalls nie ein Wow-Gefühl dabei.

Bei dem Ersten hat's nicht gestimmt, weil er zu grob war. Der hat sich immer nur auf mich draufgeschmissen. Der Zweite dagegen war eine Schlaftablette. Wenn er auf mir lag, hab' ich manchmal gedacht: »Na ja, jetzt kannste auch'n Strumpf stricken.« Komischerweise hat er sich nie beschwert. Ich glaube, Sex war ihm einfach nicht so wichtig. Für ihn gehörte es zu einer Beziehung dazu, mehr aber auch nicht.

Nach neun Monaten ging es dann in die Brüche, weil er zu viele Papa-Allüren mir gegenüber an den Tag legte. Ich sollte aufhören mit dem Rauchen. Ich durfte keinen Alkohol trinken. Da dachte ich oft, Mensch, ich bin doch nicht hochschwanger. Ich war 15! Da ging es bei mir gerade los mit der einen oder anderen Sauftour. Er war aus dieser Phase aber schon komplett raus und konnte das nicht nachvollziehen. Ich war für ihn die Kleine, er war der Erwachsene, der mir sagen wollte, wo's langgeht. Das ging mir gegen den Strich. Schließlich stritten wir uns immer öfter und haben es dann beendet.

Bevor ich mit meinen Eltern zum dritten Mal umzog, nach Mecklenburg-Vorpommern, hatte ich noch einen Freund. Er war ein Muttersöhnchen. Damit konnte ich letzten Endes auch nicht viel anfangen. Der Sex war, na ja, auch ziemlich unspektakulär. Als wir das erste Mal intim miteinander geworden sind, hat er sich erst mal mächtig vor meiner OP-Narbe erschreckt und zuckte angewidert zurück. Das war vielleicht ein tolles Gefühl.

Die beiden nächsten Männer waren One-Night-Stands. Die Jugendlichen, mit denen ich in der neuen Kleinstadt rumzog – ich war inzwischen 16 –, haben mir das drastisch vorgelebt. Einige Mädels hatten jedes Wochenende einen anderen. Für mich war nach den zwei Männern aber damit Schluss. Ich habe mich bei beiden Malen scheiße gefühlt. Um der Versuchung zu entgehen, auf Partys in besoffenem Zustand mit irgendeinem Typen in der Kiste zu landen, habe ich von da an immer ganz peinliche Unterwäsche angezogen. Zum Beispiel Slips mit Snoopys drauf.

Nach einer kurzen Affäre, die aber auch nichts Halbes und nichts Ganzes war, habe ich schließlich vor vier Jahren bei einem Freund meinen Traumprinzen kennengelernt. Er ist mein siebter

Mann. Eigentlich stand ich ja immer auf die extrem männlichen, kantigen Typen. Als ich Alex dann aber zum ersten Mal sah, mit seinen kullerbraunen Augen und diesen süßen Grübchen, war alles zu spät. Es hat aber trotzdem noch lange gedauert, bis wir zusammenkamen. Denn er war damals noch in einer Beziehung.

Mit ihm ist Sex ganz anders als mit den anderen. Auf den Punkt gebracht: Er vögelt mich in den siebten Himmel. Weil ich ihm restlos vertraue und ihn liebe, kann ich mich im Bett fallen lassen. Wenn ich früher gesagt habe: »Ich liebe dich«, war das oft so dahingesagt. Durch ihn weiß ich erst, was diese drei Worte eigentlich bedeuten. Sie sind pure Magie.

Mit ihm hatte ich meinen ersten Orgasmus. Ein irres Gefühl. Eigentlich unbeschreiblich. Man ist wie in Trance, verliert für Augenblicke die Kontrolle über seinen Körper. Vorher hatte ich immer mal ein vages Gefühl: War das jetzt einer oder doch nicht?

Weil wir uns sehr nah sind, können wir auch ganz ungezwungen über das reden, was wir im Bett mögen und was nicht. Es gab schon mal Sachen, die mir unangenehm waren. Am Anfang mochte ich es zum Beispiel überhaupt nicht, wenn er seinen Kopf zwischen meine Beine steckte. Ich kann ihm offen sagen, was ich will und was nicht. Und er respektiert es dann auch sofort. Überhaupt stellt er sich sehr auf mich ein. Wenn ich mal nicht möchte, dann ist er nicht beleidigt und versucht auch nicht, mich zu drängen.

Ich weiß, dass er sich wünschen würde, dass ich mal aktiver, auch mal der Chef im Bett bin. Meist ist es Alex, der im Bett die Richtung vorgibt und mich dann fragt: »Mensch, was hältst du denn davon und davon …?« Wenn ich ihm zu leise bin, sagt er auch schon mal: »Ich will dich hören!« Ich traue mich nicht so richtig, die Initiative zu übernehmen. Andererseits will ich auch gar nicht die Dominante sein. Ich brauche einen starken Partner.

Einen, der mir Kontra gibt und mich fordert. Im Bett wie im Alltag.

Wir probieren öfter mal was aus, aber auf schräge Sachen und alles, was Hardcore ist, stehen wir nicht. Ein bisschen härter angefasst zu werden, ist für mich zwar okay, aber nur bis zu einem gewissen Punkt. Schlagen geht gar nicht. Auch verbale Sachen, dirty talk, sind nichts für mich. Eine Freundin von mir findet es total geil, wenn ihr Freund sie beim Sex wild an den Haaren zieht und sie als »Schlampe« beschimpft. Ich finde das einfach nur respektlos.

Wir heizen uns soft und spielerisch an. Eigentlich reicht es schon, wenn ich mich in heißen Dessous auf dem Bett drapiere. Dann habe ich keine Chance mehr. Schnell mal ins Bad flitzen ist dann nicht mehr. Letztens habe ich mal mit einem Eiswürfel auf seinem Rücken gespielt. Da hat er sich vor mir geräkelt. Ich wusste gar nicht, dass ein Mann das so kann. Fessel-Spielchen, Augenverbinden, Sex im Park, im Polo und im Meer – das haben wir alles schon gemacht. Ein erotisches Foto-Shooting steht demnächst an. Und die Sache mit dem Hüttenzauber gehen wir auch noch mal an …

Ich hab's mir schlimm vorgestellt

Melina, 19, Schülerin
Erstes Mal mit 15, 2004
Enkelin von Gerdi und Tochter von Monika

Die Jugendlichen heutzutage werden durch die Medien mit Sex ja total überrollt. Ich glaube, vielen ist deshalb gar nicht bewusst, dass es etwas Besonderes sein sollte. Das finde ich sehr schade. Vor allem das erste Mal sollte man nicht einfach so hinter sich bringen nach dem Motto: »Ach, mir doch egal, wann und wie ...« Für mich war immer klar, dass es einen schönen Rahmen haben und an einem besonderen Ort sein sollte, vor allem aber mit dem richtigen Jungen.

Ich war neun, als ich mit dem Thema zum ersten Mal in Berührung kam. Meine Eltern hatten sich gerade getrennt, wenig später hatte meine Mutter einen neuen Freund. Mein Zimmer lag direkt neben ihrem. Eines Nachts – ich bin nachtaktiv – bekam ich mit, dass die beiden Sex hatten, das heißt, ich hörte Geräusche, wusste aber gleich, was das ist. Ich fand das ganz schlimm. Wer will schon wissen, wann, wo und wie seine Eltern Sex haben. Das ist doch irgendwie eine seltsame Vorstellung.

Als ich elf war, ging es in der Schule mit dem ersten Sexualkunde-Unterricht los. Da wurde uns ausführlich erzählt, wie der Körper einer Frau, wie der eines Mann aussieht und wie die Regel einer Frau funktioniert. Später wurde auch Aids behandelt. Ich kann mich an eine Veranstaltung in einem Kino erinnern, die wir mit der Klasse besucht haben. Da wurden auch Kondome ausgegeben. Einiges hatte ich auch aus Zeitschriften, vor allem natürlich aus der *Bravo* und von meiner älteren Schwester.

Auch meine Mutter hat mir viel erklärt. Sie hat mich aber nicht beiseite genommen und mit mir ein Aufklärungsgespräch geführt, das nicht. Es kam immer mal ein bisschen was rüber, meistens ging es von ihr aus. Sie war da sehr offen und hat immer ganz entspannt erzählt. Trotzdem war mir alles, was mit dem Thema zu tun hatte, immer ein bisschen peinlich.

Ich kann mich an eine Situation im Auto erinnern, da muss ich 13 oder 14 gewesen sein, hatte gerade angefangen, mich für Jungs zu interessieren und wusste auch schon das meiste über Sexualität. Meine Mutter hatte mich von der Schule abgeholt, ich saß hinten im Wagen, als sie plötzlich meinte, ob ich denn schon mal Sex gehabt hätte. Ich war völlig verblüfft, mit so einer Frage hätte ich nicht gerechnet und habe bestimmt auch ziemlich irritiert geguckt. Sie sagte, sie fände es schön, wenn ich ihr erzählen würde, wenn es bei mir ansteht. Sie sagte auch, dass ich es nicht an irgendeinem Ort machen sollte. Dass mir das schon wichtig sein sollte. Dass es etwas Besonderes wäre.

Ich habe in dem Moment erst mal gar nichts gesagt und sie reden lassen, weil mir das Thema total peinlich war. Ich glaube, ihr war es immer egal, dass es mir unangenehm war. Sie wollte es einfach loswerden.

Mein Traummann sollte groß und dunkelhaarig sein, vor allem aber eine schöne schlanke Figur haben. Dem Bild entsprach Paul überhaupt nicht. Er war etwas pummelig, überhaupt nicht attraktiv und schon gar nicht sexy. Da war sein Freund Amin viel interessanter. Vor allem weil er meiner Vorstellung vom Traummann schon sehr nahe kam. Meinen ersten Kuss bekam ich allerdings nicht von ihm, sondern von – Paul.

Er war eineinhalb Jahre älter und wohnte in der Nachbarschaft, nur rund 200 Meter weg von mir. Wir trafen uns auf dem

Geburtstag eines gemeinsamen Freundes. Zu dem Zeitpunkt kannten wir uns noch nicht richtig, nur vom Sehen, und hatten auch noch nicht viel miteinander geredet.

Es war ganz komisch. Ich glaube, der Kuss war gar nicht so gewollt. Es ist einfach irgendwie passiert. Wir waren beide in einem Zimmer, fläzten auf dem Bett und unterhielten uns. Dann beugte er sich auf einmal zu mir rüber und küsste mich. Nicht nur auf die Lippen, sondern richtig mit Zunge. Kurz danach schoss mir durch den Kopf: »Warum erzählen die anderen bloß immer, dass das so schön ist?«

Für mich war es jedenfalls nicht so toll, dass ich gesagt hätte, das brauche ich jetzt immer wieder. Aber das lag natürlich auch daran, dass ich Paul nicht besonders anziehend fand. Ich wollte gar nichts von ihm. Und dann hatte er mich ja auch noch überrumpelt.

Es war insgesamt einfach überhaupt nicht romantisch gewesen, sondern einfach so, peng, passiert. In meiner Vorstellung war der erste Kuss immer etwas ganz Besonderes, das beide wollten und das sich in einer besonderen Situation entwickelt.

Wir haben erst mal nicht mehr über diesen Kuss, der ja mehr ein Ausrutscher war, geredet. Es ergab sich dann, dass wir immer mehr mit der gleichen Clique unternahmen. Wir waren zehn Leute, vier Mädchen und sechs Jungs. Nach ein, zwei Wochen meinten meine drei Freundinnen zu mir: »Mensch, Melina, du musst jetzt auch mal einen Freund haben, wie wär's denn mit dem Amin?« Sie hatten schon ein bisschen Erfahrung und waren alle auch mit Jungs zusammen. Sex hatten sie damals allerdings auch noch nicht.

Ich war zwiegespalten. Auf der einen Seite wollte ich schon, weil mir die anderen voraus waren. Auf der anderen Seite wollte ich es aber auch wieder nicht. Das Bedürfnis, unbedingt einen Freund haben zu wollen, war nicht da.

Meine Freundinnen versuchten halt, mich ein bisschen mitzuziehen, damit ich mir nicht wie das fünfte Rad am Wagen vorkam. Es war so ein sanftes Drängen nach dem Motto: »Hey, du solltest jetzt auch mal erleben, wie es ist, mit einem Jungen zusammen zu sein«.

So kam es, dass ich mir Amin tatsächlich genauer anschaute und mich auch mal intensiver mit ihm unterhielt. Dabei stellte ich fest, dass er richtig nett war. Ich verstand mich mit ihm sogar besser als mit den anderen Jungs.

Eines Tages, es war im Frühling 2004, kamen wir uns näher. Wir trafen uns wie üblich mit der ganzen Clique auf einem Spielplatz in der Nähe, quasi vor meiner Haustür. Alle waren da und unterhielten sich. Es war schon dunkel, wir hatten uns von den anderen abgegrenzt, standen etwas abseits.

Es war eine ganz besondere Stimmung an diesem Sommerabend, perfekt für unseren ersten Kuss – kein Vergleich zu dem mit Paul! Es war viel, viel schöner. Es hatte sich langsam entwickelt, es war romantisch, wir wollten es beide. Es war genauso, wie ich es mir vorgestellt hatte. Vor allem mochte ich Amin auch viel lieber. Ich fand ihn nicht nur attraktiver, er war auch netter, und ich konnte besser mit ihm reden. Wir trafen uns öfter auch alleine und gingen zusammen spazieren. Mehr als Küssen war aber nicht. Ich wollte nicht mehr. Dazu war ich noch nicht bereit.

Als meine Mutter mitbekam, dass ich einen Freund hatte, meinte sie, ich solle ihn doch mal mitbringen. Sie fand ihn auch sofort super nett, und er kam dann öfter vorbei.

Nach vier Wochen merkte ich allerdings, dass mich immer mehr an ihm störte. Es waren viele Kleinigkeiten. In Sachen Hygiene zum Beispiel. Dann rasierte er sich manchmal auch nicht richtig. Ich kann es gar nicht so genau benennen. Ich hatte einfach mit einem Mal das Gefühl: Nee, er passt nicht zu dir. Ich verstand mich nach wie vor mit ihm, konnte mich gut mit ihm unterhalten. Das war es nicht. Das Komische aber war, dass mich seine Anwesenheit plötzlich irgendwie störte. Eines Abends habe ich ihm schließlich gesagt, dass es von meiner Seite einfach nicht mehr geht, und mit ihm Schluss gemacht. Er war zwar total überrascht, damit hatte er absolut nicht gerechnet, aber er war gefasst. Das war im Frühjahr. Im Sommer, am 26. August, hatte ich mein erstes Mal.

Es fing an, schon kurz nachdem ich mit Amin Schluss gemacht hatte. Plötzlich sah ich Paul mit anderen Augen. Es war nicht so, dass ich ihn jetzt gutaussehend fand. Ich merkte vielmehr, dass mich etwas anderes total anzog: seine Art, sein ganzes Wesen. Er war unheimlich lieb. Wir hatten die gleiche Wellenlänge, konnten uns super unterhalten und kamen uns bald auch schon näher.

Genaugenommen kam es zu unserem zweiten Kuss oder besser: dem ersten richtigen. Denn jetzt küssten wir uns unter ganz anderen Vorzeichen. Dieses Mal wollte ich es …

Wir haben mit unserer Clique immer mal wieder bei dem einen oder anderen gefeiert. Oft bei meiner besten Freundin Christin, wenn deren Eltern weg waren. Oder aber bei mir im Garten. Dort steht ein kleines, uriges Holzhäuschen, in dem wir auch schon mal alle zusammen übernachtet haben. Ich weiß gar nicht, ob das meine Mutter überhaupt weiß. Aber es ist ja nie wirklich was passiert.

An dem betreffenden Abend waren wir zu siebt, vier Mädels und drei Jungs. Draußen war es schon ziemlich dunkel, drinnen hatten wir nur ein kleines Licht an. Es war sehr gemütlich, eine schöne Kuschelstimmung. Ich weiß noch, dass ich erst eine ganze Weile mit ihm herumschäkerte und mich dann zu ihm legte. Ich glaube, damit hatte er nicht gerechnet. Aber ich wollte es in dem Moment einfach. Er nahm mich sofort fest in den Arm, und ein paar Sekunden später küsste er mich.

Dieser Kuss war viel schöner als der erste. Der war einfach blöd gewesen. Ganz neu, überraschend, ein Na-ja-Erlebnis. Einfach auch, weil Paul mir ziemlich egal war. Jetzt spürte ich, dass es anders war. Trotzdem wollte ich nicht richtig mit ihm zusammen sein. Er war ja nicht mein Typ. Deshalb verdrängte ich die aufkommenden Gefühle auch erst mal.

Die Nacht war kurz, jedenfalls für ihn. Gegen vier Uhr klingelte sein Handy. Seine Mutter war dran, ziemlich aufgebracht. Wo er denn wäre, sie hätte sich Sorgen gemacht. Er hatte ihr nicht gesagt, dass er an dem Abend mit der ganzen Clique bei mir übernachten wollte. Sie verlangte, dass er sofort nach Hause kommen sollte, was er auch tat.

Während wir anderen am nächsten Tag ins Schwimmbad fuhren, hatte er erst mal Hausarrest.

Er kam allerdings später mit seinem Roller nach. Als ich ihn sah, wurde mir ein bisschen mulmig: »Hm, toll, jetzt denkt er wohl, dass wir zusammen sind, aber das möchte ich doch gar nicht. Was mache ich jetzt nur …?«, dachte ich bei mir.

Noch am gleichen Tag redeten wir über den Kuss, und da kam tatsächlich raus: Er ging davon aus, dass wir jetzt ein Paar sind. Ich sagte ihm, dass ich das nicht wollte. Ich war total fixiert darauf, dass er äußerlich so überhaupt gar nicht mein Typ war und habe mich deshalb gegen meine Gefühle gewehrt.

Lange habe ich das allerdings nicht durchgehalten. Er fing nämlich an, mich mit SMS zu bezirzen, schrieb ganz oft »Hdl« – Hab' dich lieb – und solche Sachen. Das hat mir sehr gefallen, und ich flirtete zurück. Wir waren den ganzen Tag lang am Tippen. In der Schule, zuhause, überall.

Zwei Wochen ging das so. Dann hat es bei mir »klick« gemacht, und ich dachte: »Sein Aussehen ist doch völlig egal. Du magst ihn doch. Jetzt gib ihm doch eine Chance …« Wenig später küsste er mich zum dritten Mal, und da hatte ich schon Schmetterlinge im Bauch und wusste, dass ich mit ihm zusammen sein wollte. Da war mir allerdings noch nicht klar, dass ich mit ihm auch mein erstes Mal erleben wollte. Das war noch ganz weit weg und mit viel Angst und Unsicherheit verbunden. Ich hab's mir immer super schlimm vorgestellt. Von anderen hatte ich ja schon so einiges mitbekommen. Dass es super weh tut und dass manche Mädchen auch dabei bluten.

Ich wollte es wirklich erst tun, wenn ich mir ganz sicher war, dass der Junge der Richtige ist. Es sollte total romantisch sein, am liebsten am Strand. Das war aber dann doch nicht so. Das hat sich nicht ergeben. Es war einfach zu kalt und zu windig an der Ostsee in diesem Sommer.

Es passierte knapp drei Monate, nachdem wir zusammengekommen waren, zwei Tage vor meinem 16. Geburtstag. Ich war mit ihm, seinem Bruder und seinen Eltern für eine Woche am Meer. Wir bewohnten ein Appartement in Strandnähe. Es war eine relativ kleine Wohnung. Das Wohnzimmer war verbunden mit der Küche. Dann gab es ein Badezimmer und noch einen zweiten Raum, in dem die Eltern schliefen. Ich übernachtete zusammen mit Paul auf einem ausklappbaren Schrankbett im Wohnzimmer, sein Bruder bekam die Couch.

Wir hatten Kondome dabei. Darum hatte er sich gekümmert. Schon kurz vor dem Urlaub hatten wir mal darüber geredet, dass wir gerne zusammen schlafen würden. Dass wir mit Kondomen verhüten würden, war ganz selbstverständlich. Solange ich einen Jungen nicht richtig kenne, würde ich es nie ohne machen.

Die ersten Tage lief allerdings gar nichts. Sein Bruder übernachtete ja bei uns im Raum, das war einfach blöd. Eines Nachmittags jedoch hatten wir dann doch unverhofft freie Bahn. Pauls Eltern waren mit Malte an den Strand gegangen. Wir wussten, dass sie lange wegbleiben würden, und da ergriffen wir die Gelegenheit beim Schopf.

Wir kuschelten erst mal lange zusammen auf dem Bett und redeten darüber. Dann fragte er mich, ob ich es auch wirklich möchte. »Ja, möchte ich«, sagte ich. Ich war mir ganz sicher. Er war der richtige Junge. Und dann kam es dazu.

Er hatte schon Erfahrung, weil er vor mir schon mal mit einem Mädchen zusammen war. Das merkte man auch, da habe ich ihn natürlich machen lassen.

Meine Angst war völlig unberechtigt. Ich hatte es mir ja richtig heftig vorgestellt, das war's dann aber gar nicht. Im Gegenteil. Es war sehr schön, vor allem deshalb, weil ich Gefühle für ihn hatte und ihm total vertraute. Es tat auch nur ein bisschen weh, geblutet habe ich gar nicht. Aber es ist ja mit vielen Dingen so: Wenn man sich etwas als ganz ganz schlimm vorstellt, ist es nachher lange nicht so.

Wir haben danach darüber geredet. Ich hatte das Gefühl, dass ich ihm jetzt noch näher war. Er kümmerte sich total um mich, fragte immer wieder, ob es mir gut ginge, ob alles in Ordnung wäre. Ich habe mich rundum wohl mit ihm gefühlt. Rund zwei Stunden lang haben wir noch zusammengelegen und gekuschelt, dann dachten wir, wir sollten doch mal lieber aufhören, bevor die anderen zurückkommen.

In diesem Urlaub hatten wir dann keinen Sex mehr, es ergab sich einfach keine Gelegenheit mehr. Das zweite Mal war dann bei ihm zu Hause, in seinem Zimmer. Das war noch schöner, weil es nicht mehr wehgetan hat.

Kaum war ich zurück, fragte mich meine Mutter übrigens danach. Sie hat mir das wohl irgendwie angesehen und meinte ganz locker: »Hast du denn inzwischen schon mal Sex gehabt?« Ich erzählte es ihr, vor allem, dass es schön war. Ins Detail bin ich nicht gegangen. Das war mir dann doch zu unangenehm. Aber meine Mutter wollte ja auch in erster Linie hören, dass alles gut war, dass es mir gut ging.

Wir sind kurze Zeit später schon zusammen zum Frauenarzt gegangen, wo ich mir die Pille verschreiben ließ.

Paul und ich waren drei Jahre zusammen. In dieser Zeit hat es auch sexuell nie aufgehört, schön zu sein. Es war immer gut. Nach einer Weile hat man natürlich auch mal andere Stellungen ausprobiert. Ich konnte von Anfang an offen mit ihm darüber reden, was ich will und was nicht. Ich vertraute ihm völlig.

Weil wir quasi nebeneinander wohnten, haben wir uns fast jeden Tag gesehen. Im Nachhinein denke ich, das war einfach zu viel. Wir hockten ständig zusammen, entweder war ich bei ihm oder er bei mir. Meine Mutter hat es so akzeptiert, seine Eltern sowieso. Die haben mich immer total gemocht.

Irgendwann allerdings meinte meine Mutter: »Ihr lebt schon wie ein Ehepaar zusammen.« Zu der Zeit wollte sie nicht mehr, dass ich mit ihm zusammenbleibe. Sie war nicht gerade begeistert über seine schulischen Aktivitäten. Er hatte nach der achten Klasse mit dem Hauptschulabschluss aufgehört, ein Jahr Berufskolleg gemacht und dann eine Lehre als Einzelhandelskaufmann angefangen. Meine Mutter wollte immer was Besseres für mich, wie Mütter halt so sind.

Schließlich merkte ich aber selbst, dass es nicht mehr passte. Allerdings brauchte ich ein halbes Jahr, um die Beziehung zu beenden. Ich wusste genau, er macht auf keinen Fall Schluss. »Wir beide, wir werden uns nie trennen«, sagte er immer. Bei mir ist die Liebe ganz langsam eingeschlafen. Da wir uns ja ständig sahen, war der Reiz irgendwann weg. Es wurde alles ein bisschen fade und langweilig.

Dazu kam, dass ich mit einem Mal meine Lust am Feiern entdeckte. Damit war ich ziemlich spät dran. Meine Freundinnen hatten schon mit 15 angefangen, in Clubs und Discos zu gehen. Deshalb hatte ich ein richtiges Nachholbedürfnis. Ich war ja auch nur noch mit Paul zusammen gewesen, hatte den Kontakt zu meinen Freundinnen ein bisschen verloren. Das fanden die ziemlich traurig und meinten immer öfter zu mir: »Du machst ja gar nichts mehr mit uns …«

Ich ging also immer öfter mit ihnen weg, während Paul zu Hause blieb. Er ist kein Partygänger, das ist auch heute noch so. Kaum war ich 18, war ich noch mehr unterwegs – ich durfte ja jetzt in mehr Clubs rein – und wir stritten uns immer häufiger.

Ich erinnere mich noch genau an den Geburtstag einer Freundin aus der Nachbarschaft. Weil er sie nicht mochte, war er zu Hause geblieben. Ich war gerade auf Toilette, als er bei ihr anrief. Irgendein Junge muss dann in den Hörer gerufen haben, ich wäre gerade mit einem anderen zugange, was natürlich nicht stimmte. Kurz darauf stand er vor der Tür. Natürlich stritten wir uns wieder. Das Ende vom Lied war, dass er ging und ich weiterfeierte. Ein paar Tage später habe ich Nägel mit Köpfen gemacht und ihm gesagt, dass ich nicht mehr mit ihm zusammen sein möchte. Das war das Ende.

Inzwischen habe ich seit sechs Monaten wieder eine Beziehung, er übrigens auch. Obwohl er vor einem Monat weggezogen ist, stehen wir noch in Kontakt und schreiben uns ab und zu übers Internet.

Meinen Freund habe ich in der Schule kennengelernt. Er ist 17 und macht wie ich das Fachabi. Er hat mich einfach mal zu Hause angerufen, meine Nummer hatte er von unserer Klassenliste, tja, und da haben wir geredet, ungefähr drei Stunden lang.

Jetzt fällt mir erst auf, dass es bei mir immer von den Jungs ausging. Es war nie so, dass ich bei einem dachte: »Den will ich.« Ich wurde immer ausgesucht, die Jungs kamen zu mir. Und dann entwickelte sich das halt so mit der Beziehung. Vielleicht sollte ich mir demnächst mal selber einen aussuchen …

Zurzeit bin ich aber sehr zufrieden. Es ist alles prima zwischen uns. Auch der Sex. Es ist noch schöner mit ihm als mit Paul. Zum einen, weil ich inzwischen mehr Erfahrung habe, viel entspannter bin und mich eher fallen lassen kann. Vor allem aber, weil ich mich mit ihm super verstehe. Er teilt viele Interessen mit mir, geht auch gerne feiern.

Was ich ganz besonders an ihm mag, ist, dass er so romantisch ist. An einem Abend hatte er für mich gekocht – er kann super gut kochen – und mich danach in mein Zimmer geführt. Er hatte überall Kerzen hingestellt, es ganz kuschlig und schön gemacht. Das fand ich richtig toll. Ist er meine große Liebe? Im Moment schon. Allerdings ist es jetzt nicht so, dass ich denke: »Den werd' ich mal heiraten.« Mal gucken, was noch kommt.

Fingerübungen zum Warmlaufen

Sarah, 17, Zahnarzthelferin
Erstes Mal 2005 mit 15 Jahren

Ich hatte mir total aufreizende rote Unterwäsche gekauft, mit der ich ihn richtig anmachen wollte. Funktionierte auch. Als ich mich zu ihm ins Bett legte, bekam er Stielaugen. Er war ziemlich geil auf Reizwäsche. Wir knutschten und fummelten ein bisschen. Dann hatte ich keinen Bock mehr und drehte mich weg. Ach nö, dachte ich und legte mich auf den Bauch. Da war er ziemlich frustriert, und ich hörte ihn murmeln: »Ach Mann.« Dann schlief ich ein.

Ich hab' ihn ganz schön abblitzen lassen an dem Abend. So ein bisschen war das auch meine späte Rache dafür, dass er ein paar Monate vorher mit meiner Freundin rumgemacht hatte. Sie hatte ihm einen geblasen. Behauptete sie jedenfalls steif und fest. Er stritt es ab.

Am nächsten Tag, es war der 23. Dezember, ließ ich ihn dann aber ran. Da waren wir schon vier Monate zusammen. Die Schwester meiner Oma hatte an dem Tag Geburtstag. Alle gingen hin, nur ich nicht. Ich hatte keine Lust, wollte mich lieber mit ihm treffen. Und dann kam es dazu. Er fing an, mich am Hals zu küssen und machte mich total heiß, wie's halt so ist ... Ich war 15, er 17.

Ich komme aus einem bayrischen Dorf und bin die jüngere von zwei Schwestern. Ich würde mich zwar als frühreif bezeichnen, aber so schlimm, wie meine Mama manchmal von mir denkt, bin ich nicht.

Mit zehn habe ich zum ersten Mal geküsst. Alle waren plötzlich ganz heiß auf Zungenküsse und wollten die ausprobieren. Ich hatte ein Date mit einem Typen ausgemacht. Er war 14, wusste aber nicht, wie alt ich bin. Bevor ich hinging, dachte ich mir, ich sollte das mit dem Küssen vielleicht vorher mal proben, damit das nicht in die Hose geht. Also probierte ich es kurzerhand mit meiner Freundin aus. War aber komisch, weil wir uns beide ziemlich komisch anstellten. Wir mussten ja auch ständig lachen. Den Jungen habe ich übrigens doch nicht geküsst. Ich habe mich nicht getraut.

Erst zwei Jahre später, mit zwölf, fing ich mit dem Rumknutschen an. Eine Freundin hatte da ihr erstes Mal schon hinter sich und erzählte oft davon. Allerdings ist sie nie ins Detail gegangen. Sie machte nur irgendwelche Andeutungen: »Heute Abend treff' ich mich mit ihm. Das wird bestimmt wieder total geil ...« So ähnlich. Ausführlicher erzählt man das ja erst so mit 15, 16.

Sie und noch eine andere waren aber auch die Einzigen auf unserer Hauptschule, die in dem Alter schon Sex hatten. Die andere allerdings war noch weiter: Sie hatte schon ein Kind. Das war natürlich *das* Thema. Einmal trafen wir sie in der Stadt mit einem Kinderwagen und fragten sie, ob es ein Wunschkind sei. Sie behauptete: »Ja.« Sie musste zwar eine Klasse wiederholen, aber schien ganz toll damit zurechtzukommen. Deswegen hat uns das auch überhaupt nicht davon abgeschreckt, mit Jungs rumzumachen.

Ich wusste in dem Alter schon eine Menge. Wir hatten ja seit der ersten Klasse Sexualkundeunterricht. Die Geschlechtsteile von Mann und Frau wurden uns anhand von zwei Zeichentrickfiguren gezeigt. Eine hatte einen Busen, die andere Hoden. Ich weiß auch noch, dass wir mal einen Aufklärungsfilm angeguckt haben. Der war aber harmlos. Man sah Frösche bei der Paarung, einer hüpfte auf den anderen drauf. Das war ziemlich komisch.

Wie Sex genau funktioniert, das erfuhr ich in der vierten Klasse. Aber nicht im Unterricht, sondern durch Pornos. Die Eltern meiner Freundin lebten getrennt, sie wohnte bei ihrem Vater. Als er mal nicht da war, haben wir im Schlafzimmer rumgestöbert und sind auf die Kassetten in seinem Wäscheschrank gestoßen. Wir nahmen sie mit in ihr Zimmer und schoben sie in den Videorekorder. Was man da sah, mit den ganzen Stellungen und so, war zwar einerseits schockierend, andererseits aber auch sehr spannend. Da wir ziemlich neugierig waren, haben wir uns alle Videos angeschaut, die wir gefunden haben, und waren so schon ziemlich gut informiert. Zumindest theoretisch. Wenn man's selber macht, ist ja doch alles ganz neu. Da weiß man erst mal nicht so richtig, wie man's anstellt, wer das Teil jetzt wirklich reinsteckt. Mit 13 hat sich meine Freundin von einem Typen fingern lassen. Während eines Feuerwehrfestes war das. Sie ist mit dem zu einem Spielplatz gegangen, auf einen Turm geklettert, und da haben sie rumgemacht. »Das war richtig geil und hat gekribbelt«, sagte sie hinterher zu mir.

Ich fragte sie natürlich, was er da genau gemacht hätte, und sie erzählte es auch im Detail. Dass er sie erst geküsst hätte, dabei ihre Brust gestreichelt und ganz langsam in ihre Hose reingefasst hätte. Sie meinte, es sei toll gewesen, habe aber nach einiger Zeit sehr weh getan. Er hatte damals eine Freundin, das hat sie allerdings überhaupt nicht deprimiert. Sie fühlte sich nach dieser Sache sehr erwachsen.

Wir Mädels dachten damals alle, wenn man noch Jungfrau ist, ist man voll der Loser. Das hatten uns die älteren Jungs, mit denen wir damals abhingen, eingeredet. Ständig kamen irgendwelche blöden Sprüche: »Ihr seid ja sowieso noch alles Jungfrauen, euch will ja keiner« oder »Euch kann man an die Türken verkaufen. Die stehen auf so was.« Das war ziemlich gemein, aber wir haben uns davon unter Druck setzen lassen.

Meine Freundin und ich haben auch schon über die Pille geredet. Es hieß, davon bekäme man eine größere Oberweite. Da ich damals noch recht flach war, war ich ziemlich scharf darauf, sie zu kriegen. Wir glaubten echt alles früher. »Bierschaum macht Titten«, mit dem Spruch haben uns die Jungs früher auch immer abgefüllt. Sie wollten, dass wir mit ihnen trinken. Wenn wir dankend ablehnten, versuchten sie uns mit diesem blöden Spruch zu kriegen. Weil sie das ziemlich logisch erklärten, glaubten wir denen das auch. Sie sagten, das käme von der Hefe, und wir sollten uns doch mal die Frauen anschauen, die Bier trinken, die hätten auch ziemlich viel.

Als meine Freundin hörte, dass Hefetabletten denselben Effekt hätten, fing sie an, die zu futtern. Die Nebenwirkung war aber ziemlich heftig: Sie bekam nicht nur dicke Möpse, auch alles andere wurde größer. Sie ging richtig auf, ist inzwischen übergewichtig.

Kurz nachdem ich meine Tage bekommen hatte, ich war inzwischen 14, überredete ich meine Mutter, mit mir zum Frauenarzt zu gehen. Ich hätte immer so komische Bauchschmerzen. Das war aber nur ein Vorwand, ich wollte unbedingt die Pille und hoffte, dass ich sie mir heimlich verschreiben lassen kann. Ich wusste ja, dass ich mit 14 nicht mehr die Einverständniserklärung meiner Eltern brauchte.

Von der Untersuchung war ich ziemlich enttäuscht. Ich hatte vorher so einiges gehört. Alle redeten davon, dass man auf so einen Stuhl müsste. Meine Freundin hatte mir erzählt, dass sie dem Frauenarzt in die Arme gefallen sei, weil sie sich auf dem nicht halten konnte. Eine andere sagte, dass da lauter verschiedene Sachen in einen reingesteckt werden, die ganz kalt seien. So eine Art Dildo. Und ein überdimensionales Wattestäbchen.

War aber bei mir alles nicht. Diese Frauenärztin untersuchte mich gar nicht richtig. Sie begrapschte mich nur in der Nähe der Titten und sagte: »Das mit dem Stuhl, das machen wir heute nicht.« Als ich erklärte, ich hätte gerne die Pille, meinte sie nur: »Schau'n wir mal, was für dich perfekt ist.« Ich glaube, ich habe damals sogar noch gesagt, dass ich eine haben will, mit der man größere Möpse bekommt. Da hat sie mich ganz komisch angeschaut.

Kaum war ich draußen, holte ich mir das Pillen-Rezept bei der Sprechstundenhilfe ab und ging wieder zu meiner Mama ins Wartezimmer. Als ich sagte, ich müsse noch mal schnell zur Apotheke, hat sie den Braten allerdings gerochen. Das war echt dämlich. Sie guckte mich verständnislos an, schüttelte den Kopf und meinte: »Sarah, du bist noch so jung. Das brauchst du jetzt noch gar nicht. Willst du wirklich schon damit anfangen, Geschlechtsverkehr zu haben?« Ich sagte: »Ich will doch nur einen größeren Busen haben.« Das war die Wahrheit, aber meine Mutter nahm mir das natürlich nicht ab. Die hat sowieso von mir immer viel schlimmer gedacht.

Von Aids wusste ich damals noch gar nichts. Was es damit auf sich hat, wurde mir erst mit 15 klar, kurz vor meinem ersten Mal. Ich musste in Bio ein Referat über HIV und Geschlechtskrankheiten halten. Der Lehrer hat uns viel Material zu dem Thema gegeben, unter anderem zwei Filme. In dem einen, »Kids« hieß der, ging es um einen 17-jährigen Jungen, der mit ganz vielen Mädels schlief. Eine ließ sich testen und hatte die Krankheit. In dem anderen Film ging es um zwei Schwule. Ich überlegte danach, wer aus der Klasse Aids haben könnte. Ich wusste ja, wer schon Sex hatte.

Ich nehm' die Pille heute nicht mehr, weil ich viel zu viel Angst vor Aids habe. Ich glaube, es gibt mehr Aids-Kranke, als man so denkt. Ich arbeite ja in einem medizinischen Beruf und bekomme es mit. Das sieht man ja äußerlich gar nicht. Ohne Gummi, das kommt mir heute nicht mehr in die Tüte. Da kann mich ein Typ noch so viel bequatschen. Es gibt ja auch noch ganz viele andere Krankheiten, die man beim Sex kriegen kann, Hepatitis C zum Beispiel.

Außerdem: Wenn man an ein Kondom denken *muss*, lässt man sich auch nicht so schnell dazu hinreißen, mit jemandem ins Bett zu gehen. Dann muss man immer erst den Kopf einschalten.

Im gleichen Jahr, als ich mit der Pille anfing, lernte ich Marcel kennen. Er ist zwei Jahre älter, damals war er 16. Bei mir hat's gleich »bum« gemacht. Ich seh' ihn noch vor mir: Er saß vor der Schule auf seinem Roller, hatte eine schwarze Mütze auf und guckte mich mit seinen tollen blauen Augen an. Er war ein richtiger Mädchenschwarm und hatte damals auch gerade eine Freundin. Das wusste ich zu dem Zeitpunkt allerdings nicht und freute mich tierisch, als ich am gleichen Tag von ihm einen Zettel mit seiner Handynummer bekam. Das heißt, ein Kumpel von mir, der mit ihm in der Stufe war, gab den an mich weiter.

Ich rief noch am gleichen Abend an. Er fände mich süß, ob ich nicht mal was mit ihm unternehmen wollte. Ich war natürlich begeistert und erzählte am anderen Tag gleich allen Mädels in meiner Klasse davon. »Der hat doch 'ne Freundin«, platzte eine raus, die mich sowieso auf den Tod nicht ausstehen konnte. Sie petzte es sofort den Neuntklässlerinnen. So wusste noch am gleichen Tag die ganze Stufe von dem Zettel.

Ich muss sagen, ich war schon abgetörnt, als ich das mit seiner Freundin erfuhr. Andererseits hatte er aber so eine Art, dass man wieder weich wurde. Er kam zum Beispiel noch am selben Tag in der Pause zu mir, war ganz zerknirscht und meinte, dass es ihm leid tue, dass das jetzt jeder mitgekriegt hätte, das hätte er nicht gewollt. Das fand ich süß, und ich gab ihm meine Handynummer. Ich war ja auch selber schuld, warum musste ich es auch gleich allen erzählen. Kurz darauf erfuhr ich von einer Neuntklässlerin allerdings, dass er bei ihr auch mal so eine Zettel-Aktion gebracht hatte. Er schrieb ihr heimlich, und sie verabredeten sich fürs Kino – dann brachte er aber seine Freundin mit. Als ich das hörte, dachte ich im ersten Moment, nee, auf so was hast du keinen Bock. Aber ich ließ mich doch auf ihn ein. Er gab mir halt das Gefühl, ich wäre was ganz Besonderes.

Erst mal rief er aber gar nicht an, und ich sah's auch nicht ein. Sollte er doch kommen, wenn er was wollte. Schließlich meldete er sich und fragte, wo ich denn genau wohne. Da war er dann nicht mehr mit seiner Freundin zusammen. Meine Mutter war gerade im Krankenhaus, mein Vater auf der Arbeit. Ich habe ihn erst angerufen und gefragt, ob es o.k. wäre, wenn ein Kumpel von mir vorbeischauen würde.

Ich habe mich über Marcels Besuch gefreut. Allerdings war's im Endeffekt ziemlich langweilig. Wir wussten einfach nicht, was wir miteinander reden sollten. Wir haben uns halt auch nicht richtig getraut. Wir saßen mit Chips auf der Couch und schauten die DVD an, die er mitgebracht hatte. Es war ein Horrorfilm, bei dem man sich eigentlich zusammenkuscheln würde nach dem Motto: »Oh Gott, ist das gruselig.« Aber das war bei uns nicht so, wir saßen nur stumm nebeneinander.

Nach dem Abend hatten wir erst mal ein Jahr lang keinen Kontakt mehr. Bis zu jenem Freitag im Juli 2005. An dem Tag hat alles richtig angefangen. Ich war inzwischen 15 und in der achten Klasse, er hatte schon seinen Abschluss. Meine Freundin und ich gingen Richtung Schulgebäude, als uns neben der Tischtennisplatte eine Gruppe Jungs mit ihren Mopeds auffiel. Er war mittendrin. Als er mich sah, kam er auf mich zu. Er entschuldigte sich für die Scheiße, die er damals gebaut hatte. Vor allem, dass er noch mit seiner Freundin zusammen war, als er mich schon anbaggerte. Er versprach, dass er das nicht mehr machen würde und jetzt definitiv Schluss sei mit ihr. Ich war ziemlich gebauchpinselt. Ich mochte ihn ja immer noch sehr.

Von dem Tag an trafen wir uns öfter. Weil meine Freundin Isa was von seinem Kumpel wollte, war sie auch immer dabei. Einmal haben wir vier heimlich bei Marcel übernachtet. Meiner Mutter hatte ich gesagt: »Ich schlaf' bei Isa.« Sie hatte ihrer Mutter gesagt: »Ich schlaf' bei Sarah.« Seine Eltern hatten ein richtig großes Haus. Wir waren ganz oben, da haben die nichts mitgekriegt. Es ist aber auch nicht viel passiert.

Wir schliefen zu viert in einem Bett. Meine Freundin knutschte mit Marcels Kumpel, ich mit Marcel. Küssen konnte er richtig gut, das war klasse. Für mich war danach klar, dass ich jetzt mit ihm zusammen bin, und das hat er mir auch zu verstehen gegeben. Schmetterlinge hatte ich zwar auch vorher schon im Bauch, aber jetzt war's doch noch anders.

Wir unternahmen fast nur noch was zu zweit. Er holte mich oft mit seinem Mofa ab. Wenn das Wetter gut war, es war Sommer, gingen wir zusammen ins Freibad. Es war wunderschön mit ihm. Allerdings habe ich in der Zeit meine Freundin ziemlich vernachlässigt. Ich brauchte sie gar nicht mehr, ich hatte ja ihn. Das war schon richtig gemein, und das zahlte sie mir etwas später auch heim. Auf einem Dorffestchen machte sie sich an Marcel ran. Ich war nicht dabei, ich konnte aus irgendeinem Grund nicht hingehen. Marcel erzählte mir am nächsten Tag, sie hätte versucht, ihn zu küssen. Da bekam ich eine Scheißwut auf sie. Als ich sie etwas später in einem Club traf, sprach ich sie darauf auch ganz direkt an. Was das solle, was sie sich einbilde, das sei das Allerletzte. Ich muss sie ziemlich vernichtet haben. Jedenfalls rief ihre Mutter bei meiner an.

Meine Mama war aber ganz locker. Sie fand es kindisch, dass sich Isas Mutter da einmischte. Wir seien 15 und könnten das unter uns regeln.

Leider war es damit aber noch nicht zu Ende. Im Gegenteil. Jetzt drehte Isa richtig auf. Auf einer Party schnappte sie sich meinen Freund, glaubte ich jedenfalls. Ob da wirklich was war, weiß ich bis heute nicht. Wir hatten alle ein bisschen getrunken. Irgendwann fiel mir auf, dass sowohl Marcel als auch Isa weg waren. Ich fragte die anderen, ob sie was wüssten. Schließlich meinte ein Kumpel von mir, Isa hätte meinem Freund einen geblasen, die beiden seien unten im Wald. Da flippte ich natürlich voll aus.

Ich rannte hin und rief Isa auf dem Handy an. Ganz in meiner Nähe klingelte es. Sie hatte es nicht auf lautlos gestellt, schön blöd. Ich rannte zu ihr, doch sie war schneller. Ich bekam sie nicht mehr zu fassen. Ihn sah ich überhaupt nicht.

Ich war stinksauer und das mit uns erst mal ruiniert. Aus Wut und um ihn ein bisschen zu treffen, redete ich den Rest des Abends voll lange mit seinem besten Kumpel. Marcel ging früher. Am anderen Tag bekam ich eine sehr böse SMS von ihm, was das denn jetzt solle, wieso ich mit seinem Kumpel rumknutschen würde. Das stimmte gar nicht, aber irgendwer hatte ihm wohl so was erzählt. Als ich ihn direkt darauf ansprach, was denn nun auf der Party mit Isa gewesen sei, sagte er nur: »Nix war.«

Da sie allerdings steif und fest behauptete, da wäre was gewesen, konnte ich mir nicht sicher sein und hatte es noch lange im Hinterkopf. Ein paar Mal bin ich richtig aggro geworden. Das kam immer wie so ein Schub. Manchmal redete ich mit ihm ganz normal, und dann ging's in meinem Kopf plötzlich ab. Ich glaube, ich hätte mit ihm schon viel eher geschlafen, wenn dieser Vorfall nicht gewesen wäre.

In der Zeit, in der ich so gezweifelt hab', meinte meine Mama mal zu mir: »Es bringt nichts, das dem Typen dauernd vorzuwerfen. Du machst dich kaputt und ihn auch. Entweder, du ziehst einen Schlussstrich unter das, was passiert ist, und verzeihst ihm, oder du machst Schluss.« Das machte irgendwie Sinn, und seitdem habe ich bei ihm nicht mehr damit angefangen. Dann lief es auch wieder besser. Wir stritten uns fast gar nicht mehr, und er wurde auch viel anhänglicher.

Wir trafen uns meistens bei ihm. Das fanden meine Eltern natürlich nicht besonders toll. Aber ich bequatschte sie so lange, bis ich es doch durfte. Entweder sie fuhren mich zu ihm, oder seine Eltern holten mich ab.

Wenn ich bei ihm war, haben wir uns oft Kataloge mit Dessous angeschaut, BHs, Strapse und so. Er meinte, er fände so was total toll. Auf ein rotes Spitzen-Set fuhr er besonders ab. Hinten auf dem Tanga stand »sexy« drauf. Ich bat meine Mama, die Bestellung für mich zu machen und schrieb die Bestellnummer für sie auf. Was sie darüber dachte, weiß ich nicht. Sie hat dazu nichts weiter gesagt. Als die Wäsche kam, hat sie zwar erst mal komisch geguckt. Das war aber auch schon alles.

Eigentlich war sie recht offen. Wenn ich Fragen hatte, konnte ich immer zu ihr gehen, sie erklärte mir dann alles. Allerdings sagte sie nie, wie Geschlechtsverkehr genau funktioniert. Also, sie hat jetzt nicht gesagt: Der Mann steckt seinen Schniedelwutz in deine Vagina. So deutlich nicht. Aber drumherum hat sie mir schon ganz viel erzählt, vor allem die Periode erklärte sie mir sehr gut. Daher wusste ich Bescheid, als ich sie mit 14 bekam, und war nicht überrascht.

Marcel und ich haben eine ganze Weile nur wild rumgeknutscht und ein bisschen Petting gemacht. Erst, als ich am 22. Dezember die Reizwäsche anhatte, ging's weiter: Er fingerte mich zum ersten Mal. Das war aber nicht das tolle Gefühl, das meine Freundin drei Jahre vorher beschrieben hatte. Ich hatte den Eindruck, er wusste gar nicht so genau, was er da machte. Jedenfalls wurstelte er total unkontrolliert rum, ohne jedes Gefühl. Außerdem waren seine Finger ganz kalt, und ich musste dran denken, dass er Raucher war. Dann fand ich's nur noch eklig. Mehr war an dem Abend nicht mehr. Ich drehte mich einfach ins Eck und schlief ein.

Am nächsten Abend war ich wieder bei ihm. Meine Eltern hatten mich auf dem Weg zur Schwester meiner Oma bei ihm abgesetzt. Ich hatte mir gar nicht vorgenommen, mit ihm zu schlafen. Das ergab sich einfach. Und ich muss sagen, ich fand's insgesamt schon toll. In Filmen und in der *Bravo* heißt es ja immer, das erste Mal sei ganz schrecklich. Es würde weh tun, man würde bluten, und es wäre nach fünf Minuten schon vorbei. Klar ist es komisch, wenn man zum ersten Mal einen Schwanz drin hat. Weh tat's mir aber gar nicht.

Dieses Mal hatte ich meine Reizwäsche nicht an, sondern was ganz Normales, Schlichtes. Wir schauten uns erst in seinem Zimmer einen Film an; das haben wir ganz oft gemacht, dabei fing es immer schon mit dem Rumknutschen an. Zwischendurch rief seine Mama uns zum Essen. Er wohnte oben, seine Eltern unten. Danach sind wir wieder hoch und guckten uns noch einen Film an. Wir kuschelten und knutschten. Er wusste genau, wo und wie er mich küssen musste, um mich richtig heiß zu machen. Am Hals find' ich's besonders geil.

Nach einer Weile zog ich mein Oberteil aus. Beim Petting war's meistens so, dass ich die Erste war, die nackt war. Inzwischen hatten wir uns unter die Bettdecke gekuschelt. Ich fasste zuerst unter sein Shirt, traute mich aber nicht, es ihm auszuziehen und legte eine Hand auf seine Boxershorts. Er nahm sie, führte sie ganz langsam rein, und dann hab' ich ihm sozusagen einen runtergeholt.

Als Nächstes zog ich ihm die Shorts aus, da war ich schon längst nackt. Ich schämte mich ein bisschen vor ihm, so ganz ausgezogen. Aber das war nur an dem Abend so, danach nicht mehr. Er fing an, an meiner Brust rumzusaugen, da wird man ja sowieso schon richtig erregt, und auf einmal war er auf mir drauf. Dann tat er aber erst mal gar nix mehr. Er lag einfach nur da. Plötzlich fragte er voll abtörnend: »Hast du heute Abend deine Pille genommen?« Ich sagte »ja«, darauf sagte er ganz schnell, so 08/15-mäßig, »Ich liebe dich« und legte los.

Also dafür, dass er schon Erfahrung hatte und das schon ein Jahr lang machte, stellte er sich ziemlich blöd an. Ich hatte jedenfalls das Gefühl, er will mir das Teil in die Harnblase reinschieben. Als ich ihn drinnen hatte, ist er ganz langsam mit leichten Stößchen gekommen. Ich habe währenddessen zwar nicht auf die Uhr geschaut, aber schon darüber nachgedacht, wie lange das wohl dauert. Es war länger als fünf Minuten, aber auch nicht viel länger. Ihn in mir drin zu haben, war ganz komisch. Ein bisschen unangenehm erst, doch ich hatte auch ein irgendwie tolles, warmes Gefühl dabei.

Als er fertig war, blieb er noch kurz drin, dann ging er vorsichtig von mir runter, und wir lagen eine Weile zusammen einfach nur da. Ich in seinem Arm, das war schön. Ein Kondom haben wir nicht benutzt. Ich weiß auch nicht, wieso. Wir haben es einfach vergessen.

Als ich mich umdrehte, machte es plötzlich »pups«. Wenn man Sperma in sich hat, macht man ja immer diese Pups-Geräusche. Das wusste ich damals aber nicht und war ein bisschen irritiert. Ich setzte mich auf, und da sah ich, dass das ganze Bett voll war. Alles war weiß.

Ich ging aufs Klo, wo ich feststellte, dass ich meine Tage bekommen hatte. Glücklicherweise fand ich einen Tampon. Als ich ihn einführen wollte, tat das aber so megaweh, dass ich's sein ließ und eine Binde benutzte. Meine Scheide fühlte sich total wund an. Später bekam ich auch noch Bauchschmerzen, da machte er mir eine Wärmflasche. Wir rauchten zusammen eine, für mich war's die erste Zigarette meines Lebens, und schauten uns Kinderbilder von ihm an.

Später, als das Licht schon aus war und wir nebeneinander lagen, fragte er mich, ob er mir vorhin wehgetan hätte. Ich sagte, nee, dann brachte er irgend so einen Spruch wie: »Das Letzte, was ich will, ist dir wehzutun.« Das fand ich so toll und süß von ihm, dass ich mich gleich zu ihm rankuschelte.

Am 24. morgens holten mich meine Eltern wieder bei ihm ab. Abends sah ich ihn mit der ganzen Clique in der Kirche. Isa hatte die Idee, dass wir alle zusammen gingen. Das war auch richtig romantisch, und danach haben wir uns alle die Geschenke überreicht. Marcel und ich schliefen erst mal eine Weile nicht miteinander. Mir tat es einfach noch zu weh, ich hatte richtige Schmerzen. Außerdem dauerten meine Tage komischerweise auch viel länger als sonst. Normalerweise hatte ich sie drei, vier Tage, jetzt zogen sie sich zwei Wochen hin.

Ich weiß nicht, ob er sich Sorgen gemacht hat. Er hat auf jeden Fall so getan.

Ich bin dann auch zur Frauenärztin. Jetzt untersuchte sie mich richtig auf dem Stuhl. War aber nicht so aufregend, wie ich dachte. Man fühlt sich, als ob man von einer Frau vergewaltigt wird, man fühlt sich total ausgeliefert. Sie meinte danach, es sei alles in Ordnung.

Drei, vier Wochen später schliefen wir zum zweiten Mal miteinander. Wir waren davor mit unserer Clique in einer Kneipe und hatten schon einiges getrunken. Ich hatte wieder die tolle Reizwäsche an, und da ging's dann richtig ab. Weil ich schon ein bisschen voll war, tanzte ich erst zur Musik und zog mich dabei aus, bis ich nur noch Tanga und BH anhatte. Wir stürzten uns beide regelrecht aufs Bett drauf, und es ging los.

Dieses Mal brannte es nur noch ein bisschen und machte schon richtig Spaß. Vor allem, weil ich jetzt viel mutiger war. Beim ersten Mal lag ich unten und er oben – klassisch. Dieses Mal lag ich zwar auch erst unten, dann haben wir's aber umgedreht, sodass ich oben lag. Das ist schon ein anderes Gefühl. Danach fühlte ich mich viel erwachsener.

Auch beim zweiten Mal haben wir kein Kondom benutzt. Wegen Aids war ich mir damals bei ihm richtig sicher. Jetzt wäre ich natürlich nicht mehr so leichtsinnig. Etwa acht Monate später – da war ich mit Marcel schon nicht mehr zusammen – machte ich einen Aids-Test. Ich hatte mich in der Zahnarztpraxis, in der ich gerade meine Ausbildung angefangen hatte, mit einer Nadel gestochen. Als der Test negativ war, fiel mir ein ziemlicher Stein vom Herzen. Drei Monate später, im März, erfuhr meine Mama, dass ich mein erstes Mal schon hinter mir hatte. Allerdings erzählte ich ihr das nicht freiwillig. Meine Tage waren überfällig. Ich war zwar nur zwei Tage drüber, aber weil ich sie immer sehr pünktlich hatte, bekam ich eine Riesen-Angst, dass ich schwanger sein könnte. Marcel dagegen schien gar nicht schockiert. Er meinte: »Wenn's ein Junge wird, behalten wir's. Wenn's ein Mädchen wird, behalten wir's nicht.« Um mich zu ärgern, sagte er: »Ich sage es jetzt meiner Mutter.« Er fing schon an, »Mama!« zu rufen, ich hielt ihm aber den Mund zu.

Weil ich's vor Angst nicht mehr aushielt, ging ich zu meiner Mutter: »Mama, ich bin schwanger«, sagte ich zu ihr, »Ich habe mit dem Marcel geschlafen, und jetzt krieg' ich meine Tage nicht mehr.« Sie war total schockiert und machte mich zur Sau: »Ach du Scheiße, wie kann man's in deinem Alter schon so nötig haben! Ich dachte, du lässt dir ein bisschen länger Zeit.« Ich weiß, dass sie es nicht so meinte. Sie hatte halt einfach wahnsinnige Angst. Für mich war's in dem Moment allerdings schon hart.

Weil sie erst mal nicht mit mir redete, ging ich zu der älteren Schwester meiner Freundin. Sie war schon 24 und beruhigte mich ein bisschen. Das würde noch gar nichts heißen, es seien ja nur zwei Tage. Meine Mama kam später doch noch zu mir und beruhigte mich auch. Am Tag darauf bekam ich sie zum Glück.

Es gab eigentlich keine weiteren Konflikte mehr mit meiner Mama. Sie erzählte es zwar meinem Vater. Aber der sprach mich darauf nicht an. Über so was hätte ich mit ihm auch nie geredet. Das wäre mir viel zu unangenehm gewesen.

Im selben Jahr entwickelte sich das mit Marcel und mir allmählich auseinander. Der Sex wurde mit der Zeit langweilig. Irgendwann nagte auch wieder die Angst an mir, er könnte was mit einer anderen anfangen. Er hatte eine größere Schwester, die immer ihre Freundinnen mitbrachte. Die machten Marcel an, und ich lebte von da an in ständiger Angst, eine von denen könnte mal über ihn drüberhupfen. Als er seinen Führerschein hatte, dachte ich, jetzt kommt der ja überall mit dem Auto hin und kann zu anderen Mädchen fahren. Durch die Berufsschule – er hatte inzwischen eine Lehre als Maurer angefangen – hatte er auch neue Freunde aus der Stadt. Einer hatte schon eine eigene Wohnung, und da hingen sie oft zusammen rum. Über zehn Ecken kriegte ich mal raus, dass er da auch öfter pennte und dass da auch Mädchen dabei waren.

Lange hielt es dann nicht mehr mit uns. Etwas später erfuhr ich nämlich, dass er mit einer 24-Jährigen rumgeknutscht hatte. Eine Schlampe aus dem Jugendtreff. Das erzählten mir seine Kumpels später und meinten, der Marcel sei halt so. Sie sagte es mir sogar selbst mal ins Gesicht. Da wusste sie aber noch nicht, dass ich seine Freundin bin. Sie war total besoffen. »Ich lieb' den Marcel nicht, aber der hat so viel Stress mit seiner Freundin, und ich wusste genau, wenn ich mit dem rummach', geht's ihm für einen Moment ein bisschen besser.« Ich hätte ihr am liebsten die Gurgel rumgedreht.

Bei mir kam dadurch auch die Geschichte mit Isa wieder hoch, und ich dachte mir, wer weiß, wie viele Tussis jetzt noch kommen. Dem Typen kannst du doch nicht mehr trauen, der ist es nicht wert. Wir haben noch ein paarmal telefoniert, uns aber fast nur noch gestritten. Im Endeffekt hat sich einfach keiner von uns beiden mehr gemeldet. Und das war's dann mit uns.

Wir waren ein Jahr zusammen, meine bisher längste Beziehung. Nach ihm hatte ich noch ein, zwei Freunde. Das waren aber nur so Wochenbeziehungen, Sex hatten wir nicht. Im gleichen Jahr, im September 2006, zog ich nach München. Da hatte ich erst keinen Freund, dann lernte ich einen aus Bayreuth kennen. Mit dem war ich ein paar Monate zusammen, und wir haben auch miteinander geschlafen. Das war aber insgesamt noch schlimmer als mit Marcel. Da hatte ich erst mal die Nase voll und dachte, nee, nie wieder einen Freund, das brauchst du nicht. Gerade habe ich aber wieder jemanden kennengelernt. Schau' mer mal.

Rosen, Kerzen und Whitney Houston

Cecilia, 16, Schülerin
Erstes Mal 2006 mit 14 Jahren

Ältere Schwestern sind toll. Die machen die meisten Erfahrungen früher, und dann kann man sie schön ausfragen. Meine Schwester ist zwei Jahre älter als ich. Wir haben immer zusammen *Bravo*, *Glamour* und alle möglichen anderen Mädchenzeitschriften gelesen und darüber diskutiert. Ich konnte Andrea alles fragen – natürlich auch zum ersten Mal. Sie hatte ihrs ja früher als ich.

Ich weiß noch, dass sie eines Morgens an den Frühstückstisch kam und irgendwie ganz komisch war. Danach habe ich sie mir geschnappt, mich mit ihr ins Zimmer gesetzt und sie ganz direkt gefragt: »Mensch, Andrea, was ist denn mit dir los?« Sie wollte erst nicht so recht damit rausrücken. »Och, nichts.« Ich hakte natürlich nach: »Wie, nichts ...?« Dann sprudelte sie los: »Ich hatte mit meinem Freund mein erstes Mal.« Natürlich war ich tierisch neugierig und rief: »Was, echt, erzähl, erzähl, erzähl!«

Sie erklärte mir, wie es bei ihr abgelaufen war. Als sie aber meinte, es könnte auch wehtun, dachte ich: »Oh je, nee, das will ich nicht.« Ich hatte deshalb auch eine ganze Weile Bammel davor. Sie erzählte es auch unserer Mama, und die meinte gleich ganz praktisch, sie würde jetzt mit ihr zum Frauenarzt gehen und ihr die Pille verschreiben lassen. Damit das auch geregelt wäre.

Als meine Mama erfuhr, dass ich meinen ersten Freund habe, ist sie auch sofort auf mich zugekommen: »Cecilia, wenn du dir sicher bist, dass du mit ihm schlafen willst, dann komm bitte zu mir. Dann gehen wir auch erst mal zusammen zum Arzt.«

Mit meinen ersten beiden Freunden, der eine 14, der andere 17, wollte ich aber noch nicht so weit gehen. Das waren eher noch so Kinderbeziehungen mit flüchtigen Küsschen und Händchenhalten. Sonst gar nichts. Alles ziemlich harmlos und unschuldig.

Wenn es darum ging, bei einem Jungen zu übernachten, waren meine Eltern sehr entspannt. Wir leben zwar in einer Großstadt, in München, aber sie sind nie besonders streng gewesen. Sie vertrauen meiner Schwester und mir. Meine Mutter sagte allerdings immer zu mir: »Tu nichts, was du nachher bereust.« Wir haben ein sehr offenes, tolles Verhältnis. Ich kann mit allen Fragen und Problemen zu ihr kommen, und das mache ich auch ganz oft.

Als ich mit zwölf meine Tage bekam, war sie zum Beispiel die Erste, die ich anrief. Ich saß gerade bei meiner Freundin auf dem Klo, als es auf einmal blutete. Ich war ziemlich geschockt und rief: »Silvie, Silvie, ich blute!« – »Häh, wie, du blutest?«, rief sie durch die Tür. »Ja, ich blute da unten …« Sie wusste sofort, was Sache war und beruhigte mich: »Du hast nur deine Tage bekommen, Cecilia, keine Panik.«

Ich wusste darüber nicht viel. Wir hatten in der fünften Klasse zwar schon Sexualkunde-Unterricht, aber da ging es nicht so sehr um die Tage, sondern mehr über die Bestückung der Frau und des Mannes. In der *Bravo* meiner Schwester hatte ich zwar auch mal von den Tagen gelesen, klar, aber das war eher so abstrakt. Ich konnte mir überhaupt nicht vorstellen, wie das wirklich ist.

Silvie gab mir erst mal eine Binde. Tampons habe ich noch nicht benutzt, dazu war ich noch nicht bereit. Als wir nach draußen gehen wollten, meinte sie plötzlich: »Mensch, Cecilia, was gehst'n du so komisch?« Ich war irritiert. »Wieso, ich geh' doch gar nicht komisch.« – »Doch«, meinte sie. Dann mussten wir beide lachen. Es war halt ein komisches, ungewohntes Gefühl mit der Binde zwischen den Beinen. Als ich meine Mutter an der Arbeit anrief und ihr erzählte, dass ich gerade meine Tage bekommen hätte, war sie auch ein bisschen aufgeregt: »Wo bist du denn jetzt? Hast du was zum Reinlegen? Und wie geht es dir denn?«, wollte sie wissen. Später zu Hause setzte sie sich mit mir hin und erklärte mir in aller Ruhe und ganz genau, was das ist, warum ich das habe und wie oft.

Auch, wenn ich sie vieles frage und ihr viel erzähle, manchmal rede ich lieber zuerst mit meiner Schwester. Einfach, weil sie vieles mehr mit meinen Augen sieht. Als ich mein erstes Mal hatte, bin ich zuerst zu ihr gegangen. Meiner Mutter habe ich es ein paar Tage später erzählt.

Mit meinem Vater habe ich nicht geredet. Nicht über die Tage. Nicht über meine Freunde. Und erst recht nicht über mein erstes Mal. Darüber kann ich mit meinem Papa nicht reden.

Ich habe zu ihm aber auch nicht das enge Verhältnis, das ich zu meiner Mama habe. Inzwischen sehe ich ihn ohnehin nicht mehr ganz so oft, weil er ausgezogen ist. Meine Eltern leben in Scheidung.

Erst mit meinem dritten Freund wurde es ernster. Da war ich knapp 15. Ich habe ihn kennengelernt, als ich mit Silvie und ihrem Freund aus war. Es war sein bester Kumpel. Ich fand ihn von Anfang an ganz toll und er mich auch. So kamen wir recht schnell zusammen.

Er war in jeder Hinsicht genau mein Typ. Drei Jahre älter, dunkelblondes Haar, blaue Augen, gut gebauter Körper. Vor allem war er nicht so wie die anderen Jungs. Bei den meisten hatte ich immer das Gefühl, sie sind nur auf das Eine aus, wollen nur mit einem schlafen, und wenn sie das bekommen haben, schieben sie einen ab.

Als ich mir sicher war, dass ich mit ihm mein erstes Mal erleben möchte, erzählte ich es meiner Mutter, und wir sind dann auch gleich zum Frauenarzt gegangen. Die Untersuchung war schon komisch und unangenehm, ich war ja noch Jungfrau. Ich bekam die Pille verschrieben, aber nicht nur zur Verhütung, auch deshalb, weil ich immer so schlimme Unterleibsschmerzen und auch sehr schlechte Haut hatte. Als der Arzt dann anfing, einiges zu erklären, wollte ich das gar nicht hören. Das war mir eher unangenehm. Ich wollte das lieber allein mit meiner Mutter besprechen.

Sie setzte sich auch gleich nach dem Arzttermin mit mir hin. Wir redeten über die Pille, was wichtig ist, wie man sie einnehmen muss. Wir kamen natürlich auf das ganze Thema »miteinander schlafen«. Das war ein richtig tolles Aufklärungsgespräch. Sie erzählte von allen möglichen Krankheiten, die man durch Geschlechtsverkehr bekommen kann. Aids, Syphilis, Pilze, Gebärmutterhalskrebs … Ich weiß noch, dass sie mir sagte: »Der beste Schutz ist immer noch ein Kondom. Es schützt vor Aids und vor allen anderen Krankheiten.«

Sehr gut fand ich, dass meine Mama auch von ihrem ersten Mal erzählte. Das war natürlich spannend für mich. Außerdem hatte ich dadurch das Gefühl, ich könnte auch zu ihr kommen, wenn es bei mir so weit war. Was ich dann aber doch nicht getan habe.

In meinen Freund war ich wirklich sehr verliebt. Mit ihm habe ich auch zum ersten Mal richtig geknutscht, mit Zunge. Das war schön, denn er konnte auch sehr gut küssen. Wir sind mal ins Kino oder mal Kaffee trinken gegangen, und er hat mich auch immer wieder nach Hause gebracht. Das gab meiner Mama das Gefühl, dass ich bei ihm in guten Händen war. Und so habe ich mich auch gefühlt.

Wir haben uns öfter über das erste Mal unterhalten. Er wusste, dass ich noch Jungfrau bin und sagte immer: »Ich mache es nur, wenn du dazu bereit bist.« Er hatte schon ein bisschen Erfahrung, bei seinem ersten Mal war er 15. Das Schöne bei ihm war, dass er sich in jeder Hinsicht auf mich einstellte. »Wenn du es mit Kondom willst, machen wir das auch«, meinte er mal. Klar wollte ich mit, und das war dann auch ganz selbstverständlich. »Alles ganz easy«, sagte er oft.

Und dann, am 9. September – wir waren schon vier Monate zusammen –, kam es dazu. »Lass uns an der Isar spazieren gehen«, hatte er am Telefon vorgeschlagen, und da trafen wir uns dann auch am Nachmittag. Die Luft war warm, die Sonne schien, es war ein richtig schöner Herbsttag. Wir sind händchenhaltend den Weg langgelaufen, haben uns immer wieder geküsst. Ich hatte Schmetterlinge im Bauch, fühlte mich rundum wohl mit ihm.

Danach sind wir zu ihm nach Hause. Es war schon klar, dass ich bei ihm übernachten würde. Es war das erste Mal. Ich hatte es meiner Mama gesagt, und sie hatte auch nichts dagegen. Allerdings gab sie mir noch so einiges mit auf den Weg: »Cecilia, nur mit Kondom!« und »Sei vorsichtig!« Auch meine Schwester redete mir ins Gewissen: »Wenn du es nicht willst, dann mach's nicht!«

Es war keiner da bei ihm zu Hause, was mich ziemlich gewundert hat. Wir zogen erst mal Jacken und Schuhe aus. Seine Eltern hatten ein Haus, sein Zimmer lag im Erdgeschoss.

Kaum hatte ich meine Jacke aufgehängt, legte er mir auch schon eine Augenbinde an. »Was ist denn jetzt los?«, fragte ich irritiert. Er sagte nichts, nahm mich an der Hand und führte mich in sein Zimmer. Auf der Schwelle nahm er sie mir ab und – Wow!!!

Auf dem Boden, auf dem Bett, überall im Zimmer hatte er Rosenblätter verstreut. Überall waren Kerzen aufgestellt, und es duftete nach Lavendel. Ich war sprachlos. Dann legte er auch noch den Whitney-Houston-Song »I will always love you« auf. Das war total süß. Da war ich sehr gerührt.

Wir legten uns zusammen auf sein Bett, kuschelten und streichelten uns. Ich weiß noch genau, was ich anhatte: schwarzweiße Hotpants, an der Seite mit rosa Schnürung und dazu ein passendes enges Top. Als ich anfing, an seinem Oberteil zu ziehen, merkte er, dass ich es auch wollte. Das war das Signal, darauf hatte er nur gewartet. Das sagte er mir auch später. Er fragte mich aber trotzdem noch mal: »Bist du wirklich bereit dafür?« – »Ja«, sagte ich und schaute ihm in die Augen, »ich bin bereit dafür.«

Wir zogen uns gegenseitig immer weiter aus. Sehr langsam und zärtlich. Er heizte mich mit Küssen auf, fing beim Hals an, ging runter bis zum Bauch und streichelte mich dabei überall. Da wurde ich auch schon leicht geil. Er führte ihn dann langsam ein. Und das tat ziemlich weh, das muss ich schon sagen. Das war wirklich nicht angenehm.

Er hat es aber auf eine Art und Weise gemacht, die total toll war. Er bewegte sich ganz, ganz vorsichtig und behutsam, fragte mich bestimmt zehnmal: »Ist alles in Ordnung?« Und er beruhigte mich: »Das ist nur beim ersten Mal so. Beim zweiten Mal tut's nicht mehr so weh.« Er war wirklich unglaublich süß. Deshalb war es trotz der Schmerzen für mich auch sehr schön und romantisch. Ich fühlte mich völlig sicher bei ihm.

Wir waren insgesamt fast drei Stunden zugange. Er hat sich richtig viel Zeit gelassen. Einen Orgasmus hatte zwar keiner von uns, aber das war auch nicht wichtig.

Danach hatte ich erst mal das Gefühl, ich könnte mich nicht so richtig bewegen. Es hat ja sehr weh getan. Wir lagen noch eine ganze Weile zusammen. Dann stand ich auf, weil ich dringend aufs Klo musste. Und da sah ich es dann. »Oh mein Gott, ich blute«, durchfuhr es mich. Ich wusste schon, dass das passiert, wenn das Jungfernhäutchen reißt. Das hatte mir meine Mama auch erklärt. Aber es war dann doch ein bisschen erschreckend.

Ich weiß noch, ich schaute mich dann lange im Spiegel an und dachte: »Jetzt bist du keine Jungfrau mehr.« Es war ein schönes Gefühl. Ich fühlte mich irgendwie anders, ein bisschen erwachsener.

Ich ging zurück ins Zimmer, zurück zu ihm, und irgendwann schlief ich in seinen Armen ein. Am anderen Morgen frühstückten wir noch zusammen. Seine Eltern waren immer noch weg. Es stellte sich heraus, dass sie übers Wochenende weggefahren waren.

Kaum war ich zu Hause – ich muss irgendwie seltsam gewesen sein –, nahm mich Andrea auch schon zur Seite: »Du hattest bestimmt dein erstes Mal ...«, meinte sie verschwörerisch und grinste. Sie hat mir das irgendwie angesehen, so wie ich ihr damals auch. Als wir in unserem Zimmer waren, erzählte ich ihr alles. Dass es sehr romantisch war, dass er sehr vorsichtig war, dass ich mich die ganze Zeit total wohl gefühlt habe. »Wow, Cecilia, hast du ein Glück gehabt«, staunte sie. Sie war richtig neidisch, weil es mit ihrem Freund wohl nicht so schön gewesen war.

Erst ein paar Tage später habe ich es auch meiner Mutter erzählt. Ich habe allerdings erst mal ein bisschen drumherum geredet, bis ich auf den Punkt kam: »Du, Mama, ich habe mein erstes Mal jetzt hinter mir.« Sie freute sich sehr für mich und meinte: »Das wirst du bestimmt nie vergessen.« Das werde ich mit Sicherheit nicht.

Ich habe noch zweimal mit ihm geschlafen. Beim zweiten Mal tat es zwar noch ein bisschen weh, aber es war schon viel leichter. Richtig Spaß gemacht hat es allerdings erst beim dritten Mal.

»Mit dem Jungen, mit dem du dein erstes Mal erlebst, bleibst du für immer zusammen«, habe ich vorher immer gedacht. War aber leider nicht so. Nur vier Wochen später trennten wir uns. Er hat Schluss gemacht. »Ich liebe dich nicht mehr. Ich habe mich in eine andere verguckt«, sagte er zu mir. Das fand ich ziemlich krass. So hatte ich ihn überhaupt nicht eingeschätzt. Ich hatte noch im Kopf, wie liebevoll er bei meinem ersten Mal gewesen war. Und das war ja noch gar nicht lange her.

Ich kam mir in dem Moment dann auch ein bisschen benutzt vor und sagte ihm das auch: »Wolltest du nur mit mir schlafen? Wolltest du nur das?« – »Nee, das wollte ich nicht. Überhaupt nicht«, meinte er nur und zuckte hilflos mit den Achseln. »Nur ... Ich habe halt jemand anders kennengelernt. Das hat sich so ergeben.« Natürlich fing ich an zu heulen. Ich fragte zwar noch mal: »Können wir es nicht noch mal miteinander versuchen ...?« Aber es hatte keinen Sinn mehr.

Mit meinem zweiten richtigen Freund habe ich nur zweimal geschlafen. Mit ihm hatte ich meinen ersten Orgasmus. Das war natürlich ein schönes, aber irgendwie auch ein komisches Gefühl. Nur einmal haben wir kein Kondom benutzt. Das ist einfach passiert, und hinterher war mir schon etwas mulmig. Nach vier Monaten habe ich Schluss gemacht. Ich hatte rausbekommen, dass er fremdgegangen war.

Mit dem dritten hielt es auch nur ein paar Monate. Ich hatte das Gefühl, dass er ständig nur das Eine im Kopf hatte, immer nur Sex von mir wollte. Einfach nur nebeneinander zu liegen und zusammen einen Film zu gucken, das ging mit ihm nicht. Er musste mich immer gleich überall anfassen, an die Brüste, zwischen die Beine und so weiter. Wenn ich meinte: »Nein, ich will heute nicht!«, reagierte er immer zickig.

Das ging mir nach einer Weile so auf die Nerven, dass ich ihn zur Rede stellte: »Jedes Mal, wenn wir den Fernseher anmachen und nebeneinander liegen, musst du mich angrabschen. Du willst doch nur mit mir schlafen!« – »Nein, will ich gar nicht«, behauptete er. Ich gab ihm dann noch eine Chance: »Na gut, wir probieren es noch mal, aber wenn sich das nicht ändert, ist es aus.« Es änderte sich natürlich nicht.

Mit meinem jetzigen Freund bin ich auf der Wiesn zusammengekommen. Er ist zwanzig und macht beim Bund eine Ausbildung zum Bürokaufmann. Mit ihm schlafe ich richtig gerne. Man merkt, dass er schon viel Erfahrung hat. Allerdings will er zu oft. Manchmal in der Früh, mittags und abends. Wenn ich es zu oft mit einem Jungen mache, dann vergeht mir aber die Lust. Das wird langweilig. Größere Abstände dagegen steigern das Verlangen. Ich finde, dann wird es viel spannender.

Wir machen es meistens in der normalen Stellung, also der Missionarsstellung. Von hinten, das ist nicht so meins. Ich möchte ja gerne meinen Freund anschauen, wenn ich mit ihm schlafe. Außerdem könnte ich mich gar nicht entspannen, wenn ich mir vorstelle, dass er hinter mir vielleicht irgendwelche Grimassen schneidet.

Er würde bestimmt sehr gerne sehr viel mehr ausprobieren, klar, aber mein Ding ist das eher nicht. Und so ganz verrückte Orte, eine Umkleidekabine zum Beispiel, nee, das brauche ich auch nicht. Ich mag es am liebsten im Bett, bei ihm oder bei mir. Richtig schön ist es bestimmt auch mal im Urlaub in einem Hotelzimmer. In der freien Natur, an einem See, das könnte ich mir auch noch vorstellen. Dann aber ganz romantisch. Mit allem Drum und Dran. Decken, Kerzen, Champagner und Rosen.

Ich liebe ihn, weil er mich liebt, so wie ich bin. Ich muss mich nicht verstellen. Er kritisiert nicht ständig an mir herum. Bei meinen vorherigen Freunden musste ich mich anziehen, so wie sie es wollten, mich benehmen, so wie sie es wollten. Und immer hatten sie irgendwas zu meckern. Du bist zu dick, du hast zu kleine Brüste, du hast dies, du hast das …

Das ist bei ihm ganz anders. Gut, manchmal ist er auch ein bisschen zickig, und deswegen streiten wir uns schon mal. Aber das ist ja normal.

In zehn Jahren würde ich gerne heiraten. Ein Häuschen wäre schön, etwas außerhalb von München, da, wo die Luft besser ist.

Er hat zu mir auch schon gesagt, dass er in zwei Jahren seine Kinder auf dem Boden krabbeln sehen will. Das habe ich ihm aber ganz schnell wieder ausgeredet. Nee, wirklich nicht. Mit 18 will ich noch keine Kinder kriegen. Das hat echt noch Zeit.

Schwanger beim zweiten Mal

Marta, 16, Schülerin
Erstes Mal 2006 mit 14 Jahren

Ich mag Bushido. Das ist einer, der über die Realität Musik macht, der sagt, wie es ist. Er hat ein Lied über seinen Vater geschrieben, das ich echt schön finde. Als er drei war, hat der Vater ihn verlassen. Er war Alkoholiker, hat die Mama nur geschlagen. Jetzt macht Bushido darüber so tolle Musik. Dass er dazu noch die Kraft hat, finde ich echt krass. Bei Azad ist es genauso. Er hat seine Tochter verloren, als die Mutter mit dem Kind wegzog. Jetzt macht er eigentlich nur noch Lieder über seine Tochter. Ich finde es schön, wie er das hinkriegt, über sie Musik zu machen, obwohl er sie nie sieht. Wär' ich seine Tochter und würde seine Lieder hören, ich glaub', ich würde weinen.

Ich hab' ganz viele Poster der beiden in meinem Zimmer hängen. Ich finde es faszinierend, was sie aus ihrem Leben gemacht haben. Sie sind beide Vorbilder für mich, weil sie bewiesen haben, dass man es schaffen kann. Man muss nur an sich glauben.

Ich bin mit 14 schwanger geworden. Seit der Geburt meines Sohnes Leon lebe ich in einem Mutter-Kind-Heim in Nordrhein-Westfalen. Das hat das Jugendamt so entschieden. Ich sollte aus meinem Umfeld raus. Da wir schon sieben Kinder zu Hause sind, wollte das Jugendamt nicht, dass noch ein achtes dazukommt.

Meine Mutter ist 33. Nur meine kleinste Schwester, sie ist drei, lebt ganz bei ihr und ihrem jetzigen Lebensgefährten. Meine anderen Geschwister kommen alle 14 Tage zu Besuch, sie leben woanders. Wir sind ja fast alle von verschiedenen Vätern.

Zu meinem leiblichen Vater, er ist 42, habe ich keinen Kontakt mehr. Das will ich auch nie mehr. Er trinkt viel Alkohol und wird dann schon mal aggressiv. Das möchte ich Leon nicht antun. Ich habe meinen Vater mein Leben lang verflucht für das, was er mir und meiner Schwester und vor allem meiner Mama angetan hat. Sie hat Narben, die sie nie wieder wegkriegen wird. Einmal hat er ihr ein Messer in den Arm gerammt. Mit dem kann sie jetzt nicht mehr viel machen. Als ich noch ganz klein war, hat sich meine Mutter von ihm getrennt. Was für einen Beruf er hatte, weiß ich gar nicht. Ich glaube, der hat nie wirklich was gemacht.

Es war immer ein bisschen chaotisch bei uns zu Hause. Es ist nicht so, dass meine Mutter geschimpft und herumgeschrien hätte, das nicht. Es war einfach sehr durcheinander, laut und unruhig. Sie hatte verschiedene Jobs, hat mal als Kellnerin gearbeitet, dann bei einem Gebäudereinigungsdienst, und wir sind auch oft umgezogen. Ich trieb mich meist draußen herum, hab' mir nie was sagen lassen und gemacht, was ich wollte. Das hab' ich mir von anderen in der Grundschule abgeguckt. Die haben oft bei mir angeklingelt, und dann hingen wir zusammen auf der Straße rum.

Ich glaube, in der dritten Klasse ging es in der Schule mit der Aufklärung los. Da wurde uns erzählt, wie Kinder entstehen. Vor meinem ersten Mal mit 14 wusste ich dann eigentlich alles. Dass es die Pille und Kondome gibt für die Verhütung zum Beispiel. In der Schule haben sie das mit den Kondomen gesagt, meine Mama hat mir das mit dem Ring erklärt.

Zu ihr konnte ich immer gehen, wenn ich Fragen hatte und wenn mir sonst irgendwas auf dem Herzen lag. Das habe ich auch oft gemacht. Als ich noch kleiner war, daran kann ich mich noch erinnern, habe ich sie mal gefragt, wieso Jungs was mit Mädchen machen wollen, obwohl es doch auch Jungs gibt. Das hat sie mir erklärt, mir da aber auch schon von Bisexuellen und Homosexuellen erzählt.

Von Aids hatte ich schon früh gehört, ich glaube, zuerst in den Nachrichten. Ich gucke, seit ich zehn bin, jeden Abend Nachrichten. Meiner Lehrerin konnte ich am anderen Morgen in der Schule dann immer sagen, was passiert war. Einmal kam eine 28-jährige Aids-Kranke zu uns in die Schule, das werde ich nie vergessen. Sie sagte, sie hätte nicht mehr lange zu leben, alles sei ganz schrecklich, sie hätte sich ihr Leben anders vorgestellt. Sie sah schlimm aus, hatte überall Flecken, und ihre Haut war zerfressen. Da dachte ich bei mir, um Gottes willen, so was will ich nicht haben.

Für mich war immer klar, dass ich nicht einfach mit irgendjemandem schlafen will, nur, um es hinter mir zu haben. Ich meine, man sollte sich darüber klar sein, ob man mit demjenigen eine Beziehung will. Bei mir war es so. Der Junge, mit dem ich mein erstes Mal hatte, war von Anfang an etwas ganz Besonderes für mich. Für mich war schon lange vorher klar, dass ich mit ihm zusammen sein will.

Ich finde, Sex wird heute viel zu wichtig genommen. Überall wird mit halbnackten Frauen geworben, sogar H&M macht das. Das finde ich nicht schön. Wenn ich meine acht Jahre jüngere Schwester früher vom Kindergarten abholte und mit ihr an solchen Werbeplakaten vorbeilief, dachte ich oft, das sollte verboten werden. Auch im Fernsehen ist das heute heftig. Wenn Werbung für einen nachfolgenden Spielfilm gemacht wird, werden schon mal Szenen gezeigt, in denen zwei Geschlechtsverkehr haben. Das finde ich unmöglich.

Mit meinen Freundinnen habe ich mich gar nicht über Jungs unterhalten, die *Bravo* habe ich auch nicht gelesen. Das meiste kam wirklich von meiner Mutter. Ich fand es gut, dass ich durch sie so viel wusste. So konnte ich mit gutem Gefühl rausgehen und sagen, da muss ich aufpassen und da muss ich aufpassen, und das darf ich nicht machen. Meine Mama hat mich aber auch oft daran erinnert. »Mach keinen Unfug mit den Jungs. Denk dran, was ich dir gesagt habe, dass du noch zu jung bist«, sagte sie später manchmal zu mir, bevor ich mich abends draußen mit meinen Freunden traf.

Als ich zwölf war, zogen wir in einen anderen Stadtteil um. Das wollte ich, weil ich es dort nicht so weit zu der Hauptschule hatte, auf die ich ging. In der neuen Gegend habe ich meine beste Freundin kennengelernt. Mit der habe ich aber leider nichts mehr zu tun, seit Leon auf der Welt ist. Durch sie und ihre Clique lernte ich Ralf kennen. Er ist groß, blond und recht schlank, hat blaue Augen und trägt immer Mützen. Damals war er 16, vier Jahre älter als ich, ging auf die Realschule und machte schon seine eigene Rap-Musik.

Er ist mir von Anfang an aufgefallen, weil er so still war. Er hat nie was gesagt. Ich kann mich noch an ein Treffen der Clique erinnern. Alle redeten durcheinander, nur er sagte nichts. Er saß ganz ruhig da und hielt den Kopf nach unten. Zwischendurch schaute er mal hoch und grinste mich an. Nach ein paar Tagen fing er an, ein bisschen mit mir zu reden. Erzählte von sich und von seiner Musik.

Als die Schule wieder losging – wir hatten uns während der großen Ferien kennengelernt –, sah ich Ralf und die anderen aus der Clique nicht mehr so oft, meist nur noch am Wochenende. Ich war damals auf einer Ganztagsschule, die ging in der Woche bis 16 Uhr. Das wollte meine Mutter, weil sie Angst hatte, dass ich sonst Mist baue. Ich habe bei uns in der Wohnung zum Beispiel dreimal die Glasscheibe einer Tür kaputtgemacht, immer aus Versehen. Ich habe sie einfach nicht gesehen und rannte dagegen.

Wenn ich mich mit den anderen traf, dann meist auf einem großen Platz in unserem Stadtteil. Dort sind ein Kiosk, eine Sparkasse und ein Döner-Laden. Da aßen wir meist was, dann saßen wir einfach da und redeten oder haben gar nichts gemacht, nur rumgegammelt. Es war immer das Gleiche, aber es war trotzdem schön, weil wir alle zusammen waren.

Irgendwann fing ich an, bei mir heimlich Partys zu feiern. Immer, wenn meine Mutter und ihr damaliger Freund nicht da waren, habe ich die Clique zu mir eingeladen. Da wurde auch Alkohol getrunken, den die Älteren mitbrachten. Eigentlich waren alle älter als ich, viele waren so alt wie Ralf, einer sogar noch älter. Ich trank damals aber noch nichts, das ging bei mir erst etwas später los. Die Partys flogen schnell auf, weil die auch bei uns rauchten. Meine Mutter ist ja Nichtraucherin. Da bekam ich zum ersten Mal richtig Ärger mit ihr, sie schimpfte und verdonnerte mich zu Stubenarrest. Dann sah ich die anderen erst mal eine Weile lang nicht.

Zu Ralf hatte ich von Anfang an eine besondere Verbindung. Er war ganz anders als die anderen Jungs, nicht so aufgedreht. Er musste nicht den ganzen Tag draußen rumrennen, unterwegs sein und Action haben. Er mochte es lieber ruhiger, einfach nur irgendwo abhängen, rumgammeln, nichts tun. Er war genau wie ich. Das mochte ich so an ihm. Auch wenn wir uns heute sehen, sitzen wir einfach nur zusammen, kuscheln, reden.

Wir konnten über alles reden. Auch über meine Familie. Eine meiner Schwestern, sie ist zwei Jahre jünger als ich, ist herzkrank, und das ist sehr schlimm für mich. Sie lebt in einer Pflegefamilie und ist oft im Krankenhaus. Im Moment steht ihr Leben wieder auf der Kippe.

Einmal fragte er mich, was ich habe, er hat genau gespürt, dass mir was auf dem Herzen liegt. Ich erzählte ihm von ihr, er hörte einfach zu. Das tat mir gut. Er spürte, dass ich nicht gerne darüber rede, weil es mir so weh tut, und er sagte, er würde nie jemandem was davon erzählen oder Andeutungen machen. Da merkte ich, dass ich ihm vertrauen kann. Durch das, was mein

Vater meiner Mutter angetan hat, bin ich sehr vorsichtig mit Männern. Es dauert lange, bis ich zu jemandem Vertrauen fasse.

Mit 13 wurde ich zu Hause immer zickiger, vor allem gegenüber meiner Mutter. Ich ließ mir nichts mehr sagen. Ihr damaliger Freund sagte oft zu ihr: »Lass sie reden, du regst dich darüber eh nur auf.« In dem Jahr fing ich an, die Schule zu schwänzen. Bis viertel vor vier in der Schule sein, das war mir plötzlich einfach zu lange. Meine beste Freundin und mein bester Freund, die eine Klasse weiter waren, hatten viel früher Schluss. Also ging ich auch früher, schon um zehn nach eins, und ließ die letzten beiden Stunden sausen.

Da meine Mutter den ganzen Tag arbeitete, merkte sie es ganz lange nicht. Auch in der Schule fiel es nicht auf. Wir waren ja auch sehr viele in der Klasse, 36. Es kam dann zufällig raus. Ein Lehrer erwischte mich mittags mal bei einem Plus-Laden in der Nähe der Schule und rief meine Mutter an. Ich bekam eine ganze Weile Stubenarrest und sah die anderen lange Zeit nicht.

Richtig geredet hat meine Mutter mit mir darüber zunächst nicht. Vielleicht hätte ich das gebraucht. Als ich nach dem Schwänzjahr mit einem ganz schlechten Zeugnis nach Hause kam – ich hatte nur Fünfen und Sechsen – hat sie überhaupt nicht reagiert. Ich habe es ihr gezeigt, sie hat aber nichts gesagt. Ich bekam noch nicht mal Stubenarrest dafür, durfte ganz normal rausgehen. Das Zeugnis hab' ich dann in die Mülltonne geschmissen – und nach den Sommerferien weiter geschwänzt.

Bei Leon würde ich das mal anders machen. Wenn er mal so was machen sollte, dann würde ich ihn sofort darauf ansprechen, ihn fragen, warum er schwänzt, und wenn er sagt, er hat keine Lust mehr auf Schule, würde ich weiterbohren und ihn fragen, was man dagegen machen kann. Ich würde mit ihm kämpfen, dass er weitergeht. Er soll sich nicht die Zukunft so verbauen wie ich. Ich hab' mir meine Steine schon einigermaßen wieder aus dem Weg geräumt, aber ich habe noch ein paar vor mir liegen.

Meine Freunde redeten mir zwar irgendwann ins Gewissen. Sie meinten, dass ich blöd sei, dass das keiner von ihnen machen würde und dass ich mir damit mein Leben verbauen würde. Das hat mich aber nicht interessiert. Die verstanden mich doch gar nicht. Sie waren alle älter und wussten gar nicht, wie es war, den ganzen Tag in der Schule sitzen zu müssen und danach nicht mehr viel machen zu können. Als sie sagten, ich dürfe erst wiederkommen, wenn ich wieder zur Schule ginge, war mir das dann auch egal. Ich nahm es einfach hin, dass ich sie nicht mehr sehen durfte, und hatte dann eben eine Weile keinen Kontakt zu ihnen.

Meine Mutter und Ralf waren es schließlich, die mich nach drei Wochen zur Vernunft brachten. Eines Abends schnappte mich meine Mama, weil ich mal wieder ganz schön ausgerastet bin, und redete mit mir. Sie sagte, dass ich noch von der Schule fliegen und mir mein ganzes Leben versauen würde, dass das doch nicht mehr so weitergehen könnte. Weil auch Ralf, den ich als Einzigen aus der Clique in der Schwänz-Zeit noch sah, mich bat, doch wieder regelmäßig hinzugehen, tat ich es dann auch. Das war kurz vor den Herbstferien, kurz bevor ich 14 wurde.

Zum Beweis, dass ich nicht mehr schwänzte, zeigte ich den anderen aus der Clique meine Hausaufgaben. Ich wollte ja wieder was mit ihnen zusammen machen, wieder mit ihnen zusammen sein. »Denkst du dir das auch nicht aus?«, fragten sie. Da meinte ich: »Ihr könnt ja meine Mutter anrufen.« Haben sie aber nicht gemacht, sie glaubten mir. Einmal schwänzte ich dann aber doch noch mal, das habe ich ihnen aber nie erzählt. An einem Montag war das. Da war ich nach dem Wochenende so müde, dass ich einfach die ersten und letzten beiden Stunden nicht hingegangen bin.

An meinem 14. Geburtstag im Herbst fing es mit dem Alkohol an. Wir haben alle zu Hause bei mir gefeiert, das war von meiner

Mama aus o.k. Später am Abend sind wir dann raus, ich durfte bis zwölf draußen bleiben, und fingen an zu trinken. Die Älteren hatten den Alkohol mitgebracht und ihn bei uns im Keller abgestellt, da ging meine Mama nie rein. Ich habe mich mit Wodka, mit Korn und mit Bier betrunken. Alles gemischt.

Am nächsten Morgen hat es meine Mama gemerkt. Ich kam ja kaum aus meinem Hochbett und lief dann auch etwas komisch und wacklig herum. Sie guckte mich an und meinte: »Du kannst mir ruhig sagen, dass ihr Alkohol getrunken habt. Das ist nicht schlimm. Es war ja dein Geburtstag.« Sie redete mir aber auch ins Gewissen, sagte, dass man es in Maßen akzeptieren könnte, aber dass es nicht in Ordnung sei, wenn ich mich so zukippe. Ich fand es gut, dass sie mir das so direkt und ruhig gesagt hat. Es hat aber eigentlich nicht viel geholfen.

Ein paar Wochen später, an Silvester, habe ich wieder mit den gleichen Leuten gefeiert. Dieses Mal waren wir bei meiner besten Freundin. Auch Ralf war dabei. Wir saßen die ganze Zeit zusammen, haben geraucht, zusammen getanzt und ganz viel geredet. Über die Zukunft und die Vergangenheit, und wir stellten fest, dass das alles passt. Seine Eltern leben auch getrennt, weil der Papa auch so ein Problem hat wie meiner, und er hat auch viele Geschwister, fünf, die er nur selten sieht. Ja, und er ist der Älteste. Genau wie ich. An dem Abend fing es richtig an zu knistern zwischen uns. Da dachte ich zum ersten Mal so bei mir, dass er derjenige sein könnte, mit dem ich mein Leben verbringen will.

Bis wir richtig zusammenkamen, dauerte es aber fast noch ein halbes Jahr. Bis zur Fußball-WM. Kurz bevor sie losging, wurden überall die Leinwände und Bühnen aufgebaut. Auch auf einem Marktplatz in unserem Stadtteil waren sie am Aufbauen. Da trafen wir uns an einem Samstag dann alle, um uns das anzuschauen.

Später nahm er mich in den Arm, und wir gingen zu mir. Meine Mama war auch da, sie kannte ihn schon und fand ihn sehr nett. Später haben sie auch mal zusammen einen getrunken, und da meinte sie dann, dass man mit ihm gut reden könnte.

Wir waren alleine im Wohnzimmer, lagen zusammen auf der Couch, guckten Fernsehen und redeten. Abends sind wir mit ihm und seinem besten Freund weggegangen, da war ich zum ersten Mal in einer Disco drin. Die Türsteher haben mir abgekauft, dass ich 16 bin. Um zwei Uhr sind wir gegangen, zu ihm. Da fing es an …

Ich lag in seinem Arm. Das war was ganz anderes, als von einem Mädchen in den Arm genommen zu werden. Er hat nichts versucht, wir haben nur gekuschelt. Und das war sehr schön, das hat mir total gereicht. Morgens sind wir zusammen aufgestanden. Seine Mutter war da, hat aber noch geschlafen. Die ist auch so ein Langschläfer. Wir gingen zu McDonald's frühstücken, dann brachte er mich nach Hause. Er hat mich immer eingeladen. Er hat immer Geld, kriegt überall welches her.

Das Wochenende darauf sahen wir uns erst wieder. Es war wieder ein Samstag. Die anderen hatten spontan die Idee, auf einer Wiese in unserem Stadtteil zu zelten. Ich weiß noch, dass es mittags plötzlich anfing zu regnen. Meine Klamotten, meine Haare, alles wurde nass. Er ging mit mir zu sich nach Hause und gab mir trockene Sachen: eine Hose und einen langen Pullover. Die Sachen hatte ich den ganzen restlichen Tag an. Bis abends waren wir mit den anderen zusammen. Als es dunkel wurde, setzten wir uns ab. Wir hatten beide schon einiges getrunken, und dann hat sich das alles so ergeben. Als wir an einer Gesamtschule vorbeikamen, setzten wir uns in die Nähe einer Kletterwand auf eine Steinreihe, und da kam er dann auf die Idee. Wir haben nicht groß miteinander geredet, wir haben es einfach gemacht. Er küsste mich. Das war mein erster Zungenkuss und erst mal ein bisschen komisch. Dann fragte er mich: »Ist es schön für dich?« Ich sagte: »Ja, auch wenn es nicht der schönste Ort ist.« Die Steine haben überall gepikst, das war nicht wirklich bequem. Und dann war mir die ganze Zeit auch ein bisschen mulmig, weil ich Angst hatte, dass irgendwas passieren, dass irgendwas schiefgehen könnte. Er hatte zwar ein Kondom genommen, aber ich hatte ständig Angst, dass es platzen könnte. Ich hatte schon so oft gehört, dass das passieren kann. Es ging aber alles gut. Es tat auch nicht weh, und geblutet hat es auch nicht. Aber ich war ja genauso wie er durch den Alkohol ein bisschen benebelt. Eine halbe Stunde waren wir da, dann sind wir Arm in Arm zu den anderen zurückgegangen.

Auf dem Rückweg hatte ich ein bisschen Angst, was die denken könnten. Bevor wir losgegangen waren, hatten wir gesagt, wir würden nur kurz beim Kiosk Getränke holen. Damit es nicht so auffiel, haben wir das zwar noch gemacht, aber sie fragten uns natürlich trotzdem aus. Warum das so lange gedauert hätte, wo wir waren, was wir gemacht hätten und so weiter. Wir haben beide einfach gar nichts gesagt.

Seit dem Abend waren wir richtig zusammen. Vorher irgendwie schon, aber irgendwie auch wieder nicht, jetzt ganz offiziell. Ich hatte das Gefühl, dass ich ihm jetzt noch näher war. Wir redeten über uns. Dass es ja von Anfang an schon so besonders war, dass es da so eine Verbindung gab. Dass es halt einfach mit uns passte. Kurz nach der WM haben wir noch mal miteinander geschlafen. Das war schöner. Da habe ich mich viel wohler gefühlt. Es war auch nicht draußen in der Öffentlichkeit, sondern bei ihm. Ich nahm zwar schon die Pille. Allerdings muss man die ja erst vier Wochen durchnehmen, bis sie wirkt. Das wusste ich zwar, habe dann aber doch nicht an ein Kondom gedacht. Wir hatten an dem Abend ja auch beide wieder was getrunken.

Als er kurz danach auf den Schreibtisch geguckt hat, wo das verpackte Kondom lag, fragte er mich, ob ich die Pille genommen hätte. Ich sagte, das hätte ich, meinte aber, dass es trotzdem sein könnte, dass ich schwanger sei. Weil die vier Wochen ja noch nicht um waren. Da sagte er nur: »Mist, für beide.« Ganz kurz kam dann bei mir zwar Panik hoch, aber das verdrängte ich irgendwie wieder. Es war schon so spät, wir waren müde und wollten einfach nur schlafen.

Zwei Wochen später bekam ich meine Tage. Da war ich natürlich total erleichtert. Es ging mir gut, es schien alles in Ordnung zu sein. Bis mich meine Mutter am Tisch mal ganz komisch anguckte. Ich hatte Kirschen gegessen mit Pommes und Nutella. »Wir gehen morgen zum Frauenarzt«, sagte sie. Das war, glaube ich, der 7. Dezember.

Erst mal war ich noch ganz entspannt. »Nee, du bist nicht schwanger. Ich hatte doch meine Tage«, dachte ich bei mir. Das sagte ich auch dem Arzt. Er meinte aber, es könnten auch Zwischenblutungen sein oder ein Hinweis darauf, dass etwas mit dem Kind nicht stimmt. Er sagte auch was von Fehlgeburt. Dann zeigte er mir den Test – er war ganz schwach positiv.

Auf dem Ultraschall-Bild konnte man deutlich sehen, dass da auf jeden Fall ein Kind war. Man sah eigentlich schon alles: Kopf, Beine, Bauch, Nase, Mund, eine Hand. Da wurde mir plötzlich ganz schlecht. »Warum war ich nur so dumm und hab' nicht aufgepasst«, dachte ich in dem Moment. Zum Abtreiben war es zu spät, ich war schon im vierten Monat.

Meine Mama war noch viel fertiger als ich. Sie schrie die ganze Arztpraxis zusammen. Ich weiß noch, dass sie mit dem Gesicht zur Wand stand und quasi mit der Wand schimpfte. »Du hast dir dein ganzes Leben versaut, jetzt gehst du eh nicht weiter zur Schule. Das ist alles Scheiße.« Sie war nur am Rumfluchen. Später zu Hause beruhigte sie sich wieder und freute sich sogar ein bisschen mit mir.

Als ich dem Arzt sagte, dass ich die ganze Zeit über Alkohol getrunken hätte, meinte er, dass etwas mit dem Kind sein könnte.

Deshalb fuhren wir in die nächste Stadt, wo ich in einer Uniklinik gründlich untersucht wurde. Als die Ärzte Entwarnung gaben, war ich schon mal etwas erleichtert.

Die nächste Zeit war ganz komisch, denn ich durfte es keinem sagen. Vor allem nicht in der Schule. Wer jung Mama wurde, der galt dort als Schlampe. Wir hatten mal eine auf der Schule, die mit 16 ein Kind bekommen hat. Über die sagten das alle. Es kam bei mir später aber doch raus, weil ich in der Hauswirtschaftsstunde immer so viel aß. Mein Bauch fiel natürlich auch irgendwann auf. Seit dem Tag, als unsere Sozialarbeiterin in der Schule das Geheimnis lüftete, bin ich nicht mehr zur Schule gegangen.

Weil ich Angst hatte, wie Ralf reagieren würde, meldete ich mich einfach nicht mehr bei ihm. Damit er mich nicht erreichen konnte, legte ich mir eine neue Handynummer zu. Natürlich versuchte er, mich anzurufen.

Auch seine Mama war schon ganz in Sorge, was mit mir los sei. Vom 7. Dezember bis Ende Januar hatten wir keinen Kontakt. Dann nahm mir meine Freundin einfach mal mein Handy weg und rief ihn an. Als sie es ihm gesagt hatte, legte er auf. Drei Stunden später rief er wieder an. Er fragte mich, ob es stimme. Ich sagte ja und war total am Weinen.

Wir diskutierten darüber, warum ich mich nicht gemeldet hatte, warum ich mir eine neue Handy-Nummer zugelegt hatte, warum ich nichts gesagt hatte. Das hat ihn schon ziemlich belastet. Seiner Mama hat er es nicht erzählt und sich dann auch erst mal nicht mehr bei mir gemeldet. Das musste er erst mal verdauen. Schließlich ist meine Mama zu seiner gefahren. Die war natürlich auch total geschockt und weinte.

Als Ralf und ich uns wiedersahen, haben wir erst mal nicht miteinander gesprochen. Wir trafen uns mit mehreren Freunden von uns und anderen aus der Siedlung. Irgendwie gerieten sich zwei in die Haare, und einer bekam Nasenbluten. Ich konnte zwar kein Blut sehen, aber ich wollte helfen und ihm ein Taschentuch geben.

Ich kramte schon in meiner Tasche, als Ralf sie mir plötzlich wegnahm und zu mir sagte: »Du gehst da nicht hin, du kannst kein Blut sehen. Ich will nicht, dass du umfällst und meinem Kind passiert was.« Da hab' ich ihn nur angeguckt. »Dein Kind? Du interessierst dich nicht, du meldest dich im Moment nicht, und dann willst du mir so was sagen?« Wir machten uns erst mal gegenseitig zur Sau. Schließlich sagte er: »Reg dich nicht auf, du hast mein Kind im Bauch.« Dann nahm er mich in den Arm, wir gingen zu ihm und redeten … Wir einigten uns darauf, dass wir beide fürs Kind da sind, dass wir zusammenhalten müssen, egal, was ist. Es war schön, dass er Verantwortung übernommen hat, aber ich hätte es auch ohne ihn durchgezogen.

Während Ralf und ich von da an ganz viel zusammen unternahmen, zogen sich die anderen aus der Clique von mir zurück. Wir sind natürlich nicht in Discotheken gegangen, sondern dahin, wo es ruhiger war. Wir haben zum Beispiel oft Billard gespielt. Er nahm wirklich viel Rücksicht auf mich. Obwohl er's nicht musste. »Geh doch mal alleine, ich kann doch hier bleiben«, sagte ich oft zu ihm. Er antwortete immer: »Entweder du kommst mit, oder ich geh' nicht.« Nur einmal ist er alleine weggegangen, aber da hatte ich ihn vorher auch ziemlich lange vollgequatscht.

Er war oft bei mir, hat auch viel mit meiner Mama geredet und kam zu allen großen Untersuchungen mit. Bis zum März ging es mir gut, dann fing ich an zu brechen, lag nur noch im Bett, war völlig ausgetrocknet. Und bekam eines Tages plötzlich keine Luft mehr. Es war eine Lungenflügelentzündung. Im Krankenhaus haben sie mir sofort Sauerstoff gegeben und mich und Leon künstlich ernährt. Ralf hat das ganz schön fertiggemacht. Er war immer da, saß an meinem Bett und sagte: »Ich will euch nicht sterben sehen …«Nach drei Wochen konnte ich aber nicht mehr.

Ich war richtig schwach, lag nur noch apathisch da, und dann kam dieser Moment, als mir alles zu viel wurde. »Ich will keine Medikamente mehr nehmen. Stellt bitte die Geräte ab ...«, bat ich die Ärzte. Doch das taten sie nicht. Sie sagten, dass es meinem Baby gut ginge, dass ich durchhalten sollte. Da rappelte ich mich dann auch wieder auf. Für Leon wollte ich es schaffen.

Es war keine leichte Schwangerschaft. Kaum fühlte ich mich besser, setzten Frühwehen ein. Die wurden zwar durch Medikamente gestoppt, aber vier Wochen später hatte ich dann eine Schwangerschaftsvergiftung. Kurz danach der nächste Schock: Die Ärzte stellten fest, dass die linke Plazenta nicht richtig durchblutet wurde, Leon nicht mehr richtig ernährt werden konnte. Sie sagten, sie hätten keine Wahl, sie müssten einen Notkaiserschnitt machen.

Um viertel vor neun morgens am 22. Mai 2007 wurde Leon geholt. Als ich im Aufwachraum zu mir kam, hab' ich sofort nach meinem Kind gefragt. Sie sagten mir aber, dass ich es noch nicht sehen könne. Das war schlimm. Erst nach zwei Tagen durfte ich zu ihm. Meine Mama war auch dabei, sie hatte ihn schon vor mir gesehen. Als ich in den Raum kam und ihn von weitem sah, fragte ich sie, ob er denn schon mal gelacht hätte. In dem Moment lachte er mich an, da habe ich geweint vor Freude. Er war ganz klein, 2200 Gramm wog er, aber er hatte schon ganz viele Haare, dunkle Locken, und blaue Augen.

Ralf hat ihn dann am selben Tag gesehen, wir waren zusammen auf der Babystation. Er freute sich, war die ganze Zeit am Lachen. Dann kamen mir die Tränen, und er fragte mich verwundert: »Aber warum weinst du denn?« Es war vor Erleichterung. Ich hatte doch solche Angst gehabt, dass mit Leon was sein könnte wegen des Alkohols. Und ich war auch so froh, dass ich das alles durchgestanden hatte, dass ich überhaupt noch lebte.

Als ich Ende Mai mit ihm aus dem Krankenhaus entlassen wurde, kam ich gleich hierher. Ralf und ich hatten eigentlich vorgehabt, zusammenzuziehen. Wir hatten sogar schon eine Wohnung, und die war auch schon gestrichen und eingerichtet. Meine Mutter hätte mich auch aufgenommen. Beides wollte das Jugendamt aber nicht. Entweder, ich ginge in das Mutter-Kind-Heim oder Leon käme in eine Pflegefamilie.

Als ich fragte, warum ausgerechnet in dieses Haus, in meiner Heimatstadt gebe es doch auch eins, sagte man mir, ich solle aus meinem Umfeld raus. Die vom Jugendamt hatten Angst, dass Leon in so was reingerät wie ich, mit Alkohol und so. Aber das würde ich meinem Kind nie antun, sagte ich.

Ich kann Ralf jetzt leider nicht mehr regelmäßig sehen. Er kann nicht so oft hierherkommen. Er hat einen Job und schafft das zeitlich nicht, und dann sind die Zugverbindungen hierher auch schlecht. Es ist alles ein bisschen schwieriger.

Ich bin immer noch verliebt in ihn und er in mich. Wenn wir Zeit und ein bisschen Ruhe haben, schlafen wir auch miteinander. Für mich ist das aber nicht so wichtig. Wichtig ist, dass er da ist, wenn ich ihn brauche, und dass ich mit ihm dann über alles reden kann. Außerdem geht der Kleine sowieso immer vor. Wenn er mit uns zusammen ist, dann müssen wir mit allem warten, was ansteht, bis er im Bett ist. Egal, was es ist, ob jetzt Rauchen, Alkohol oder sonst was.

Ich möchte auch aus einem anderen Grund wieder zurück. Ich würde gerne die Schule auf meiner alten Hauptschule zu Ende machen. Ich war gerade mit Leon da. Es war schulfrei, nur ein paar Lehrer waren da. Die sagten, sie würden sich freuen, wenn ich wiederkomme.

Die Schule hier ist eine richtige Cliquen-Schule. Ich und eine andere Mitbewohnerin aus dem Haus gehen zusammen in eine Klasse. Wir sind aber die Außenseiter, werden zur Seite geschoben. Die haben keine Kinder und verstehen uns nicht. Außerdem reden die nur mit Schimpfwörtern miteinander. Na, du Schlampe. He, du Penner. So geht das ständig. Das kann ich nicht. Das kann ich ja auch nicht mit meinem Sohn machen. Nee, da bin ich lieber Außenseiter, als da mitzumachen. In meiner alten Schule gibt es keine Cliquen. Da hilft jeder jedem.

Leon ist mein Ein und Alles. Ich rede viel mit ihm, spiele mit ihm, ich mach' alles mit ihm. Er fängt auch schon an, ein bisschen zu sprechen. Er kann »ja« sagen, aber wie er das sagt: »Ja!« Ganz energisch. Original der Papa. Ralf sagt, Leon sei sein zweites Ich. Wenn wir mit dem Kinderwagen durch unsere Heimatstadt gehen und jemanden treffen, der noch nicht weiß, wer Leon ist, dann sagt Ralf immer: »Er ist mein zweites Ich.« Ich finde das voll süß. Er ist immer für Leon da. Einmal hat er gesagt: »Ich würde euch beiden die Welt zu Füßen legen.« Er zahlt Unterhalt, kauft aber auch so ganz viel für den Kleinen.

Seit Leon auf der Welt ist, habe ich viel besseren Kontakt zu meiner Mama. Sie hilft mir, sagt, was ich anders, besser machen kann. Er darf bei ihr Sachen nehmen, die alle anderen Kinder nicht bekommen haben. Meine Mama hat zum Beispiel eine Porzellanpuppe, die ist noch von ihrer Mama. Leon darf damit spielen, die anderen nicht. Er ist schon ein bisschen ihr Schatz.

Wenn ich hier raus bin und die Schule fertig habe, will ich eine Ausbildung zur Rechtsanwaltsgehilfin machen. Ich habe schon mal ein Praktikum in einer Kanzlei gemacht. Der Beruf gefällt mir, da kann man Leuten helfen, die Probleme haben.

Ich glaube schon, dass ich alles auf die Reihe kriegen kann. Kind, Haushalt, Arbeit. Ich will meinem Sohn ja mal etwas bieten können. Ich will auf keinen Fall, dass er so aufwächst wie ich.

Ein zweites Kind will ich nicht. Ich weiß ja, was das bei mir zu Hause für ein Chaos war. Ralf und ich würden im nächsten Jahr gerne zusammenziehen. Vielleicht heiraten wir ja sogar. Der 11.11.2011, das wäre ein schönes Datum, haben wir uns gedacht. Dann bin ich zwanzig.

ALLES, WAS FAMILIE IST

Die neue Vielfalt: Patchwork-, Wahl- und Regenbogenfamilien – Porträts, Interviews, Protokolle und Reportagen

Das Buch »Alles, was Familie ist« wagt eine komplette Neudefinition des Familienbegriffs und stellt Modelle einer modernen Lebensweisenpolitik zur Diskussion. Nicht einfach nur trocken und theoretisch: In spannenden Porträts, Reportagen und Interviews präsentieren die Autoren völlig unterschiedliche Lebensmodelle, die in keine der alten Schubladen passen. »Alles, was Familie ist« ist Lesebuch und Ratgeber in einem.

»›Alles, was Familie ist‹ ermutigt dazu, selbstbewusst neue Wege bei der Familiengründung zu gehen. Ein umfangreicher Serviceteil bietet Adressen von Wohnprojekten, Vereinen und Selbsthilfegruppen.«

Lübecker Stadtzeitung

»Das unterhaltsame und erhellende Buch ist bei vielen Familien zu Gast und ihre Unterschiedlichkeiten könnten größer und schillernder nicht sein. Ein Nachschlagebuch, ein Lesebuch mit einzelnen, teils munter und anrührend erzählten Kapiteln verschiedener Autoren und ein umfassender Gesamteindruck zum Thema Familie heute.« *literatur.de*

Micha Schulze & Christian Scheuß
ALLES, WAS FAMILIE IST – Die neue Vielfalt: Patchwork-, Wahl- und Regenbogenfamilien

336 Seiten, Taschenbuch
ISBN 978-3-89602-744-3
9,90 Euro

SEX GEHÖRT DAZU

Geschichten vom Erwachsenwerden – zwanzig Jugendliche erzählen

Bloß nicht wieder so ein Buch, in dem Erwachsenen erklärt werden soll, wie sie mit Jugendlichen besser umzugehen haben – das wünschten sich die 15- bis 20-jährigen jungen Männer und Frauen aus verschiedenen Bundesländern, die hier ihre Geschichten so erzählen, als würden sie mit Gleichaltrigen darüber sprechen. Darüber, dass das »erste Mal« fast immer eine Katastrophe ist. Dass es leicht ist, sich übers Internet kennenzulernen, aber schwer, dann wirklich eine Liebe draus zu machen. Dass Sex »dazugehört« – genauso wie Elternfrust, Minderwertigkeitskomplexe beim Blick in den Spiegel, Trost aus der Musik, Wut auf Leistungs- und Schönheitsdruck. Wenn es einen »roten Faden« gibt, der sich durch alle Geschichten zieht, ob hetero oder schwul, dann ist es die tiefe Sehnsucht nach der einen, einzigen großen Liebe. An der man sich festhalten könnte in unsicheren Zeiten.

»Geschichten junger Menschen vom Erwachsenwerden, aber kein Buch, in dem Erwachsenen erklärt werden soll, wie sie mit Jugendlichen besser umzugehen haben.«
Freies Wort

Katrin Panier
SEX GEHÖRT DAZU: Geschichten vom Erwachsenwerden – zwanzig Jugendliche erzählen

528 Seiten, Taschenbuch
ISBN 978-3-89602-428-2
14,90 Euro

ICH WILL LEIDENSCHAFT

Geschichten von 30-Jährigen über Lust und Liebe

Geschichten von 30-Jährigen über Liebe und Lust. Weil Sex erst ab 30 richtig gut ist. Niemand will auf ihn verzichten: Sex. Auch wenn gerade keine Beziehung gelebt wird. In diesem Buch erzählen Frauen und Männer zwischen 30 und 40, wie sie ihre sinnlichen Bedürfnisse stillen.

»Simone Schmollack ist unterschiedlichen Lebensentwürfen auf der Spur. Die Autorin hat Frauen und Männer getroffen, die mit seltener Offenheit das erzählen, was meist nur die beste Freundin oder der beste Freund zu hören bekommt.« *Neue Osnabrücker Zeitung*

»Was das Buch auszeichnet, ist seine Intensität.« *Freies Wort*

»Mit 27 Menschen (Singles und Paare) hat die Berlinerin über ihr Intimstes gesprochen – herausgekommen sind offene Bekenntnisse auf 400 Seiten. Ich will Leidenschaft – ein erotisches, kluges Buch.«
Berliner Kurier

Simone Schmollack
ICH WILL LEIDENSCHAFT
Geschichten von 30-Jährigen über Lust und Liebe

400 Seiten, Taschenbuch
ISBN 3-89602-837-2
ca. 12,90 Euro

SEXMYTHEN

Zwischen Illusion und Realität – Klaus Fieseler enthüllt in seinem Buch moderne Sexmythen

Männer können immer und haben mehr Lust auf Sex als Frauen. Dagegen ist Frauen die Beziehung wichtiger – aber ihr Orgasmus ist gewaltig. Singles haben aufregenderen Sex als Paare. Und in einer guten Beziehung gibt es auch guten Sex, sonst stimmt irgendetwas nicht ... oder?

»Der Psychologe Klaus Fieseler wollte das genauer untersuchen und begab sich deswegen auf offizielle ›Spannermission‹. In zahlreichen Gesprächen und Interviews verschaffte er sich einen Überblick über die intimsten Momente deutscher Liebespaare, saß praktisch in Gedanken mit auf der Bettkante. Das Ergebnis ist ein Buch mit dem schönen Titel ›Sexmythen – Zwischen Illusion und Realität‹, das mit den gängigen Klischees aufräumen will.« *bild.de*

»Klaus Fieseler enthüllt in seinem Buch moderne Sexmythen und zeigt verständlich und unterhaltsam, wie diese Vorstellungen und Erwartungen unser Denken, Fühlen und Handeln beeinflussen.«

Schweriner Volkszeitung

Klaus Fieseler
SEXMYTHEN
Zwischen Illusion und Realität

224 Seiten, Taschenbuch
ISBN 978-3-89602-772-6
9,90 Euro

KUCKUCKSKINDER, KUCKUCKSELTERN

Väter, Mütter und Kinder brechen ihr Schweigen

Die Existenz eines Kuckuckskindes gilt bis heute als eines der bestgehüteten Geheimnisse in Familien. Darüber zu sprechen kommt einem Verrat gleich: an der Person, die man »betrogen« hat, weil man ihr das Kuckuckskind als das eigene »untergeschoben« hat, an sich selbst, weil man mit diesem »Betrug« von Anfang an gelebt hat, und am Kuckuckskind, weil man ihm verschwiegen hat, dass der ihm bekannte Vater nicht der leibliche ist – oder die Mutter nicht die biologische Mutter.

Simone Schmollack lässt in ihrem Buch Kuckuckskinder und Kuckuckseltern zu Wort kommen. Behutsam nähert sie sich dem emotional brisanten Thema und bringt die Beteiligten dazu, offen über ihre Gefühle und Gedanken zu sprechen.

»Der Mann, dessen Namen ich da schwarz auf weiß las, in meiner Geburtsurkunde, dieser Mann ist mein Vater. Mein biologischer Vater. Derjenige, der mir zur Hälfte seine Gene geschenkt hatte. Dann war also auch der, den ich bis eben noch als meinen Vater kannte, nur der Ehemann meiner Mutter. Volltreffer, das hatte gesessen. Und was nun?«

DEUTSCH-DEUTSCHE BEZIEHUNGEN

Geschichten von der Liebe zwischen Ost und West

Nirgendwo zeigt sich die deutsch-deutsche Vereinigung so deutlich wie in der Liebe, in keinem anderem Bereich werden Konflikte und Übereinstimmungen deutlicher spürbar als in einer Zweierbeziehung.

»Zwei Dauerthemen auf einmal: die Liebe und die Beziehungen zwischen Ost und West. Auch 15 Jahre nach der deutschen Vereinigung sorgen Beziehungskisten für Gesprächsstoff, es besteht ganz offensichtlich nach wie vor reichlich Bedarf. Simone Schmollack hat folglich ein ganzes Buch zum Thema gemacht. Wie das ist, wenn Partner aus Ost und West es miteinander versuchen, wie die Liebe kommt oder geht oder mit welchen Vorurteilen man ringt, das beschreibt dieses Buch.«

Das Magazin

»Die Berlinerin hat darüber geschrieben, was passiert, wenn Ossis Wessis lieben und umgekehrt. Spannend ist das immer. Zum Teil bieten sich dem Leser Einblicke in das Ost-West-Verhältnis, die keine soziologische Untersuchung so anschaulich vermitteln könnte.« *Ostthüringer Zeitung*

DIE AUTORIN

Jutta Vey, geboren 1970, ist freie Journalistin und arbeitet für Frauen-, Fernseh- und Promizeitschriften. Nach ihrem Magisterstudium in Marburg (Germanistik, Geschichte und Medienwissenschaft) lernte die gebürtige Fuldaerin ihr Handwerk bei einer Tageszeitung in Neumünster. Nach Stationen als Redakteurin bei zwei Frauenzeitschriften machte sie sich 2005 selbstständig. Schwerpunkte ihrer Arbeit sind Sozialreportagen, Frauenporträts und Service-Berichterstattung. Jutta Vey lebt und arbeitet in Hamburg.

Jutta Vey
MEIN ERSTES MAL
Frauen aus vier Generationen erzählen
ISBN 978-3-89602-818-1

Lektorat: Christiane Lehmann
Titelfoto: © Antje Kirchhoff / photocase.com
Covergestaltung: Natalie Reed